Quart*buch*

Die Reise führt durch die italienische Literatur *und* durch die italienische Wirklichkeit der letzten dreißig Jahre.

Das Land im Spiegel seiner Dichter: Carlo Emilio Gadda kocht Risotto, Eduardo De Filippo Kaffee. Ermanno Cavazzoni und Natalia Ginzburg widmen sich der Hysterie der Familienbande. Camilla Cederna geht in die Scala, Giorgio Manganelli in die Uffizien, Antonio Tabucchi auf den Friedhof von Genua. Dario Fo erklärt die Freuden des Diebstahls und Umberto Eco die Leiden des Bestohlenwerdens. Federico Fellini beschreibt sein Rimini, Ennio Flaiano begrüßt die Touristen in Rom, Beppe Sebaste staunt über Mailand.

Und viele andere Erzählungen und Gedichte über gewöhnliche oder seltsame Landschaften und Orte, Un- und Lebensarten.

Wird man als Romanschriftsteller geboren oder wird man es erst im weiteren Lauf des Lebens?
Alberto Moravia (links) behauptet: »Man wird geboren.«
Giorgio Manganelli (rechts) hält entgegen: »Man wird.«
Nach ausführlichen und kunstvollen Diskussionen fallen beide Herren wieder in ihre Sessel zurück.
Moravia: »Wir sind geborene Polemiker.«
Manganelli: »Oder gewordene?«

(So der Zeichner Tullio Pericoli)

Italienische Reise

Ein literarischer Reiseführer durch das heutige Italien

Herausgegeben von
Alice Vollenweider

Verlag Klaus Wagenbach Berlin

Inhalt

Vorwort

Eine italienische Reise will diese Anthologie in zweifacher Hinsicht sein: eine Reise durch die italienische Literatur der letzten dreißig Jahre und gleichzeitig eine Reise durch die italienische Wirklichkeit oder zumindest jene Aspekte dieser Wirklichkeit, die sich in den Werken der italienischen Autoren spiegeln. Diese Einschränkung signalisiert, daß der Versuch, das heutige Italien in literarischen Texten zu beschreiben, nicht so aufgeht, wie man es sich als Herausgeberin wünscht.

Das liegt vor allem daran, daß in diesem Land die Skepsis gegenüber der Wirklichkeit tiefer verwurzelt ist als anderswo, so tief, daß es in der italienischen Literatur keine Tradition des Realismus gibt: die großen Autoren der Vergangenheit, von Dante und Petrarca über Ariost und Tasso bis zu Leopardi und Manzoni, zielten in ihren Werken nicht auf die Nachbildung zeitgenössischer Wirklichkeiten, sondern auf ihre allegorische, metaphorische oder phantastische Transposition in der Sprache.

Das hat sich auch in der Gegenwart kaum geändert. Der Neorealismus der Zeit nach dem Zweiten Weltkrieg erwies sich bald als untauglicher Versuch, die unbekannte Wirklichkeit der armen Fischer, Bauern und Arbeiter zu erforschen: die vielen mittelmäßigen Romane, Chroniken und Tagebücher, die damals geschrieben wurden, sind bereits wieder vergessen. Ein geborener Fabulierer und Märchenerzähler wie Italo Calvino quälte sich damals als marxistisch engagierter Gesellschaftskritiker mit der »verpaßten Integration des italienischen Schriftstellers in die historische Realität« (nachzulesen im Aufsatz »Das Mark des Löwen« des 1984 auf deutsch erschienenen Essaybandes »Kybernetik und Gespenster«), schrieb neorealistische Romane für die Schublade und publizierte dann zur allgemeinen Überraschung in den fünfziger Jahren die drei surrealistischen Märchenromane »Der geteilte Visconte«, »Der Baron auf den Bäumen« und »Der Ritter, den es nicht gab«.

Auch andere Schriftsteller ließen sich von der Mode des Neorealismus nicht beirren: Carlo Emilio Gadda zum Beispiel, der die Auflösung der Ordnung im Chaos der Wirklichkeit in dem 1961 erschienenen Roman »Die gräßliche Bescherung in der Via Merulana« als ein Satiriker schildert, der mit dem alle stilistischen Töne beherrschenden Register seiner Sprache tief ins heillose Durcheinander des Lebens der römischen Bürger- und Unterwelt eindringt.

Ein neues Literaturverständnis, das mit den erzieherischen Vorstellungen des Neorealismus tabula rasa machte, postulierte Giorgio

Manganelli, der 1964 die »Hilarotragoedia« (deutsch: »Niederauffahrt«), ein phantastisches Traktat über die absteigende Natur des Menschen, veröffentlichte und drei Jahre später einen Essayband mit dem programmatischen Titel »Letteratura come menzogna« (»Literatur als Lüge«) herausgab. Darin stellte er die Wirklichkeit nicht bloß in Frage, sondern verneinte sie als eine Erfindung wohlmeinender Humanisten radikal. Für ihn ist jede Wirklichkeit eine Utopie, jede Ordnung eine Scheinordnung und jede mögliche Welt eine Lüge. Und die Würde des Dichters, dem er in seinem Essay über »Phantastische Literatur« den Ehrennamen des »Großen Lügners« gibt, besteht in dem Wissen, »daß er Protagonist der Fabel eines anderen größeren Lügners ist, eine Lüge inmitten einer anderen Lüge, ein Wort in einem Wörterbuch, das seinerseits nur wieder Wort eines weiteren Wörterbuchs ist«.

Zu den Autoren, die sich zusammen mit Manganelli in den sechziger Jahren zur »Gruppe 63« zusammenschlossen, die sich sechs Jahre später wieder auflöste, gehören Luigi Malerba, Edoardo Sanguineti, Alberto Arbasino, Antonio Porta, Elio Pagliarani und Umberto Eco, alles Autoren also, die ihr persönliches gesellschaftliches Engagement nicht mit Literatur verquicken wollten und für die Autonomie der Literatur optierten.

Die besondere Situation dieser späten italienischen Avantgarde, die im Gegensatz zu den übrigen europäischen Avantgarden kaum Sprachexperimente unternahm, läßt sich am Beispiel Manganellis am besten darstellen. Er schreibt ein hochstilisiertes und gelehrtes Italienisch, in dem die vielfältigen Figuren und Tropen der barocken Rhetorik kunstvoll und ironisch abgehandelt werden. Damit knüpft er an die Tradition des Manierismus an, die sich in Italien über Jahrhunderte gehalten hat, weil die Italiener im Dilemma zwischen Schein und Sein, das in diesem Land nicht erst seit Pirandello bewußter erlebt wurde als anderswo, sich fast immer für den schönen Schein entschieden. Die Verneinung der Welt als Erfindung der Humanisten, die Manganelli in seinem Werk betreibt, ist ja auch nur die letzte und extremste Konsequenz dieser italienischen Neigung zur schönen Täuschung und der damit verbundenen Skepsis gegenüber der Wirklichkeit.

Aspekte zeitgenössischer Wirklichkeit sucht man in den Büchern Manganellis, Calvinos und Sanguinetis vergeblich, selbst Umberto Ecos Bestseller bieten in dieser Beziehung nichts, und schon Autoren der älteren Generation wie Buzzati, Landolfi und Morselli haben die Einfälle der Phantasie der Nachahmung der Realität vorgezogen. Der vorliegende literarische Reiseführer konnte nur entstehen, weil fast alle italienischen Schriftsteller den Brotberuf des Journalisten ausüben, feste Verträge mit Zeitungen und Zeitschriften haben und zu politischen und kulturellen Tagesfragen Artikel schreiben, die ein reiches Spektrum zeitgenössischer Aktualität bieten.

Mehr als die Hälfte der in diesem Band versammelten Texte ist denn auch zuerst in einer Zeitung erschienen. Neben Beiträgen zur unmittelbaren Tagesaktualität wie Arbasinos Memorial auf den Verleger Giangiacomo Feltrinelli oder Sanguinetis Brief zum Rücktritt Leonardo Sciascias als Stadtrat von Palermo gehören manche dieser Texte aber auch zur ehrwürdigen Tradition der *Terza Pagina*, der dritten Seite der großen Tageszeitungen, die der kulturpolitischen Aktualität gewidmet ist und sich seit den zwanziger Jahren regelmäßig mit Kurzgeschichten und Prosaskizzen bekannter Schriftsteller schmückt; so erschienen die Kurzgeschichten Alberto Moravias im »Corriere della Sera«, diejenigen Primo Levis in der »Stampa«, und Gesualdo Bufalino schrieb für die *Terza Pagina* des liberalen »Giornale nuovo« in Mailand.

Das gesellschaftspolitische Engagement der Schriftsteller ist dagegen – von wenigen Ausnahmen abgesehen – eine relativ junge Erscheinung: es geht auf die Mitte der sechziger Jahre zurück, da die Revolution der Studenten, die zum Pariser Mai führte, auch die italienischen Intellektuellen bewegte. 1969 begann Pier Paolo Pasolini mit seinen heftigen Angriffen auf die Konsumgesellschaft, die bezeichnenderweise nicht auf der *Terza Pagina*, sondern auf der *Titel*-Seite des »Corriere della Sera« erschienen, und seither gibt es – vom Terrorismus bis zu den Reden des Papstes – kaum mehr aktuelle Probleme, zu denen die Schriftsteller sich nicht in Zeitungsartikeln äußern. Die beliebtesten und angesehensten Tribünen für diese Auseinandersetzungen sind der Mailänder »Corriere della Sera«, das publizistische Forum von Alberto Moravia, Antonio Porta und Giorgio Manganelli, und die römische »Repubblica«, die 1976 gegründet wurde und keine *Terza Pagina*, dafür aber einen vier- bis fünfseitigen Kulturteil enthält, dessen Mitarbeiter Sebastiano Vassalli, Alberto Arbasino und Luigi Malerba sind. In der »Unità«, dem ehemaligen Parteiblatt der KPI, meldet sich Edoardo Sanguineti zu Wort, und in der Turiner »Stampa« liest man Guido Ceronetti und Alessandro Baricco. Es kommt auch nicht selten vor, daß Schriftsteller die Zeitung wechseln: dabei spielen die günstigen Vertragsbedingungen meist die größere Rolle als die politische Linie der Zeitung. Die wichtigsten Blätter des Landes garantieren den Autoren sowieso eine Meinungsfreiheit, die sich nicht bloß als Narrenfreiheit des Künstlers abtun läßt: die Italiener sind stolz auf ihre Schriftsteller und respektieren ihre Unabhängigkeit.

Das Schreiben in den Zeitungen hat im stark kommerzialisierten italienischen Literaturbetrieb auch einen propagandistischen Aspekt: ein Schriftsteller, dessen Name sozusagen als Markenzeichen in den Medien präsent ist, verkauft seine Bücher leichter als ein Unbekannter. Jungen Autoren fällt es in diesem Klima ausgesprochen schwer, sich durchzusetzen, und es ist wohl auch kein Zufall, daß es in Italien immer wieder passiert, daß Autoren von hoher Qualität erst im Alter oder nach ihrem Tod entdeckt werden: man denke an Italo Svevo, Carlo Emilio Gadda, Tomasi di Lampedusa, Guido Morselli, Salvatore Satta und, als letztes Beispiel, an den 1920 geborenen Sizilianer Gesualdo Bufalino, dessen erster Roman 1981 erschien.

Zudem ist auch das Niveau des italienischen Journalismus so hoch, daß eine Abgrenzung gegenüber der Literatur nur pedantisch wäre. Darum gehören zu diesem literarischen Italienführer auch ein Text über die Scala als Tempel des Mailänder Großbürgertums, der von der Journalistin Camilla Cederna stammt, und eine Satire auf die Democrazia cristiana, die der Literaturkritiker Pietro Citati verfaßt hat. Ein Außenseiter der literarischen Szene ist auch Federico Fellini mit seiner Schilderung des totalen Touristen-Riminis, das er bei den Vorbereitungen zu seinem Film »Amarcord« erlebte.

Die Wirklichkeit, die Italiens Schriftsteller beschreiben, deckt sich aber nur zum Teil mit der Wirklichkeit, die die ausländischen Touristen erfahren, auch wenn sie weniger gutgläubig und naiv sind als die Amerikaner in Rom, deren Erlebnisse Ennio Flaiano in dem fingierten Tagebuchbericht »Welcome to Rome« mit einem bösartigen Witz schildert, der seine Landsleute ebenso trifft wie ihre touristischen Opfer. Manche Phänomene des italienischen Lebens, zum Beispiel die Bedeutung der *Piazza* oder des *Corso* (des Abendspaziergangs in der Hauptstraße) als Brennpunkte des sozialen Lebens, kommen in der Literatur nur deshalb nicht zur Sprache, weil sie für Italiener selbstverständlich sind. Ähnliches gilt für die rituelle Pause der *Siesta*, ein Ärgernis für Touristen, die ihre kostbaren Italientage voll ausnützen möchten, auf das Mittagessen verzichten, um dann mit einem Sandwich in der Hand zu entdecken, daß um ein Uhr mittags die Kirchen und die Museen, die Galerien und die Geschäfte schließen und erst um vier Uhr nachmittags wieder geöffnet werden. Diese Pause wird im ganzen Land eingehalten; der Verkehr stockt, Straßen und Plätze veröden, und das nicht nur im Sommer, wenn die Hitze die tägliche Unterbrechung nötig macht, sondern auch mitten im mailändischen Winter, dessen Klima sich von demjenigen Frankfurts oder Münchens kaum unterscheidet. Das ist italienischer Alltag, der nur Ausländern auffallen kann.

Vermutlich wirkt sich dieser perspektivische Unterschied in fast allen Lebensbereichen aus. So ist es sicher auch kein Zufall, daß in dieser »Italienischen Reise« die Mafia und die katholische Kirche, zwei prägende Faktoren der italienischen Wirklichkeit, nur am

Rande vorkommen, und zwar in Texten, die sie ironisch behandeln: in Luigi Malerbas Fabel vom mafiosen Huhn (aus Leonardo Sciascias Mafiaromanen lassen sich keine Szenen isolieren) und in Guido Morsellis Zukunftsroman »Rom ohne Papst«, der im Jahr 1997 handelt, da der Papst sich aus dem Vatikan in die Albanerberge zurückgezogen hat und sich von einer indischen Philosophin in die Geheimnisse des Zen einführen läßt.

Auf jeden Fall ist das Bild, das die italienischen Schriftsteller von ihrem Land entwerfen, so weit entfernt von den schwärmerischen Vorstellungen deutscher Bildungspilger wie von den gängigen Clichés des Massentourismus. Obwohl die touristischen Sehenswürdigkeiten nicht fehlen: Ein Besuch der Etruskergräber von Cerveteri zusammen mit Giorgio Bassani ist ein lohnendes Unterfangen, und ein Spaziergang durch die Uffizien in Begleitung Giorgio Manganellis öffnet einem die Augen für das Wesen des Museums, dessen düstere Konzentration für ihn auf der mythologischen Einbildung beruht, »man könne einen flachen, abgeschlossenen ptolemäischen Raum aus der runden kopernikanischen Welt herausschneiden«. Auch die geheimen Beziehungen zwischen den ausgestellten Gemälden werden von ihm vorsichtig umkreist und dabei wird die subtile Frage aufgeworfen, ob wohl die Venus von Botticelli fähig sei, das ihr gegenüber hängende Bild des flämischen Malers van der Goes zu lieben, das die Geburt Christi im Kreise von Leuten darstellt, »die bis an die Zähne bekleidet sind«.

Die Zerstörung von Kunstdenkmälern und Naturschönheiten, die in den letzten Jahrzehnten das Gesicht Italiens stark verändert hat, wird dem Leser dieser »Italienischen Reise« nicht erspart. Jahre bevor die drohenden Umweltkatastrophen überhaupt diskutiert wurden und Pasolini sein berühmtes Pamphlet über das Verschwinden der Glühwürmchen schrieb (1975), schilderte Luigi Malerba in seinem Roman »Die Schlange« (1966) das sonntägliche Badeleben am Strande von Ostia zwischen verschmutztem Meer und überfülltem Strand als Alptraum kollektiver Freizeithysterie. Und in dem zwei Jahre später erschienenen »Salto mortale« entwarf er die apokalyptische Vision einer Metropole, in der die Menschen im Kohlenmonoxyd ihrer Autos ersticken werden, falls es ihnen nicht gelingt, eine Luftkanalisation zu konstruieren, die ihnen saubere Luft aus dem Aostatal oder Afrika zuleitet. In Italien hat sich der Übergang von der bäuerlichen zur industriellen Gesellschaft in einer viel kürzeren Zeitspanne und in viel chaotischeren Formen vollzogen als in anderen europäischen Ländern und zu den katastrophalen Verhältnissen geführt, die auch Autoren wie Buzzati, Flaiano, Tondelli und Ceronetti in ihren Texten beschreiben, beklagen oder mit galligem Humor anprangern.

Am dramatischsten war der Einbruch der modernen Zivilisation in eine sozusagen geschichtslose Agrargesellschaft im unterentwickelten Süditalien, auf Sardinien und Sizilien: in diesen Regionen ist auch die sogenannte »wilde Literatur« entstanden, deren Autoren so viel erlebt haben, daß sie, unbekümmert um sprachliche oder literarische Traditionen, aus ihrem Leben erzählen, wobei sie die neuen Lebensformen aus einer Erlebnisdistanz betrachten, die sich nur durch Phantasie überbrücken läßt. So vergleicht der apulische Fabrikarbeiter Tommaso Di Ciaula die Arbeiter, die jahrelang an der gleichen Maschine das gleiche Stück herstellen müssen, mit Affen, Robotern und Automaten und rät schließlich seinem obersten Chef Agnelli, an den er sich mit aggressivem Witz immer wieder wendet, er möge doch Affen in die Fabrik stellen und die Arbeiter auf die Bäume entlassen. Der berühmteste wilde Schriftsteller der italienischen Gegenwartsliteratur ist der sardische Schafhirte Gavino Ledda, der in seiner Autobiographie »Padre padrone« geschildert hat, wie er die archaischen Lebensformen seiner Heimat in Frage stellt und gegen den Machtanspruch seines patriarchalischen Vaters rebelliert. Auch die »Memoiren einer Diebin«, die in Rom Brieftaschen klaut und gestohlene Travellerschecks einlöst, gehören in den Umkreis dieser wilden Literatur: sie beruhen auf Tonbandaufnahmen, die Dacia Maraini zu einem spannenden und anschaulichen Lebensbericht montiert hat.

So düster und komplex das aktuelle Panorama Italiens in den Texten seiner Schriftsteller erscheint, die Art der Darstellung ist fast immer so witzig und phantasievoll, daß das Lesen Spaß macht, handle es sich nun um Umberto Ecos Satire auf die bürokratischen Schikanen, die denjenigen erwarten, der seinen Führerschein verloren hat, oder um Leonardo Sciascias Beschreibung einer Eisenbahnfahrt von Rom nach Agrigent, während der die Fahrgäste durch stolze Eltern und ihre quengelnden Bambini drangsaliert werden. Die Komik in allen Schattierungen vom scharfen Spott bis zur spielerischen Heiterkeit ist ein Hauptmerkmal der italienischen Gegenwartsliteratur. Das läßt sich einerseits als Reaktion auf die Rhetorik von Sentiment und Sinnlichkeit verstehen, die in der italienischen Literatur zwischen 1860 und 1960 vorherrschte, andererseits drückt sich darin ein grundsätzliches und traditionelles Vertrauen in die Kraft der Phantasie aus, die den Bezug zwischen dem sprachlichen Zeichen und der außersprachlichen Vorstellung lockert und Raum schafft für einen spielerischen Umgang mit der Sprache und den Strukturen des Erzählens.

Doch wird dieser Reiseführer auch ernsten Lesern, denen der italienische Humor suspekt ist, vorzügliche Dienste leisten: sie finden nämlich bei Ennio Flaiano eine Reihe von Mustersätzen für Situationen – im Museum, im Restaurant, im Theater oder im Hotel –, in denen man sich als Italien-Tourist verbal zur Wehr setzen muß. So schlägt Flaiano für die Situation im Polizeirevier vor: »Nein, Herr Kommissar, das ist ein Mißverständnis (eine Verwechslung, ein Irrtum). Ich bin nicht der Fälscher (der Dieb, der Betrüger, der Fahrer), sondern der Bestohlene, der Betrogene, der Hereingelegte, der Passagier, der Tourist.« Den nützlichen italienischen Text findet man auf Seite 17 ff.

Zum Schluß sei Klaus Wagenbach herzlich gedankt für seine Mitarbeit bei der Entstehung dieses Buches.

Alice Vollenweider

Nachtrag zur erweiterten Neuausgabe

In den Jahren, die seit dem ersten Erscheinen dieser Anthologie vergangen sind, hat sich die politische Situation in Italien in unerwarteter Weise verändert. Die legale Revolution, welche die Mailänder Richter 1992 in Gang brachten, indem sie die Schmiergeldaffären zwischen wirtschaftlichen Interessengruppen und Parteifunktionären aufdeckten, hat das politisch-institutionelle System des Landes einstürzen lassen. Fast alle Protagonisten der letzten Jahrzehnte sind von der politischen Bühne verschwunden, so daß Pietro Citatis ironische Glosse »Ich mag die Democrazia cristiana wie sie ist«, die 1981 erschien, ihren Sinn verloren hat und in dieser Neuausgabe der »Italienischen Reise« nicht mehr figuriert. Die politischen Umwälzungen, zu denen auch die Zuspitzung des Konfliktes zwischen Nord- und Süditalien und eine deutliche Verschärfung des Kampfs gegen die Mafia gehören, haben in weiten Kreisen ein neues Staatsbewußtsein und damit auch ein neues Interesse an der italienischen Realität geweckt. Es spiegelt sich weniger im Werk der Schriftsteller als in den Reportage-Büchern der Journalisten und Soziologen, die in den letzten Jahren einen eigentlichen Boom hatten. Die Verleger förderten die neue zeitkritische Tendenz, indem sie für die Journalisten-Autoren neue Reihen öffneten wie zum Beispiel die »Anni Novanta« (Neunziger Jahre) bei Feltrinelli. Von dieser Tendenz zu einem neuen Realismus, der viel schärfer, konkreter und unerbittlicher auftritt als der Neorealismus der unmittelbaren Nachkriegsjahre, lassen sich auch Schriftsteller anstecken, wie zum Beispiel Gianni Celati, der seinen wunderbar schwebenden und schrecklichen Erzählungen aus der Poebene (»Erzähler der Ebenen«) 1989 die Reportage »Landauswärts« folgen ließ: vier Reiseberichte, in Zusammenarbeit mit Photographen entstanden, die die Umweltkatastrophe des verschmutzten Flusses mit quälender Akribie festhalten.

Auch Guido Ceronetti, der preziöse Essayist und gelehrte Übersetzer aus dem Hebräischen, hat sich von der Turiner Tageszeitung »La Stampa« auf eine Italienreise schicken lassen: 1983 und 1985 publizierte er seine apokalyptischen Reisebilder in den Bänden »Un viaggio in Italia« und »Albergo Italia«, die beide viele Wochen auf den Bestsellerlisten standen. Er wird darin nicht müde, die von den Menschen gewalttätig umgeformte, zerstörte und verkommene italienische Wirklichkeit anzuprangern und die gedankenlosen Rituale der ihm verhaßten Italien-Pilger aus aller Welt mit Spott und Hohn zu überschütten. Ein Kabinettstück ist sein Kapitel über Venedig, das er mit Wut, Sarkasmus und Melancholie als Touristenhölle schildert, die keine andere Bestimmung mehr haben kann, als unterzugehen in einem »aus klebriger Einfalt bestehenden Menschenmeer«.

Ein Satiriker, der sich zur italienischen Aktualität äußert, ist auch Stefano Benni, der im vergangenen Jahrzehnt vor allem bei jungen Leuten eine begeisterte Leserschaft gefunden hat. Seit Jahren schreibt er in der unabhängigen linken Tageszeitung »il manifesto« seine Glossen und läßt in seinen phantastischen Romanen und Erzählungen die schwarze Phantasie gesellschaftskritisch ins Kraut schießen. Er ist im Gegensatz zu dem subtilen und zornigen Stilisten Ceronetti ein munterer Conférencier des Weltuntergangs, der keine Pointe ausläßt und auf keinen Kalauer verzichtet. Seine ins Groteske überzogene Schilderung jugendlicher Motorradverrücktheit, die eine moderne Liebesgeschichte in märchenhaft-verrückten Stationen abschnurren läßt, zeigt aber vielleicht doch, daß die Italiener zum Motorfahrzeug nicht mehr das ungebrochene Verhältnis von einst haben.

Was sich in der Literatur Italiens seit 1985 verändert hat, läßt sich heute mit Sicherheit noch nicht diagnostizieren. So ist zum Beispiel die Tatsache, daß ein Autor wie Sebastiano Vassalli sich seit 1984 dem historischen Roman verschrieben hat und daß auch zwei neue Bücher Antonio Tabucchis in einer Art autobiographischer Vorgegenwart spielen, noch lange kein Indiz für die vielbesprochene Flucht in die Vergangenheit; im Gegenteil: die Literatur sucht ja in Italien und anderswo nicht in erster Linie neue Erkenntnisse, sondern neue Formulierungen für das, was schon erkannt, erlebt und gesehen worden ist.

Frühjahr 1996 A. V.

Notiz zur Auswahl

Die Texte wurden nach zwei Kriterien ausgewählt: sie sollten einen Aspekt der italienischen Wirklichkeit dokumentieren und nach 1960 erschienen sein. Die einzige Ausnahme bildet der Dramatiker Eduardo De Filippo, der seine wichtigsten Stücke vor 1960 schrieb, als Theaterautor aber doch zur Gegenwartsliteratur gehört. Während die Prosaschriftsteller der Gegenwart einigermaßen vollständig vertreten sind, fehlen bei den Lyrikern Autoren wie Andrea Zanzotto, Vittorio Sereni, Giorgio Caproni und Giuseppe Ungaretti. Dafür vertreten Lucio Dalla, Gianna Nannini und Francesco Guccini, die *Cantautori*, die Liedermacher, in deren Werk sich Musik und Lyrik zu einer besonderen Kunstform verbinden.

Zeichnung: Saul Steinberg

ENNIO FLAIANO *Welcome in Rome*

Montag. Mit stundenlanger Verspätung sind wir, ich, meine Frau Gail und meine Tochter Susan, heute nacht aus Paris (France) in Feenmeesheeno eingetroffen, das man auf Italienisch Fiumicino schreibt. Feenmeesheeno ist ein häßlicher kleiner Flughafen, der in vielem überrascht, vor allem aber wegen seines ungepflegten und schmutzigen Zustandes. Ich verstehe nicht, wieso die Italiener, sonst so stolz auf ihre Sehenswürdigkeiten, nicht daran gedacht haben, etwas Geld für einen intercontinental airport zu investieren.

Bei der Ankunft hatten wir den Eindruck, ohne unser Wissen nach Syrien oder so ähnlich entführt worden zu sein. Viele unrasierte Syrer standen um unser Flugzeug und lachten. Die Techniker im Bodendienst streikten, deshalb mußten wir durch die Notausgänge in der Kanzel aussteigen, uns ganz sportlich auf einer Zeltbahn hinunterrutschen lassen. Und das Gepäck selbst bis zum Flughafengebäude tragen, das meilenweit entfernt ist. Unser Kapitän hat einen Fahrer der Flughafenbusse gebeten, wenigstens die alten Damen einsteigen zu lassen, aber der hat geantwortet: »Non mee eemporte un katzo«, d. h. daß er nicht daran interessiert sei, diesen Transport durchzuführen. Katzo ist eine von den Italienern vielgebrauchte Redewendung und bedeutet »wenig« oder »nicht«, je nachdem. [non mi importa un cazzo = sinngemäß: ist mir scheißegal; cazzo = wörtl.: Pimmel, wird oft zur negativen Verstärkung gebraucht. A. d. Ü.] Ich habe den Kapitän gefragt, ob es nicht angebracht sei, wieder an Bord zu gehen, weiterzufliegen, und das Flugzeug in ein Land hinter dem eisernen Vorhang zu entführen, wo die Amerikaner mit offenen Armen empfangen werden. Schön wär's, hat er geantwortet, aber das sei nicht möglich, sie gäben keinen Treibstoff her. Man müsse dableiben.

Am Zoll waren die Beamten sehr verständnisvoll, sie ließen nicht einmal die Koffer öffnen, beschmierten sie nur ein wenig mit Kreide und weiter. Es war allerdings nur ein Zöllner da. Das Dunkel in den Flughafenräumen hat mich erstaunt. Anscheinend lassen sie nach zehn Uhr nur noch ein paar Lampen an, denn da kommen nur noch Flugzeuge aus dem Nahen Osten und aus Afrika, und es ist nicht angebracht, für unterentwickelte Touristen elektrischen Strom zu verschwenden. Glücklicherweise war der Streik um Mitternacht zu Ende, und so haben wir unsere sechs Gepäckstücke und die Taschen einem Gepäckträger anvertrauen können, denn in Feenmeesheeno stehen den Reisenden keine Gepäckwagen zur Verfügung wie sonst an allen Flughäfen der Welt. Anscheinend betrachtet die Gepäckträgergenossenschaft die Einführung solcher Wagen als schädlich für ihre Würde. Der Transport unseres Gepäcks hat 2000 liras gekostet, also etwa 100 liras für jeden zurückgelegten Meter, da der Ausgang etwa zweihundert Meter entfernt ist.

Ich habe meine Dollars nicht wechseln können, weil die Flughafenbank zu hatte. Auch die Toiletten hatten zu, und ich mußte draußen im Dunkeln urinieren. Nachdem wir einen Blick auf den Bus, der uns nach Rom hätte bringen sollen, geworfen und festgestellt hatten, daß seine sehr charakteristische Bauweise auf die ersten Nachkriegsjahre zurückging, haben wir ein kleines Taxi genommen (in Italien gibt es die kleinsten Taxis der Welt) und dem Fahrer die Adresse unseres Hotels gegeben. Der hat kein einziges Wort gesagt außer »Amerikaner?«, und los ging es in die Nacht. Wir sind durch verschiedene Ortschaften gefahren, die wie Badeorte wirkten, die Straßen waren noch bevölkert, hauptsächlich mit fetten Männern in kurzärmeligen Hemden, die eisleckend spazierengingen, und mit Motorradfahrern, die einen Lärm von mindestens 130 Dezibel machten.

Osteea haben wir gesehen, Castil Fuseno (der Fahrer nannte uns die Namen der Ortschaften), und dann, nach etwa einer Stunde, sind wir in Albano angekommen. Der Fahrer hat uns erklärt, daß die Straßen nach Rom alle unterbrochen seien und er einen Umweg habe machen müssen. Hinter Frascatee haben wir schließlich The Appian Way genommen, die Straße nach Rom, wo wir um zwei Uhr nachts angekommen sind. Der Taxameter zeigte 30600 liras.

Unser Hotel war in einer Hong Kong ähnlichen Straße, wo sich »La dolce vita« abspielte. Dieses Eintauchen mitten in Rom hat uns Freude gemacht und meine Frau Gail, die Fellinis oder Mastroiannis sehen wollte, ein wenig in Aufregung versetzt. Aber wir waren müde und sind ins Hotel gegangen. Unsere Zimmer befanden sich im Zwischenstock und gingen auf eine Seitenstraße hinaus, wo gerade eine Motorradfahrerversammlung stattfand, die wohlwollend von an den Motoren interessierten policemen überwacht wurde.

Ein unangenehme Überraschung haben wir mit dem schlechten Funktionieren der Klimaanlage erlebt, die nur Warmluft produzierte. Der Hotelportier, den wir angerufen haben, sagte uns, daß der Mann für die Klimaanlage nicht vor acht Uhr morgens eintreffen würde. So mußten wir mit offenen Fenstern schlafen, um nicht zu ersticken. Im Morgengrauen sind die Motorradfahrer abgefahren.

Andere Überraschung. Das continental breakfast, das uns aufs Zimmer serviert wurde. Es bestand aus zehn Gramm Butter, trockenen Keksen, weichen Brötchen und einem Kaffee »espresso«, der nach Kupfer schmeckte. Der Kellner hat uns erklärt, daß morgens die ersten Tassen Kaffee immer ein wenig nach den Leitungen schmecken. Man müsse so gegen zehn Uhr bestellen. Ich habe ihm gesagt, er solle die Dose Schuhcreme wegtun, die mit auf dem Tablett lag, aber er hat gesagt, es handle sich um Marmelade, die in sparsamen Portionen ausgegeben werde, weil sie dick mache. Dieses Frühstück kostete drei Dollar pro Kopf. »Man muß bedenken«, hat Gail gesagt, »daß die Italiener sehr unter dem Faschismus gelitten haben.«

Dienstag. Es ist offensichtlich, daß die Nordamerikaner in Italien als dummes Volk gelten. Diesen Eindruck habe ich durch die wenigen Kontakte gewonnen, die ich zu Italienern hatte, aber es kann mir auch ein statistischer Fehler unterlaufen sein. Doch die wenigen Italiener, die uns angesprochen haben, haben uns immer Farbdias zum Verkauf angeboten (obwohl sie uns doch mit unseren Fotoapparaten sahen), oder völlig wertlosen Schmuck, der, wie mir gesagt wurde, nun auch von den zentralaustralischen Eingeborenenstämmen verschmäht wird. Andere haben uns »a nice tour in the town« mit einem Cadillac alter Bauart vorgeschlagen. Der Preis für die tour lag knapp unter dem für einen Cadillac aus zweiter Hand bei uns. Auf der peeazza dee Spagna, wo wir hingegangen sind, um unsere Traveller's cheques zu wechseln, hat ein distinguierter Herr uns gefragt, ob wir am Kauf jener Säule interessiert seien, die direkt vor dem American Express steht. Die Säule gehöre seiner Familie, und für zweitausend Dollar würde er sie gern abgeben, das sei ja wohl nicht viel angesichts des Wertes der Säule; doch mir ist der Zweifel gekommen, der Herr wolle mir etwas verkaufen, das nicht ihm, sondern allen gehört. Ich habe ihm freundlich geantwortet, daß mir nichts an der Sache liege, non eemportava un katzo, und er war sehr erstaunt, vielleicht über mein mangelndes Kunstverständnis. Als ich dem Kassierer des American Express davon erzählt habe, hat er mir gesagt, daß die Säule voriges Jahr schon zweimal verkauft worden, der Mann aber nicht verhaftet worden sei, weil er nie in flagranti ertappt wurde.

Wir haben den Moses von Michelangelo besichtigt. Der Führer hat uns gesagt, was er kostet, aber er war nicht zu verkaufen. Gail hat gefragt, ob Moses wirklich für diese Statue Modell gestanden habe, und der Führer hat ja gesagt. Ich habe den Führer aus einer Neugierde heraus gefragt, was die Amerikaner in Rom am meisten interessiere. Er hat geantwortet: »Das Eis.« Das römische Eis wird in Mailand hergestellt, und man kann es lecken, während man flaniert. Alle machen das.

Nach Moses haben wir The Roman Forum besichtigt, wo Julius Caesar ermordet wurde. Das Gras stand sehr hoch zwischen den Ruinen, und in einem gewissen Moment habe ich eine kleine Schlange gesehen, die mich anblickte. Ich habe einen Wächter gefragt, warum das Gras nicht gemäht und die Schlangen nicht gefangen werden, die doch giftig sein könnten, aber er hat geantwortet, daß die Sovrintendenza (?) [Amt für Denkmalspflege] nicht weiter interessiert sei, non era interessata un katzo, an dem Gras und den Schlangen, und daß übrigens »le Belle Arti erano in agitazione« (?) [wörtl.: die Schönen Künste sind im Aufruhr, d. h. die Amtsangestellten streiken.]

Das Kolosseum bewundert, das allerdings nicht vollständig ist. Der Führer hat mir zugeflüstert, wenn ich daran interessiert sei, mit jungen Männern Freundschaft zu schließen, solle ich nachts wiederkommen: anscheinend ist das Kolosseum nachts voller junger Leute, die vom Mondlicht auf den Ruinen angelockt werden, genau wie Edgar Allan Poe, falls ich mich nicht irre, und Hawthorne, die unvergeßliche Seiten über das Kolosseum geschrieben haben. Vielleicht kann die Sache Susan interessieren, die liebend gern poetische junge Italiener kennenlernen möchte.

Nachts stehen auf der Straße, wo unser Hotel ist, very nice girls herum, die gestaffelte Preise machen, wozu sie vielleicht ein falsch verstandener Nationalismus veranlaßt. Aus Neugierde habe ich eine von ihnen nach ihrem Honorar gefragt, und sie hat mir geantwortet: »One hundred dollars«, während ich dann gesehen habe, daß sie einem ihrer Landsleute ihre Dienste für weniger als die Hälfte anbot. Diese Mädchen werden nicht von der Polizei überwacht, sondern von einzelnen oder in Gruppen zusammengeschlossenen jungen Männern, die mit japanischen Motorrädern oder sogar mit schnellen Ferraris vorfahren. Ihre Überwachung ist sehr hart, aber ich denke, daß diese jungen Freiwilligen etwas Gutes tun für ihr Land, wenn sie die öffentliche Prostitution streng überwachen. Wahrscheinlich erwächst ihnen daraus kein anderer Profit als der, sich als nützliches Glied der Gemeinschaft zu fühlen, indem sie die Moral verteidigen. Ich habe in der Tat einen jungen Mann ein Mädchen ohrfeigen sehen. Und es hat mich gefreut, als man mir sagte, in Rom gebe es Tausende von diesen Männern, und sie arbeiteten in verschiedenen Stadtgebieten, Tag und Nacht.

Mittwoch. Gestern abend haben wir Rome by night gemacht. Sie haben uns in einem Bus zur Besichtigung der diversen Sehenswürdigkeiten gefahren, die alle gelb angestrahlt sind, so als wären sie Waren, die im Schaufenster in der Sonne liegen und durch farbiges Cellophan vor dem starken Licht geschützt werden. Auf dem Appian Way sind wir in einer uralten verlassenen Farm eingekehrt, die ein Restaurant sein sollte: der Vorplatz war mit kleinen Tischen und Lampions geschmückt. Sie haben uns an den Tischen Platz nehmen lassen, uns ein Glas Weißwein pro Kopf gegeben, und drei Musikanten haben uns die italienischen Nationalhymnen vorgesungen: Santa Lucia und Arevedershi Roma. Sie waren fett, verschwitzt und müde. Als der nächste Bus kam, haben sie uns rasch wieder in unseren einsteigen lassen. Ich hatte keine Zeit mehr, den Wein zu trinken, aber Gail, die ihn getrunken hatte, hat dann eine Stunde mit Bauchweh im Bad verbracht. Anscheinend können wir Amerikaner uns nur schwer an die charakteristischen italienischen Weine gewöhnen.

Als ich am nächsten Morgen in Susans Zimmer kam, traf ich einen jungen Kellner des Hotels an, wie er ihr gerade beibrachte – indem er sie sich draufsetzen ließ –, wie man das beeday (the continental bidet) benutzt, dieses unanständige Ding, das man in allen europäischen Hotels vorfindet. Susan schien sehr an dem Vorgang interessiert, und ich habe ihre Erfahrung mit dem jungen Kellner nicht stören wollen, der gerade zu ihr sagte: »You discover a new dimension in complete vaginal cleanliness and perineal therapy.«

Donnerstag. Gail ist von ihrem Shopping ins Hotel zurückgekommen und hat gesagt, daß die Straßen Roms voller Techniker und Experten aus der Textilbranche seien, die ihr, um den Stoff zu prüfen, oft vorne und hinten ans Kleid gefaßt und dabei jedesmal gesagt hätten. »You bona.« Und es handelt sich doch nur um bescheidenes Dacron. Die Italiener müssen im Textilbereich sehr rückständig sein.

Eine Redewendung, die die Italiener oft gebrauchen, wenn sie Enttäuschung ausdrücken wollen, ist: Waffankoolo [vaffanculo = etwa: leck mich am Arsch, A. d. Ü.], und ich habe öfter Gelegenheit gehabt, sie auch mir gegenüber zu hören, wenn eine kleine Diskussion über den Preis einer Dienstleistung oder eines Gegenstandes aufkam. Auch Gail bestätigt mir, daß, wenn sie den Textilexperten, die ihr Kleid anfassen wollen, ihre Ungeduld zeigt, diese sichtlich indigniert zu ihr sagen: Waffankoolo. Es entspricht, denke ich, unserem »I beg your pardon«.

Abends sind wir nach Trastevere zum Essen gegangen, im Freien, wie es Brauch ist bei den Römern, die nicht nur auf den Gehsteigen, sondern sogar auf den Straßen selbst die Tische decken. Wenn man davon absieht, daß wir kein einziges Wort wechseln konnten wegen des Lärms der um uns herumfahrenden Motorräder und daß wir verschiedentlich Blumen kaufen und sieben Musikanten, die sich an unserem Tisch abwechselten, Trinkgeld geben mußten, ist der Abend gut verlaufen. Das Essen war nicht gut, aber charakteristisch. Ich habe spaghettis assassina [Spaghetti Mörderin, A. d. Ü.] und pollo carceratos (prisoner) gegessen. Die Atmosphäre war sehr heiter, aber wir sind weggegangen wegen des Kohlenmonoxyds, das uns zu ersticken drohte. Um die Rechnung gab es eine kleine Diskussion. Zuerst erschien sie mir sehr übertrieben, doch dann habe ich gesehen, daß drei »coperte« inbegriffen waren. Im Taschenwörterbuch habe ich gesehen, daß »coperta« das entsprechende Wort für blanket

[Decke] ist. Ich dachte also, die Geschäftsführung des Restaurants würde uns als souvenirs drei »coperte« geben, die vielleicht geschickten italienischen Webern zu verdanken seien, doch der Kellner hat uns diese Illusion bald genommen. Die »coperte« waren ganz einfach die Teller und das Besteck, das wir benutzt hatten und allerdings zurückgeben mußten. Als ich ihm meine Meinung sagte, hat er mit der Schulter gezuckt und geantwortet: Waffankoolo, mit anderen Worten, er bitte um Entschuldigung. Da habe ich einen policeman gerufen, und der hat mir gesagt, er sei nicht im Dienst. Ich mußte bezahlen, aber ich werde beim Fremdenverkehrsamt, das ja sehr effizient sein soll, da es Tausende von Leuten beschäftigt, Beschwerde einlegen. Der Hotelportier hat mir abgeraten: »Das Amt«, hat er zu mir gesagt, »non fa un amato (loved) katzo, es kümmert sich wenig um die Touristen, da es ständig damit beschäftigt ist, an den Tourismus zu denken.« Ich habe ihn gefragt, wo da der Unterschied sei. Er hat gesagt: »Es wäre, als würde man einen großen Mathematiker stören, um die Einkaufsrechnung überprüfen zu lassen.« Der Tourismus wird in Italien als Philosophie betrachtet, und die verschiedenen Experten führen eine permanente Diskussion darüber.

Freitag. Man gewöhnt sich nur schwer an die kleinen Ausmaße der italienischen Autos. Ich habe bemerkt, daß die Autos, je kleiner sie sind, oft geradezu winzig, um so mehr Passagiere enthalten. Sie werden immer mit Höchstgeschwindigkeit gefahren. Eine Straße zu überqueren wird gefährlich, denn die Fahrer, alle in enormer Eile, achten nicht auf Fußgänger und fahren sie gerne um, worauf sie sich dann beklagen, daß bei dem Aufprall die Stoßstange des Wagens zu Schaden gekommen sei. Ein amerikanischer Psychologe, den wir im Restaurant getroffen haben, hat mir gesagt, daß die Italiener einem besonderen Stoßstangen-Kult huldigen, der vielleicht von den alten priapeischen Kulturen herstammt. Kurz, die Stoßstangen bezeichnen die Grenzen des Autos, und als solche sind sie heilig.

In Rom ist dieser Kult sehr lebendig, die Diskussionen über Stoßstangen auf den Straßen reißen nicht ab. Im Fall eines Zusammenstoßes überprüfen die Autofahrer als allerersten den Zustand ihrer Stoßstangen. Und sagen: »Hier, hier, dieser Kratzer war noch nicht da.« Der andere antwortet freundlich: »Waffankoolo«, und fügt hinzu, daß der kleine Kratzer wohl dagewesen sei, denn man sehe ja mit bloßem Auge, daß er nicht neu sei. Um einer dieser charakteristischen römischen Diskussionen zu folgen, habe ich mich unter eine Gruppe Neugieriger gemischt und bin zwei Minuten später ohne meine Brieftasche wieder herausgekommen; zum Glück hatte ich weder meine Papiere noch Traveller's cheques darin.

Wegen der großen Hitze sind wir am Strand von Rom (Osteea) zum Baden gewesen. Das Meer wirkte nicht sauber. Am Ufer schwammen Zeitungen (manche aus jüngster Zeit, mit Nachrichten über die neue Regierung), Plastikflaschen, Präservative, Exkremente und viele Algen. Es gab auch Ölrückstände. Wir haben uns schnell geduscht und sind nach Rom zurückgefahren. Da wir die Landschaft bewundern wollten (die übrigens recht häßlich ist) und langsam fuhren, überholten uns alle, und die Fahrzeuginsassen machten freundliche Gesten zum Gruß, entweder packten sie den rechten Arm mit der linken Hand in Höhe des Ellbogens und schüttelten ihn, oder sie zeigten uns den Zeigefinger und den kleinen Finger in Form eines abgewandelten Churchill-V. Diese natürliche Freundlichkeit der Italiener läßt einen viele ihrer Fehler vergessen und flößt Sympathie für dieses Volk ein.

Sonntag. Gestern habe ich kein Tagebuch geschrieben, weil wir Susan suchen mußten, die wegen jener poetischen Freundschaften mit einem jungen Mann, den sie im Hotel kennengelernt hat, zum Kolosseum gegangen war. Um zwei Uhr nachts war sie noch nicht zurück. Um vier hat uns die Polizei angerufen und gesagt, sie hätten sie auf einer Wiese bei Osteea gefunden, etwas niedergeschlagen und müde, aber lebend. Als sie ins Hotel zurückgekommen ist, haben wir ihr keine Fragen gestellt. Es scheint, als hätten sich ihrem jungen Freund noch fünf weitere angeschlossen und als seien sie auf einen nächtlichen Ausflug gegangen, um den Mond zu betrachten. Die Italiener sind alle Poeten.

Wir haben Saint Peter angeschaut, eine Briefmarkenserie des Pope gekauft, aber gesehen haben wir den Pope nicht, er wollte uns nicht empfangen. Wir hätten ihn heute morgen sehen können, wie er an ein Fenster seiner Wohnung tritt, um uns seinen Segen zu erteilen, aber leider haben wir beschlossen, nach New York zurückzufliegen. Am Kennedy Airport wurde uns mitgeteilt, daß unser Gepäck aus Versehen von Rom nach Ankara geschickt worden sei. Vielleicht werden wir es in einer Woche wiederbekommen. Alles in allem bringen wir eine süße Erinnerung an Italien mit heim. Die nächsten Ferien, haben wir beschlossen, verbringen wir in Scotland oder in Norway. Rom gefällt mir, aber da ich es nun schon gesehen habe, liegt mir »wenig« oder »nichts« daran, wie die Italiener sagen.

Ich habe auch ein kleines Brevier mit *Standardsätzen* zusammengestellt, für Landsleute, die Italien zum ersten Mal besuchen.

Im Zug:
»Signore, vuol togliere i suoi piedi, le sue mani, la sua testa, la sua valigia dalle mie gambe, dal mio costato, dal mio ventre, dal mio esofago?«

»Mein Herr, wollen Sie Ihre Füße, Ihre Hände, Ihren Kopf, Ihren Koffer von meinen Beinen, meinen Rippen, meinem Bauch, meiner Speiseröhre herunternehmen?«

Im Hotel:
»Questa camera, questa stanza, questa singola, questa matrimoniale, è piccola, stretta, buia, e dà, guarda, affaccía su un cortile, un vicolo, un chiassiuolo, e ha il bagno guasto, rotto, in riparazione, inservibile.«

»Dieses Zimmer, dieser Raum, dieses Einzelzimmer, dieses Doppelzimmer ist klein, eng, dunkel und geht, schaut auf einen Hof, eine Gasse, ein Gäßchen, und das Bad ist defekt, kaputt, reparierbedürftig, unbenutzbar.«

Im Museum:
»Non desidero una guida, un opuscolo, una monografia, un atlante, una riproduzione, una cartolina, un copia del celebre quadro. Voglio soltanto vedere, visitare, percorrere il museo, la galleria, la pinacoteca, la gipsoteca«.

»Ich möchte keinen Führer, keine Broschüre, keine Monographie, keinen Atlas, keine Reproduktion, keine Postkarte, keine Kopie des berühmten Bildes. Ich möchte nur das Museum, die Galerie, die Pinakothek, die Gipsfigurensammlung sehen, besuchen, durchlaufen.«

Beim Spazierengehen:
»Mi dispiace, signor mendicante, non ho denaro spicciolo, moneta spicciola, soldi spicci, pezzi da cinque, da dieci, da cinquanta, da cento lire, ma solo banconote, carta moneta, biglietti di stato da mille, cinquemila, decimila lire.«

»Es tut mir leid, Herr Bettler, ich habe kein Kleingeld, keine Münzen, keine Fünf-, Zehn-, Fünfzig-, Hundert-Lire-Stücke, sondern nur Banknoten, Papiergeld, Scheine zu tausend, fünftausend, zehntausend Lire.«

Im Restaurant:
»Cameriere, vuol dire, raccomandare, imporre al suonatore di violino, di chitarra, di mandolino, di fisarmonica, di non mettermi l'archetto, il braccio, il gomito, le mani, lo strumento nel piatto?«

»Herr Ober, würden Sie dem Geigenspieler, Gitarrespieler, Ziehharmonikaspieler sagen, er soll mir nicht den Bogen, den Arm, den Ellbogen, die Hände, das Instrument auf den Teller tun?«

»Cameriere, nella ministra, nell'arrosto, nel contorno, c'era un capello, una ciocca di capelli, una parrucca, bionda, bruna, castana, rossa«.

»Herr Ober, in der Suppe, im Braten, im Gemüse war ein Haar, eine Haarsträhne, eine blonde, dunkle, braune, rote Perücke.«

»No, cameriere, questo non è il mio cappotto nuovo, il mio soprabito nuovo, il mio impermeabile nuovo, ma il cappotto vecchio, il soprabito vecchio, l'impermeabile vecchio di un altro ospite, consumatore, cliente«.

»Nein, Herr Ober, das ist nicht mein neuer Mantel, mein neuer Überzieher, mein neuer Regenmantel, sondern der alte Mantel, der alte Überzieher, der alte Regenmantel eines anderen Gastes, Konsumenten, Kunden.«

Im Theater:

»Signore, ciò che lei sta dicendo, fischiando, canticchiando, raccontando, mi impedisce di godere, di ascoltare, di sentire, la musica, la commedia, la farsa, il balletto, la rivista, il duetto, la romanza.«

»Mein Herr, was Sie gerade sagen, pfeifen, summen, erzählen, hindert mich daran, die Musik, die Komödie, das Lustspiel, das Ballett, die Revue, das Duett, die Romanze zu genießen, zu hören, ihm/ihr zu lauschen.«

»Signore, è la seconda, la terza, la quarta volta che lei mi brucia, accende, infuoca il cappotto, la giubba, la sottoveste, il farsetto, i pantaloni, con la sua sigaretta, la sua pipa, il suo sigaro.«

»Mein Herr, es ist jetzt das zweite, das dritte, das vierte Mal, daß Sie mir den Mantel, die Jacke, den Unterrock, die Weste, die Hose verbrennen, anzünden, in Brand stecken mit Ihrer Zigarette, Ihrer Pfeife, Ihrer Zigarre.«

Auf der Post:

»No, signor ufficiale postale, non voglio collezionare, possedere, acquistare, comprare biglietti di lotteria, calendari, francobolli di beneficenza, ma inviare, spedire, mandare un telegramma, un cablogramma, una raccomandata, un vaglia, un' assicurata, un campione«.

»Nein, Herr Postbeamter, ich möchte keine Lotteriescheine, Kalender, Wohlfahrtsmarken besitzen, kaufen, erwerben, sondern ein Telegramm, ein Telex, ein Einschreiben, eine Postanweisung, einen Wertbrief, ein Muster aufgeben, verschicken, absenden.«

Auf der Polizei:

»No, signor commissario, c'è un equivoco (un qui-pro-quo, un malinteso). Io non sono il falsario (il ladro, il truffatore, il conducente), ma il derubato, l'ingannato, il truffato, il passeggero, il turista«.

»Nein, Herr Kommissar, das ist ein Mißverständnis (eine Verwechslung, ein Irrtum). Ich bin nicht der Fälscher (der Dieb, der Betrüger, der Fahrer), sondern der Bestohlene, der Betrogene, der Hereingelegte, der Passagier, der Tourist.«

Zur Zubereitung eines guten Risotto nach Mailänder Art ist Qualitätsreis erforderlich, etwa vom Typ Vialone, großkörnig und etwas runder als das Korn vom Typ Carolina, welches länglich, fast spindelförmig ist. Ein Reis, der nicht völlig geschält ist, also nicht ganz vom Perikarp befreit ist, genießt die Gunst der piemontesischen und lombardischen Kenner, der Landwirte selber, für ihre eigene private Küche. Das Korn, wenn man es genau ins Auge faßt, weist hier und dort Reste der abgeschälten Samenhülle, des Perikarp auf, Reste wie von einem zerschlissenen Gewand, nußbraun oder in der Farbe von Schweinsleder, aber hauchfein: nach den Regeln der Kunst zubereitet, entsteht ausgezeichneter Risotto, nahrhaft, reich an den Vitaminen, die den Weichweizen und den Samenkörnern und ihren hauchfeinen Schalen nachgerühmt werden. Der Risotto alla paesana gelingt besonders köstlich mit der obengenannten Sorte, desgleichen der Risotto auf Mailänder Art: ein wenig dunkler, zugegeben, nach und trotz der vergoldenden Taufe mit dem Safran.

Klassisches Kochgefäß für den Risotto auf Mailänder Art ist die runde oder auch ovale Kasserolle aus verzinntem Kupfer mit Eisengriff: die alte und schwere Kasserolle, von der man seit einiger Zeit nichts mehr gehört hat: kostbares Ausstattungsstück der weiträumigen Küche: sie war wesentlicher Bestandteil des Kupfergeschirrs, schlicht die »Kupfer« genannt, die ein alter Poet, der Maler Jacopo Bassano, nicht zu rühmen vergaß in seinen poetischen »Interieurs«, wo die glänzenden Kupfer mehr als einmal auf dem Ziegelfußboden erscheinen, um einen Sonnenstrahl einzufangen und zu spiegeln, einen Strahl jener Sonne, die, wenn das Mahl von den Menschen verdaut, *concocto prandio*, hinabsinkt. Da man uns das alte Kupfer geraubt hat, bleibt uns nur übrig, dem Ersatz Vertrauen zu schenken: dem Aluminium.

Die Kasserolle, mit der Linken mittels Filzlappen am Stil übers Feuer gehalten, empfange nun Schnitze oder feingehackte Stückchen zartester Zwiebel, und einen viertel Schöpflöffel Brühe, am besten kochend, und Fleisch vom Rind: und erstklassige Butter aus Lodi. Butter, *quantum prodest*, nachdem man die Zahl der Tischgenossen kennt. Beim ersten Brutzeln dieses maßvollen, butterig-zwiebligen Gemenges wird in kleinen, wiederholten Portionen der Reis beigefügt: nach und nach, bis zu einer Menge von zwei oder drei Handvoll pro Person, je nach dem voraussichtlichen Appetit der Tafelnden: auch darf die wenige Brühe nicht von selber den Prozeß des Kochens einleiten: der Kochlöffel (nun aus Holz) bekommt jetzt zu tun: rühren, rühren und nochmal rühren. Die Körner müssen sich ganz leicht bräunen und härten am Grund des verzinnten Bodens, der in dieser Phase des Rituals glüht, sie dürfen jedoch ihre eigne »Persönlichkeit« nicht verlieren; sich nicht verkleben und verklumpen.

Butter, *quantum sufficit*, nicht mehr, darf ich bitten: sie darf nicht schwimmen, darf keine schmutzige Brühe werden: jedes Korn soll sie fetten, nicht aber ersäufen. Der Reis muß, so sagte ich, überm verzinnten Boden des Topfs hart werden. Dann, nach und nach, schwillt er wieder an und kocht, weil man nach und nach die Brühe beigibt, wobei ihr behutsam und emsig sein solltet: gebt nur hin und wieder Brühe hinzu, zu Beginn zwei halbe Schöpflöffel aus einem beiseitestehenden Topf. In dem habt ihr das Safranpulver schon aufgelöst, das so lebhaft ist, so unvergleichlich anregend für den Magen: aus getrockneten Staubfäden, die dann sorgsam gemahlen, wird es gewonnen. Für acht Personen zwei Kaffeelöffel voll. Die safranbereicherte Brühe muß eine mandaringelbe Farbe angenommen haben: so daß der Risotto, nach vollendeter Kochzeit, zwanzig, zweiundzwanzig Minuten, orangegelb erscheinen muß: für ängstliche Mägen genügen zwei gestrichene Kaffeelöffel, nicht gehäufte: und daraus wird dann helles Kanariengelb. Am wichtigsten ist, daß man sein Gemüt dem Ritual in Furcht der Götter zuwende, in Verehrung des ehrwürdigen Äskulap oder, besser gesagt, des Asklepios, und für den geheiligten Risotto auf Mailänder Art Ingredienzien von erster Qualität verwende: den obengenannten Vialone mit der obengenannten zerschabten Hülle, die obengenannte Lodibutter (Laus Pompeia) und die obengenannten Schnitze zarter Zwiebel; für die Brühe Rindfleisch, Karotten und Sellerie, die alle drei aus der Poebene stammen, nicht Fleisch von einem pensionierten Bullen mit balkanischem Gehörn und Gemüt: für den Safran empfehle ich Carlo Erba aus Mailand in versiegelten Döschen: eine Ausgabe von zehn, zwölf, höchstens fünfzehn Lire pro Person: eine halbe Zigarette! Keine Täuschung der Götter, keine Mißachtung des Asklepios, kein Verrat an der Familie, noch an den von Zeus Xenios beschützten Gästen, nur um Carlo Erba seinen wohlbemessenen Gewinnst vorzuenthalten. Nein! Was die Butter angeht, so könnten, falls Lodi nicht greifbar ist, Melegnano, Casalbuttano, Soresina, oder Melzo und Casalpusterlengo an die Stelle treten, also das gesamte Mailänder Flachland unterhalb der Quellgegend, vom Ticino zur Adda und hinunter bis Crema und Cremona. Zur Magarine sage ich: nein! Und zur Butter, die nach Seife schmeckt: nein!

Zu den denkbaren, sogar ratsamen oder von Supersachverständigen und Supertechnikern verlangten Zutaten gehört Knochenmark (vom Rind), das vorher bereitgestellt und für diesen Gebrauch behutsam in einem weiteren Nebentopf aufbewahrt wurde. Es ist üblich, das Mark etwa bei halber Kochzeit auf den Reis zu geben: mindestens eine Portion pro Tischgenosse: diese werden dann untergerührt und vermengt, mit dem Kochlöffel (wieder aus Holz), mit welchem man den Risotto seiner Vollendung entgegenführt. Das Mark verleiht dem Risotto, genauso wie die sehr maßvoll verwendete Butter, eine weise bemessene Fettigkeit: und unterstützt, wie es scheint, die blutbildende Funktion unseres eigenen Knochenmarks. Zwei oder mehr Löffel von rotem, schwerem Wein (Piemont) gehören zwar nicht zur obligaten Vorschrift, aber, falls geschätzt, verleihen sie dem Gericht jenen aromatischen Geschmack, der die Verdauung anreizt und fördert.

Der Risotto auf Mailänder Art darf nicht verkocht sein, pfui Teufel, nein!, nur ein klein wenig feuchter als körnig soll er auf den Teller kommen: das Korn zwar durchtränkt und geschwellt von den obengenannten Säften, aber jedes Korn einzeln, nicht an seine Genossen gepappt, nicht aufgeweicht, zu Brei und Pamps, der niemandem gefiele. Geriebener Parmesan wird von den guten Risottoköchen kaum als zulässig erklärt, denn er würde die Mailändische Nüchternheit und Eleganz verherzhaften. Nach den ersten Septemberregen dürfen frische Pilze in die Kasserolle; oder, nach Sankt Martin, dürfen sich trockene Trüffel, geschabt mit dem speziellen Trüffelschabegerät, auf den Teller senken, also auf den angerichteten Reis, dies ausgeführt vom dienstbeflissenen Aufwärter, der nach erfolgtem Mahl, nach beendigtem Fest, gebührend belohnt wird. Weder die Variation mit Pilzen noch die mit Trüffeln vermag die tiefe, die vitale, die edle Bedeutsamkeit des Risotto nach Mailänder Art zu entstellen.

TOMMASO DI CIAULA *Tomaten, Brot, Käse*

Gleich nach Mariä Himmelfahrt bereiten die Familien alles vor, um Tomatensoße zu machen, und dann kommen die aufreibendsten Tage des Jahres, die »roten Tage«. Man fängt am frühen Morgen mit den Arbeiten an, bei Tagesanbruch, manche beginnen aber auch schon am Spätnachmittag und pflücken während der Nachtfrische. Dann beginnt die Vorstellung. Auf der einen Seite warten Hunderte von grünlichen Flaschen, allesamt gewaschen und getrocknet. In großen Tonbehältern werden die Tomaten mit viel Wasser gewaschen, inzwischen bringt ein mächtiges Feuer einen großen Kessel, halbvoll mit Wasser, zum Sieden. Im kochenden Wasser beginnt dann die mühsame Zubereitung: man wirft die ganzen Tomaten hinein, dazu einen Bund Basilikum, der gibt der Soße Aroma und macht sie zart. Die Luft ist schwül, voller Duft, von aufplatzenden Tomaten, vom Basilikum, vom verbrannten Holz. Die Straßen entlang rinnen Bäche roten Wassers. Wenn sich die Tomaten gehäutet haben, holt man mit einem durchlöcherten Schöpflöffel große Mengen des Tomatenbreis heraus und gibt sie zum Abtropfen in große Körbe, die mit alten Lumpenstücken ausgelegt sind, welche das Ganze nun filtern. Auf diese Weise läuft das Tomatenwasser ab, und der festere Bestandteil bleibt zurück; er wird dann mit einer speziellen Maschine ausgepreßt und haschiert und in großen Tongefäßen gesammelt.

Mit Schöpflöffeln und Trichtern wird die Soße dann in die Flaschen abgefüllt. Früher verwendete man zum Verschließen Korken, heute benutzt man Maschinen, die in Sekundenschnelle einen Kronenverschluß aufdrücken.

Nun kommt das große Finale: die vollen Flaschen werden vorsichtig in Behälter gelegt, meist ehemalige große Benzinfässer. Man legt die Flaschen nebeneinander, breitet sorgfältig zwischen die einzelnen Schichten Säcke, sonst stoßen die Flaschen beim Aufkochen aneinander und gehen kaputt. Etwa zwanzig Minuten werden die Flaschen in dem Benzinfaß erhitzt, dann läßt man die Flamme allmählich herunterbrennen; die Flaschen bleiben aber bis zum nächsten Tag im Wasserbad. Am nächsten Morgen ist die Soße in den Flaschen fertig.

Wenn man Brot gebacken hat, bewahrt man den restlichen Sauerteig wie Gespartes ganz besonders gut auf, in einer Suppenschüssel, bedeckt mit einem Teller. Ohne Sauerteig kann man kein Brot backen, oder es muß dir ein braver Nachbar damit aushelfen. Man mischt den

Sauerteig am Abend unter das Mehl und walkt die Masse gut durch; je mehr man den Teig durchmengt, um so besser wird das Brot, man muß eine ganz schöne Muskelkraft haben für diese Arbeit. Anders als bei den Arbeiten der Männer muß die Kraft vor allem im Unterarm sitzen, damit man den Teig gut durchkneten kann. Wenn er fertig ist, legt man ihn an einen warmen Platz, eingewickelt in ein Lein- oder Tischtuch, je nach Größe, damit er aufgeht.

Am besten eignete sich dazu immer das Bett, und zwar unten bei den Füßen. Während man in der Nacht so dahinschlief, blähte sich dieser wertvolle Klumpen zwischen den Füßen auf wunderbare Weise auf, fast so wie ein Geschlechtsteil.

Am nächsten Vormittag mischte man den Teig wieder mit Mehl und ließ ihn erneut gären, nun aber das Ganze in Brotgröße zerteilt; natürlich wieder am Fuß des Bettes. Meist waren zu dieser Zeit die Erwachsenen schon auf dem Feld zur Früharbeit, deshalb bekamen die Brote die notwendige Wärme zwischen unseren Füßen. Da waren wir so aufgeregt und neugierig, daß wir nicht mehr schlafen konnten. Wir hoben die Decke hoch, und schon rief aus der Küche besorgt die Großmutter: Wenn ihr Kälte reinlaßt, wachsen die Brote nicht!

Es war sehr anstrengend, Brot zu machen, und es dauerte fast eine Woche. Der bläuliche Sauerteig, das lauwarme Wasser, in dem man Salz auflöste und das Mehl dazumischte, das in der Nase kitzelte. Das Mehl roch schwach und doch wild, irgendwie nach Fleisch.

Bei der Käseherstellung gab es andere Riten. Brauchte man für das Brot den Sauerteig, so benötigte man zur Käsezubereitung das »Lab«, das man gewann, indem man frische Milch in den Magen eines toten Lämmchens goß. Wenn der Magen vollgefüllt war, wurde er sorgfältig zugebunden. Man legte ihn auf einen Teller, rieb ihn von außen kräftig mit Salz ein und ließ ihn dann weich werden. Nach einigen Tagen begann der Magen eine grünliche Molke auszuschwitzen, die man »Salsamore« nannte. Davon mußte man dann einen Löffel in die Milch geben, die man auf dem Feuer leicht erwärmte und dabei umrührte. Wenn man sie einige Minuten abkühlen ließ, verfestigte sich an der Oberfläche der Käse. Ich erinnere mich, wie Großmutter den frischen Käse herausfischte und mit den Händen quetschte, dann wurde er in Formen aus geflochtenem Stroh gepreßt. Im Kessel blieb die Molke zurück. Wenn man Ricotta machen wollte, mußte man der Molke nur frische Milch zusetzen. Man rührte alles sachte über dem Feuer um, bis sich auf wunderbare Weise der weiße Ricotta formte.

EDUARDO DE FILIPPO

Der Neapolitaner Pasquale erläutert – von einem Balkon zum anderen – dem Professor die Geheimnisse des Kaffees

Uns Neapolitanern könnt ihr ruhig diese kleinen Wutausbrüche auf dem Balkon nehmen. Ich zum Beispiel würde auf alles verzichten, nur auf dies Täßchen Kaffee nicht, das man draußen auf dem Balkon in aller Ruhe nach einer Stunde Mittagsschlaf trinkt. Und ich muß ihn selbst zubereiten, mit meinen eigenen Händen. Dies hier ist eine Kaffeemaschine* für vier Tassen, aber sie reicht auch für sechs, und wenn die Tassen kleiner sind, sogar für acht... unter Freunden... der Kaffee ist so teuer...

Er horcht.

Meine Frau nimmt mich nicht ernst... diese Angelegenheiten versteht sie nicht. Ihr müßt wissen, sie ist viel jünger als ich, und die jüngere Generation hat die Gewohnheiten verloren, die meines Erachtens, von einem bestimmten Blickwinkel aus, die Poesie des Lebens ausmachen; denn abgesehen vom Zeitvertreib, heitern sie auch das Gemüt auf. Nicht? entschuldigt... Wer könnte mir denn einen Kaffee zubereiten, wie ich selbst das tue, mit derselben Ausdauer... mit derselben Sorgfalt? Ihr werdet verstehen, daß ich wirklich alle Erfahrungen beachte und nichts unbeachtet lasse, wo ich doch mich selbst bediene... Auf die Tülle... seht Ihr die Tülle?

Er nimmt die Kaffeemaschine in die Hand und zeigt auf den Ausgießer.

Hier Professor. Auf die Tülle setze ich dies Papierhütchen...

Er macht es vor.

Es sieht nach nichts aus, aber es hat eine Funktion... Ja, denn so verfliegt das starke Aroma des ersten Kaffees nicht, der zudem der stärkste ist. Man muß auch, Professor, ehe man das Wasser durchlaufen läßt, das drei oder vier Minuten kochen muß, also ich sagte, ehe man es durchlaufen läßt, muß man auf die Innenseite der gelöcherten Kapsel einen Löffel grob gemahlenen Kaffees streuen. Das ist ein kleines Geheimnis! So nimmt das Wasser schon beim Kochen das Aroma an. Professor, Ihr vertreibt Euch bisweilen auch die Zeit, denn ich sehe, wie Ihr draußen auf Eurem Balkon dasselbe Ritual vollführt.

* Gemeint ist die ›macchinetta napoletana‹: sie besteht aus zwei Metallkännchen, die aufeinander geschraubt werden; in der Mitte befindet sich eine beidseitig durchlässige Filterkammer. Eines der Kännchen wird mit Wasser gefüllt, in die Filterkammer kommt der Kaffee. Wenn das Wasser kocht, wird die Macchinetta vom Feuer genommen und umgestülpt – das Wasser läuft durch den Kaffeefilter in das untere Kännchen. (A. d. Ü.)

Er hält inne und horcht.

Ich auch. Ja, weil meine Frau, wie gesagt, nicht mithilft, röste ich ihn sogar selbst...

Er horcht.

Ihr auch, Professor?... Da tut Ihr gut dran... Denn das ist schließlich das Schwierigste: man muß den richtigen Hitzegrad herausfinden, die Färbung... mönchskuttenfarben... die Farbe der Mönchskutte. Es ist eine große Befriedigung; und ich vermeide außerdem, in Rage zu geraten, wenn aus einem dummen Zufall, wegen einer falschen Bewegung ein Stückchen des Papierhäubchens aus der Hand rutscht und mit dem, was darunter ist, zusammenkommt, wenn der Kaffee sich mit dem Satz vermischt, wenn's also eine Brühe wird... denn ich habe den Kaffee ja mit meinen eigenen Händen zubereitet, und da kann ich mich über niemand aufregen, also überzeuge ich mich, daß der Kaffee gut ist und trinke ihn dennoch.

Inzwischen ist der Kaffee fertig.

Professor! Er ist durchgelaufen!

Er gießt den Inhalt der Maschine in die Tasse und macht sich bereit zum Trinken.

Ist Ihnen serviert?... Danke.

Er trinkt.

Donnerwetter, das ist ein Kaffee...

Zeichnung: Pier Paolo Pasolini

GIORGIO BASSANI *Gräber*

Es war auf einem der üblichen Wochenendausflüge. Wir waren, eine Gruppe von Freunden, auf zwei Autos verteilt, die Via Aurelia hinausgefahren, ohne ein bestimmtes Ziel zu haben. Ein paar Kilometer hinter Santa Marinella waren wir, angezogen von den Türmen einer mittelalterlichen Burg, die plötzlich zu unserer Linken aufgetaucht waren, auf einen Fußweg eingebogen und schließlich über den trostlosen Sandstreifen am Fuße des Berges geschlendert. Aus der Nähe betrachtet, war die Burg übrigens bei weitem nicht so mittelalterlich, wie sie aus der Ferne, im Gegenlicht über der blauen blendenden Leere des Tyrrhenischen Meeres gewirkt hatte.

Der vollen Gewalt des Windes ausgesetzt, Sand in den Augen und betäubt vom Lärm der Brandung, obendrein außerstande, die Burg zu besichtigen, weil uns dazu die schriftliche Erlaubnis von der Direktion irgendeines, ich weiß nicht mehr welchen, römischen Kreditinstitutes fehlte, fühlten wir uns gründlich enttäuscht und verärgert, daß wir bei einem solchen Wetter, das hier am Meer von nahezu winterlicher Unfreundlichkeit war, nicht in Rom geblieben waren.

Dem Bogen der Küste folgend, gingen wir etwa zwanzig Minuten am Strand auf und ab. Das einzige Mitglied unserer Gesellschaft, das sich fröhlich zeigte, war ein kleines Mädchen von neun Jahren, die Tochter des jungen Ehepaares, in dessen Auto ich saß. Geradezu elektrisiert von Wind und See und dem in rasenden Wirbeln aufgepeitschten Sand, überließ sich Giannina ganz ihrer heiteren offenherzigen Natur. Obwohl ihre Mutter versucht hatte, sie davon abzuhalten, hatte sie sich Schuhe und Strümpfe ausgezogen. Sie lief den anbrandenden Wellen entgegen, die ihre Beine bis zu den Knien umspülten. Sie schien sich, mit einem Wort, königlich zu amüsieren, so sehr, daß ich, als wir bald darauf wieder in den Wagen stiegen, einen Schatten ehrlichen Bedauerns in ihren schwarzen lebhaften Augen sah, die über zarten erhitzten Wangen funkelten.

Wieder auf der Via Aurelia, waren wir fünf Minuten später an der Abzweigung nach Cerveteri. Da wir beschlossen hatten, direkt nach Rom zurückzukehren, zweifelte ich nicht daran, daß wir geradeaus weiterfahren würden. Aber statt dessen verlangsamte Gianninas Vater die Fahrt mehr als nötig und streckte den Arm aus dem Fenster. Er gab dem Fahrer des zweiten Wagens zu verstehen, daß er links einbiegen wollte. So fuhren wir also auf der glatten, asphaltierten Nebenstraße weiter, die in Serpentinen zu den Hügeln des Hinterlands führt, zu der berühmten etruskischen Gräberstadt. Niemand forderte eine Erklärung. Auch ich schwieg.

Hinter dem Ort zwang uns die leichte Steigung der Straße zu langsamerer Fahrt. Wir fuhren nun, im Abstand von nur wenigen Metern, an den sogenannten *Montarozzi* vorbei, jenen kegelförmigen grasbewachsenen Grabhügeln, die über diesen ganzen Teil Latiums nördlich von Rom – mehr im Hügelland als an der Küste – bis nach Tarquinia und noch weiter verstreut sind, so daß dieses Gebiet nichts anderes ist als ein unermeßlicher, fast ununterbrochener Friedhof. Hier wächst das Gras dichter, grüner und kräftiger als auf dem tiefer gelegenen Plateau zwischen der Via Aurelia und dem Meer – ein Zeichen, daß der ständig vom Meer her wehende Scirocco hier oben bereits viel von seinem Salzgehalt verloren hat und sich das feuchtere Klima des nahen Gebirges wohltuend auf die Vegetation auswirkt.

»Wohin fahren wir?« fragte Giannina.

Das Ehepaar saß vorn, das Kind in der Mitte. Der Vater nahm die Hand vom Steuer und legte sie auf die braunen Locken seiner kleinen Tochter.

»Wir fahren zu Gräbern, die über vier- oder fünftausend Jahre alt sind«, antwortete er wie jemand, der anfängt, ein Märchen zu erzählen, und sich deshalb auch nicht scheut, bei den Zahlen zu hoch zu greifen. »Etruskische Gräber.«

»Wie traurig!« sagte Giannina und seufzte, wobei sie den Nacken an die Rückenlehne schmiegte.

»Warum traurig? Hast du in der Schule gelernt, wer die Etrusker waren?«

»Im Geschichtsbuch stehen die Etrusker am Anfang, zusammen mit den Ägyptern und den Juden. Aber sag mir, Papa, wer ist deiner Meinung nach älter: die Etrusker oder die Juden?«

Ihr Vater brach in lautes Lachen aus.

»Frag einmal diesen Herrn danach«, sagte er und wies mit dem Daumen auf mich.

Giannina wandte sich um. Den Mund hinter der Rückenlehne versteckt, warf sie einen geschwinden, strengen, mißtrauischen Blick auf mich. Ich wartete darauf, daß sie ihre Frage wiederholte. Doch nichts geschah. Plötzlich wandte sie sich wieder um und blickte geradeaus.

Auf der stets leicht ansteigenden, von einer doppelten Zypressenreihe eingefaßten Straße kamen uns Gruppen von jungen Mädchen und Burschen aus den Dörfern entgegen. Es war ihr Sonntagsspaziergang. Die jungen Mädchen, die Arm in Arm miteinander gingen, bildeten zuweilen Ketten, die bis zur Straßenmitte reichten. Während wir an ihnen vorüberfuhren, sahen sie mit lachenden Augen neugierig durch die Scheiben, aber in die Neugier mischte sich etwas wie ein merkwürdiger Stolz, wie eine kaum verhehlte Verachtung.

»Papa«, fragte Giannina, »warum sind alte Gräber nicht so traurig wie neue?«

Eine Spaziergängergruppe, diesmal noch größer, die die Straße zu einem guten Teil für sich beanspruchte und, im Chor singend, nicht daran dachte, beiseite zu treten, hatte unseren Wagen fast zum Halten gezwungen. Gianninas Vater schaltete in den zweiten Gang zurück.

»Weißt du«, antwortete er, »die vor kurzem Verstorbenen sind uns noch näher, und darum haben wir sie lieber. Aber die Etrusker sind doch schon so lange tot« – und wieder erzählte er ein Märchen –, »daß es ist, als ob sie nie gelebt hätten, als wären sie schon *immer* tot gewesen.«

Wieder entstand eine Pause, noch länger als zuvor. Aber dann (wir waren inzwischen bis kurz vor den weiten Platz am Eingang zur Nekropole gekommen, wo in dichter Reihe Wagen und Reiseautobusse standen) war die Reihe an Giannina, uns eine Lektion zu geben.

»Aber, so wie du das sagst, glaube ich jetzt, daß die Etrusker doch gelebt haben, und ich habe sie so lieb wie alle anderen.«

Der Besuch der Gräberstadt stand nun ganz unter dem Zeichen des ungewöhnlichen Zartgefühls, das aus Gianninas Worten sprach. Kein anderer als sie hatte unser Verständnis geweckt. Sie, die jüngste, hatte uns gewissermaßen an der Hand genommen.

Wir stiegen in das Innere des bedeutendsten Grabes, das der vornehmen Familie Matuta: Es war ein niedriger unterirdischer Saal, in dem etwa zwanzig Totenbetten in je einer Nische der Tuffsteinwand stehen und der reich geschmückt ist mit farbigen Stuckarbeiten, die die geliebten, vertrauten Gegenstände des täglichen Lebens darstellen, einen Keil, eine Axt, ein Seil, eine Schere, Spaten und Messer, Bogen und Pfeile, aber auch Jagdhunde und Sumpfvögel. Indessen versuchte ich, bereitwillig jeden Rest philologischer Skrupel unterdrückend, mir konkret vorzustellen, was für die späten Etrusker von Cerveteri, das heißt die Etrusker aus der Zeit nach der Unterwerfung durch die Römer, der eifrige Besuch ihres Friedhofs vor der Stadt bedeutet haben mochte.

Sie kamen aus den in der Nähe gelegenen Wohnhäusern, wahrscheinlich zu Fuß – so malte ich mir aus –, familienweise oder in Gruppen von jungen Menschen, wie wir ihnen gerade auf der Straße begegnet waren; es mochten Liebespaare dabei sein, und manche kamen vielleicht allein. Noch heute ist ja in den kleinen Orten der italienischen Provinz das Friedhofstor das obligate Ziel eines jeden Abendspaziergangs. Sie gingen zwischen den konisch geformten Grabkammern umher, solide und massiv wie die Bunker, mit denen die deutschen Soldaten Europa während des letzten Krieges vergebens übersät haben (die eisenbeschlagenen Räder der Leichenwagen hatten im Lauf der Jahrhunderte zwei tiefe Furchen in die gepflasterte Straße gegraben, die den Friedhof durchquerte) – Grabkammern, die gewiß, auch in ihrem Innern, den Wohnburgen der Lebenden ähnelten. Die Zeiten ändern sich – das hatten sie sich gewiß gesagt. Die Zeit war vorbei, in der Etrurien mit seinem Bund freier aristokratischer Stadtstaaten fast die ganze italische Halbinsel beherrscht hatte. Eine neue Kultur, roher und weniger aristokratisch, aber auch stärker und kriegstüchtiger, behauptete nun das Feld. Doch was sagte das schon?

Hatte man die Schwelle des Friedhofs überschritten, wo jeder von ihnen sein zweites Haus besaß, in dem er schon das Lager bereitet hatte, auf dem er bald neben den Vätern ruhen würde, konnte die Ewigkeit nicht länger eine Illusion bleiben, ein Märchen, ein Versprechen der Priester. Die Zukunft mochte, soviel sie wollte, die Welt auf den Kopf stellen; aber dort, in dem engen Bezirk, der den toten Angehörigen geweiht war – dort, inmitten der Gräber, in die man zusammen mit den Toten alles hinabtrug, was das Leben schön und lebenswert machte –, in diesem geschützten, abgeschirmten Winkel der Welt, wenigstens dort (und ihr Denken und Wähnen schwebte noch immer, nach fünfundzwanzig Jahrhunderten, um die konisch geformten Grabhügel, bedeckt von Gras und Kraut), wenigstens dort würde sich nie etwas ändern.

Als wir zurückfuhren, war es dunkel geworden.

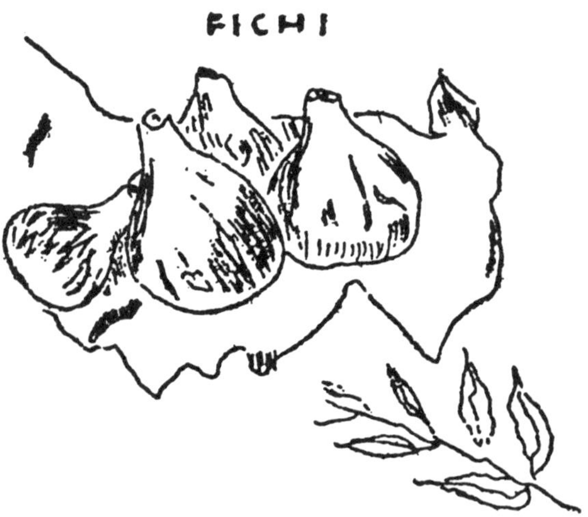

Zeichnung: Eugenio Montale

PIER PAOLO PASOLINI *Mondänes Gedicht*

Ein Ruinenstück nur – Traum eines Bogens,
eines Gewölbs, römisch oder romanisch,
auf einer Wiese in stiller Wärme wie ein Meer,
von der Sonne umschäumt,
verlassen dort, die Trümmer, ohne Liebe. Zweck
und Liturgie sind gänzlich erloschen,
aber sie leben durch ihren Stil – und in der Sonne –
für den, der ihre Gestalt und Poesie versteht.
Geh ein paar Schritte, und du bist auf der Appia
oder der Via Tuscolana: dort ist alles voll Leben,
für alle. Vielmehr ist dem Leben stärker verbunden,
wer Stil und Geschichte
nicht kennt. Ihre Bedeutungen
vertauschen miteinander in der düsteren Stille
Gleichgültigkeit und Gewalt.
Tausende und Tausende von Menschen, Hampelmänner
einer Moderne aus Feuer, gehn aneinander vorbei,
in der Sonne, deren Sinn doch auch wirkt,
wimmeln schwärzlich
über den gleißenden Gehsteig, vor den
Wohnbauten der INA am Horizont.
Ich bin eine Macht aus vergangenen Zeiten.
Nur in der Tradition liegt meine Liebe.
Ich komme von den Ruinen, von den Flügelaltären,
den Kirchen, von den verlassenen Dörfern
des Apennin und den Vorgebirgen der Alpen,
wo die Brüder einst lebten.
Wie ein Narr irre ich über die Tuscolana,
die Via Appia, wie ein Hund ohne Herr.
Oder ich schaue die Dämmerungen, die Morgen
über Rom, über der Ciociaria, über der Welt,
wie die ersten Szenen der Nachgeschichte,
deren Zeuge ich bin, dank dem Datum meiner Geburt,
vom äußersten Rand einer Zeit,
die begraben ist. Ein Monster ist, wer aus dem Leib
einer toten Mutter geboren.
Und ich, erwachsener Fötus, irre,
ein Modernerer als die Modernsten,
um Brüder zu suchen, die nicht mehr sind.

GUIDO MORSELLI
Rom, 1997, wenig Schwefelgeruch

Ich habe mir vorgenommen, die letzten dreißig Kilometer meiner Pilgerreise zu Fuß zurückzulegen. Der Papst empfängt uns am Sonntagmorgen. Inzwischen trainiere ich, im ermüdenden Auf und Ab durch das historische Rom, dessen theatralische Kulisse einem helvetischen und das heißt gotischen Auge wie dem meinen eher überraschend als schön vorkommt.

Und doch liebe ich diese Stadt, die ich eigentlich verehren sollte; mit einer profanen, ganz alltäglichen Zuneigung. Einer nur menschlichen Anhänglichkeit. Hier habe ich von 1968 bis 1972 die Jahre meiner Begeisterungsfähigkeit verbracht, als junger Hilfsminutant, der kaum Zeit fand, die Messe zu lesen, und dem seine Vorgesetzten (der arme, gute Monsignore Marin, im übrigen selbst ein verbissener Arbeiter) Vorwürfe machten, weil er sich am Sonntagnachmittag hinter Schloß und Riegel in seinem Büro verschanzte.

Ich habe mir unseren »Schuppen« schon wieder angeschaut. Via della Conciliazione mit ihrem Asphalt und Travertin, zwischen denen die Zeit meiner Blüte dahinging. Die Büros sind dort schon seit einer Weile ausgezogen, jetzt sitzen hier die Fernschreiberinnen des Centurvat oder Centro Turistico Vaticano, des vatikanischen Verkehrsamtes. An den Räumen aber hat sich nichts geändert. Sie sind ebenso stickig und schmuddelig wie damals. Ich könnte schwören, daß ihre Fenster in dreißig Jahren niemals geputzt worden sind. Unter einem Vorwand habe ich die Nase in die beiden Zimmer gesteckt, wo bei uns damals das Protokoll saß. Dort habe ich begonnen, und zwar mit knapper Not: denn ich wurde nur eingestellt, weil ich drei Sprachen beherrschte, und aus keinem anderen Grund. Zusammen mit mir fing auch mein Altersgenosse Willy Wright an, heute Titularbischof von Colassae und Pro-Staatssekretär. Von unseren Fenstern sah man hinunter auf eine Musikalienhandlung, die uns direkt gegenüber lag (Cassinelli, wenn ich mich recht erinnere), und auf eine Schar langhaariger Jungen mit knatternden Motorrädern, die sich dort jeden Abend versammelten. Willy schüttete ihnen zwei- oder dreimal einen Eimer Wasser über den Kopf, und sie ließen es bei einem kurzen Protest bewenden.

Im Guten wie im Bösen wußte er die Leute richtig zu nehmen, und seine Karriere war verdientermaßen anders als die meine. Er verließ uns, um (als Militärkaplan) nach Vietnam zu gehen, und schenkte mir nach amerikanischer Sitte »for a going-away gift« einen wunderbaren Wollstoff. Zwei Jahre lang hatte er ebenso großzügig meinen verlotterten Aufzug – für den ich freilich nichts konnte, denn ich war arm – mit Schweigen übergangen. Die Soutane, die ich mir aus seinem Stoff machen ließ, ist – bis auf eine notwendig gewordene Erweiterung – noch dieselbe, die ich gegenwärtig trage.

Denn seit ich in Rom bin, habe ich auf Zivilanzug mit Kollar und Talarweste verzichtet. Und soweit ich sehe, bin ich – unter Römern und Pilgern – der einzige Priester, der zu diesem Opfer bereit ist.

Heute früh war ich in einer Kirche in Garbatella zu Gast. Der Koadjutor nannte mich einen Altertümler, weil ich die Messe noch mit dem Introibo beginne. Er sagt, bei ihnen sei dieses Eingangsgebet nicht mehr üblich. Einfach abgeschafft. Dies ist ein Land, wo man glücklich ist, wenn man eine traditionelle Form loswerden kann. Dafür gibt es etwas, das sich niemals ändert. Die Phonhaltigkeit der Luft, die heute nicht geringer ist als zu meiner Zeit: die akustische Dimension jeder Lebensäußerung, in den Häusern und im Freien, nachts wie tags, auf jeder Stufe des Erträglichen und darüber hinaus. Diese durch nichts zu dämpfende Lautstärke habe ich ebenso wieder angetroffen wie auf den Straßen das fröhlich umherwirbelnde Altpapier und die Löcher, in denen sich nach einem Gewitter der weiße Himmel spiegelt. Verschwunden aber ist Cassinellis Geschäft mit seinen elektrischen Gitarren und den Fliegen in seiner Auslage, und verschwunden sind die dröhnenden Motorräder und die jungen Quiriten, die sie zwischen ihren gespreizten Beinen hielten. Es waren dieselben Jungen, die sonntags Stoffstreifen an die Touristinnen vermieteten, die sie unten an ihre Miniröcke hefteten, um die Peterskirche betreten zu können.

Die Jungen von vor dreißig Jahren setzen jetzt in den riesigen Bauten des EUR geruhsam Fett an. Gregorovius nennt diese Stadt wunderbar und düster. Goethe sagt, sie sei die einzige irdische Wirklichkeit, die für ihn Bestand habe. (Wenn er dabei nicht etwa seine berühmte Ciociarin im Sinn hatte.) Für mich war Rom nicht nur ein *hortus conclusus*, es war eine Welt, die mit sieben Siegeln verschlossen war. Ich wohnte in dieser Stadt, brachte es aber nicht fertig, wirklich in ihr zu leben. Alles entzog sich mir oder irritierte mich. Doch wenn ich Rom jetzt erneut betrete, frage ich mich, wie ich es ausgehalten habe, dieser Stadt dreißig Jahre lang fernzubleiben.

Die Anziehungskraft von Rom ist eine abgedroschene Geschichte. Und doch entdecke ich sie nun im Blick des Mädchens hinter der Bar in der Via della Scrofa; in dem derben Dialekt, der so anders klingt als das trockene Italienisch, das man in Arezzo oder La Spezia zu hören bekommt; im gestrigen Sonnenuntergang mit seinem Wein- und Kardinalsrot und seinen Wolken, die man nur als barock bezeichnen kann und die »es nicht schaffen«, sich von den Turmspitzen von Sant' Agnese zu lösen. Das alles hat nichts Verwunderliches.

Denn Rom bedeutet üblicherweise die Landung auf der Insel der Seligen, dabei spricht unsereins leicht beklommen von einer Pilgerreise oder einem Besuch *ad limina*.

Keiner meiner Gedanken gilt Einsiedeln, das von hier aus gesehen so unwirklich erscheint und dem alles widerspricht: fern wie das Paradies von der Hölle. Denn, sofern das noch eigens gesagt werden muß, es ist immer wieder das gleiche: uns Deutschstämmigen kommt diese Stadt mit ihren fünfhundert Kirchen (die für uns nicht wie Kirchen wirken) und ihren Scharen glutäugiger Seminaristen wie eine der möglichen Einübungen auf die Hölle vor.

Natürlich täuschen wir uns: in dem bescheidenen Rom vom Ende dieses Jahrhunderts gibt es wahrhaftig wenig Schwefelgeruch. Und doch stehen für uns auch heute noch der christliche Himmel und der römische Himmel unter entgegengesetzten Vorzeichen. Ein unaufhebbarer Widerspruch, und das heutige Papsttum in seinem programmatischen Exil oder das Papsttum in Avignon empfinden wir als verdienstvolle Versuche, sich ihm zu entziehen. Aber nur als Versuche.

Bambino-kratie: was Italien bewegt und beherrscht und wovon es besessen ist, sind nach wie vor seine Kinder. Hier bei Costantini, der mich beherbergt, hält sich ständig ein rundes Dutzend auf. Sie kommen aus dem Gemeindesaal herauf und schwirren wie die Fliegen durch die glühend heiße Wohnung des Pfarrers. In der Sakristei verkleiden sie sich mit den Kaseln und Vespermänteln, und hier oben klimpern sie auf der Schreibmaschine herum. Sie spritzen Wasser auf das Geschirr, das wir gerade fertig abgetrocknet haben. Das Größte mag etwa acht Jahre alt sein.

Für Costantini in seiner Junggesellenwirtschaft (er hat nicht einmal eine Haushälterin) stellen sie einen Trost dar. Hingerissen fragt er mich: »Don Walter, heißt das nicht, zu uns selbst kommen?«

Dabei hat man nicht einmal während des Essens seine Ruhe. Um meine Notizen auf den jüngsten Stand zu bringen, habe ich mich auf der Toilette eingeschlossen. Mit einem Ausblick auf verfallende Dächer und die fernen Kapitelle alter Säulen. Und einer Wasserspülung, die nicht funktioniert. Rom.

Er holt mich aus meiner Höhle. Er faßt mich an den Unterarmen und zwingt mich mit engelhafter, unwiderstehlicher Zielstrebigkeit, ans Fenster zu treten, das auf den Hof hinausgeht. Ich soll teilnehmen.

»Heute sind es achtzehn. Alles Arbeiterkinder. Ich hole sie von der Straße, aus der Verwahrlosung. Wenn ich nicht wäre ...«

Dabei stimmt das gar nicht. In den weiten Hof von blendender Helligkeit mit ein paar kümmerlichen Akazien auf der einen Seite und einem Haufen von Pflastersteinen zwischen Büscheln von Brennesseln, die weiß von Staub sind, in der anderen Ecke teilen sich zwei Handwerker, ein Schreiner und ein Matratzenmacher oder Tapezierer, die hier ihr Werkzeug und ihre Arbeitsplätze haben. Aber der Durchgang zur Straße unter der Pfarrerswohnung widerhallt von Weibergeschwätz. Wenn ich mich hinauslehne, sehe ich ungeschlachte Füße in Schlappen und Beine mit Krampfadern auftauchen. Es sind Frauen, die dasitzen und den Kindern zuschauen. Ihren Kindern, denn hin und wieder geht eine von ihnen zu einem der kleinen spielenden Schreihälse und zieht ihm die Hose hoch oder putzt ihm die Nase. »Regazzini« nennen sie sie oder lieber noch »'ste criature«. Denn der Kult der eigenen Kinder empfängt seine Weihe aus der Verbindung des Irdischen mit dem Ewigen, und die Kinder sind die Geschöpfe schlechthin: die Freude an ihrem Besitz fällt Mann und Frau zu, die Verantwortung, sie in die Welt gesetzt zu haben und sie darin zu erhalten, ist unbestritten eine Angelegenheit Gottes.

Die Handwerker hämmern und singen, die Kinder rennen einander nach, die Frauen zetern, im Fernsehen maunzt eine Geige, und nur die Zikaden verzichten, von Staub und Lärm überwältigt, darauf, sich hören zu lassen. Glückselig tritt der alte Costantini vom Fenster zurück, hütet sich aber, es zu schließen. Wir setzen uns zu den Täßchen, in denen der Kaffee nur noch lauwarm ist.

»Nicht wahr, Walter? Lasset die Kindlein ... und so weiter. Darin besteht für mich das Priesterleben.«

Ich würde am liebsten antworten, Jesus hätte sich diese vielzitierte Aufforderung als überflüssig erspart, wenn er in Rom gelebt hätte.

LUCIO DALLA *Ein Abend für Wunder*

Heut ist ein Abend für Wunder, gib acht
in den Winkeln von Rom gibt's einen Mund
der macht sich ein Lied

Ein Abend der Hunde, sie erzählen einander
vom Mond, der herunterfällt
und die Leute laufen auf der Piazza zusammen
um zu sehen, was läuft

Dieser Abend, so mild, man möchte ihn trinken
zu Hunderttausenden ins Stadion ziehn
ein Abend, so seltsam und tief
auch das Radio sagt's
und schickt ihn durch den Äther
ein Abend, so schwarz, daß die Leintücher schmutzig werden
es ist die Stunde für Wunder, die mich verwirrt
mir scheint, ich hör das Geräusch eines Schiffs
auf den Wellen

In Bewegung die Stadt
mit den Plätzen, den Gärten, den vollen Bars
schwimmt sie und geht
auch ohne Strömung treibt sie davon
heut abend aber fliegt sie
ihre Segel sind tausend Leintücher auf den Dächern

Auch die Ganoven sind unterwegs
doch keine Angst, es reicht, etwas aufzupassen
zu zweien die Verliebten
wie Piraten lösen sie die Segel
und mitten in diesem Meer
such ich zu entdecken, welcher Stern du bist
denn ich würd mich verlieren
wenn ich begreifen müßte, daß es dich heut nacht nicht gibt

Heute ist eine Nacht für Wunder, gib acht
in den Winkeln von Rom
hat einer ein Lied geschrieben
immer größer wird in der Ferne ein Licht
in der Nacht, die verklingt
es ist das Schiff, das zurückkehrt
um uns schlafen zu bringen.

ALBERTO MORAVIA *Konsumenten*

In der letzten Nacht hatte ich diesen Traum: Ich fahre mit dem Wagen auf einer schnurgeraden Autobahn, die von großen Reklametafeln gesäumt ist, so weit das Auge reicht. Ich steuere, mein Mann sitzt neben mir. Da ist wieder das Plakat, das mir am besten gefällt. Es zeigt eine Dame, die in einem Sessel sitzt. Sie trägt einen üppigen, weiten goldfarbenen Pelzmantel. Der Mantel ist an einer Seite und über der Brust offen; man erkennt, daß die Frau darunter nackt ist. Mein Mann sagt, die Frau sei schamlos; ich erwidere, das könne stimmen, aber der Pelz sei schön. Plötzlich ändert sich die Szene: Jetzt hat mein Mann das Steuer, und ich sitze neben ihm. Wir sind von der Autobahn abgebogen und fahren eine kurvenreiche Nebenstraße entlang, die sich zwischen unzähligen glatten, kahlen, flachen Hügeln hindurchwindet. Auf jedem Hügel steht ein Haus, nur eines. Mein Mann sagt, er wolle mich zu einer Kürschnerin für vielbeschäftigte wirkliche Damen bringen, wie ich eine sei, ich dürfe nicht vergessen, daß ich Anwältin sei. Wir fahren also rund um einen jener Hügel aufwärts bis zum Gipfel, auf dem ein Häuschen mit einem Geschäft im Erdgeschoß steht. In der Ladentür wartet die Inhaberin, eine Frau mit umfangreichem Busen und kleinen Füßen. Ich erkenne sie, es ist die Kürschnerin, an deren Schaufenster ich täglich auf dem Weg ins Büro vorbeikomme. Wir treten ein, werden mit den üblichen schmeichelhaften Bemerkungen empfangen. Der Laden ist leer, doch in einem Winkel liegt mein goldfarbener üppiger Pelz, aber es ist nicht der Pelz, es ist das noch lebende, das noch nicht getötete, nicht abgehäutete und gegerbte Tier. Als es mich erblickt, zieht es sich, die spitzen weißen Zähne fletschend, in den Hintergrund des Ladens zurück. Ich habe große Angst und flattere an der Decke des Ladens umher; dann fliege ich zur Tür hinaus und durchquere den freien Raum auf der Suche nach dem Plakat an der Autobahn. Aber ich finde nichts mehr, weder Autobahn noch Plakat. Ich bin wütend auf meinen Mann; und voller Verlangen nach dem Pelzmantel auf dem Plakat. In diesem Augenblick fahre ich plötzlich aus dem Schlaf auf.

Kaum war ich wach, hatte ich den Traum auch schon völlig vergessen. Ich machte meine Morgentoilette, frühstückte mit meinem Mann, dann zog ich meinen Mantel über, der wie ein Herrenmantel geschnitten ist, wir verließen gemeinsam das Haus und verabschiedeten uns voneinander. Er ging in seine Werbeagentur, ich in mein Anwaltsbüro. Ich bin mit einem Strafverteidiger assoziiert; mein hageres, energisches, bleiches Gesicht, mein sehr kurzes Haar, meine rauhe Stimme und meine mit juristischen Fachausdrücken gespickte Redeweise flößen den Verbrechern, die den größten Teil unserer Klienten ausmachen, Vertrauen ein. Ich sehe fast wie ein Mann aus; aber wie ein Mann, der zugleich eine Frau ist. Daher rührt das Zutrauen dieser Leute, sie mögen jemanden, der in seinem Beruf auf Kampf eingestellt ist und zugleich in gewisser Weise mütterliche Gefühle zeigt.

Ich arbeitete bis ein Uhr, dann ging ich mit meinem Teilhaber essen, denn auch mein Mann hatte eine geschäftliche Verabredung zum Essen. Danach kehrte ich in mein Büro zurück und arbeitete weiter. Aber um halb fünf Uhr, wenn die Geschäfte geöffnet werden, sprang ich fast automatisch vom Sessel auf und verließ das Büro. Ich ging zwei Straßen weiter zu dem Kürschnerladen, von dem ich letzte Nacht geträumt hatte, und stürmte wie eine Rakete hinein. Die Pelzhändlerin mit dem umfangreichen Busen und den kleinen Füßen kam mir entgegen und sagte: »Nun, Frau Anwältin, haben Sie sich endlich entschieden?« Und ich antwortete: »Ja.« Nach fünf Minuten, der Zeit, die ich zum Ausstellen des Schecks brauchte, ging ich mit dem Karton hinaus, stieg ins Auto und fuhr geradenwegs nach Hause.

Niemand war da; die Zimmer lagen im Halbdunkel der frühen winterlichen Dämmerung. Im Schlafzimmer öffnete ich den Karton, nahm den Pelz heraus, einen riesigen goldfarbenen Pelz mit dichtem weichen Haar, der dem glich, den ich auf dem Plakat gesehen hatte, und zog ihn vor dem Spiegel an. Eine Katastrophe! Der Pelz stand mir überhaupt nicht. Mein kleiner gerupfter Kopf sah daraus hervor wie der einer Maus; mein hagerer und graziler kleiner Körper verschwand darin, dennoch blieb der Eindruck von Magerkeit. Ich sah aus wie die Reklame einer gewissen Autoreifenfabrik: eine aus lauter Autoreifen zusammengesetzte Gestalt. Ich betrachtete mich lange und war schließlich überzeugt, daß ich ihn niemals tragen würde, nie und nimmer. Dabei hatte ich mir gerade ihn erträumt. Betrübt, ratlos, den Pelzmantel noch am Leibe, ging ich mechanisch ans Fenster und sah nach draußen.

Wir wohnen am Tiber, im obersten Stockwerk eines Hauses, in der Nähe einer Schule, deren hohe Umfassungsmauer sich ein ganzes Stück an der Straße hinzieht. An dieser Mauer versammeln sich vom Nachmittag an die Strichmädchen. Immer stehen fünf oder sechs von ihnen da, aufgereiht an der Bordschwelle wie an einer Bühnenrampe oder auf dem Podium bei einer Versteigerung. Sie sind alle unterschiedlich gekleidet, in schreienden Farben und übermäßig kurzen Miniröcken, einige sind dick und klein, andere groß und mager, wieder andere weder so noch so. Mitunter hält ein Wagen an, in dem ein einzelner Mann sitzt; eine der Frauen löst sich aus der

Gruppe, beugt sich zu dem Wagen hinunter, steckt den Kopf durch das Seitenfenster. Dann geht sie entweder um das Auto herum und steigt ein, oder sie kehrt in die Reihe an der Mauer zurück, und der Wagen fährt weiter.

Eingehüllt in meinen allzu üppigen Pelz, betrachtete ich mit Tränen in den Augen dieses mir so gewohnte Schauspiel. Es war die trügerische Stunde zwischen Tag und Nacht, die zitternde violette Neonschrift einer Tankstelle beleuchtete grell die Gruppe der Strichmädchen, so daß ich alles deutlich wahrnehmen konnte. Der Wagen meines Mannes näherte sich mit großer Geschwindigkeit; plötzlich hielt er mit kreischenden Bremsen an; eine der Frauen steckte den Kopf durch das Seitenfenster, dann ging sie um den Wagen herum und stieg ein. Es war ein gut gewachsenes Mädchen mit kräftigen Beinen. Der Wagen entfernte sich.

Ich verließ das Fenster und setzte mich so, wie ich war, im Pelzmantel auf den Korridor gegenüber der Wohnungstür. Ich zündete mir eine Zigarette an und wartete. Es dauerte nicht lange, weniger als eine Stunde, da hörte ich plötzlich den Schlüssel im Schloß; dann wurde die Tür langsam geöffnet. Ich sah gleich, daß er ein angewidertes und verärgertes Gesicht machte. Er versuchte zu scherzen: »Du hier? Was machst du denn hier in dem Pelz?« Ich antwortete mit meiner rauhen und aggressiven Berufsstimme: »Kümmere dich nicht um meinen Pelz. Komm mit.« Er folgte mir verdrossen. Wir gingen ins Schlafzimmer und setzten uns einander gegenüber aufs Bett.

Ich fiel gleich über ihn her: »Darf man wissen, weshalb du das getan hast?«

»Das frage ich mich auch.«

»Dafür gibt es doch einen Grund, nicht?«

»Wahrscheinlich.«

»Dann heraus damit.«

»Ach, ich habe diese Frau jeden Tag gesehen. Sie hatte eine bestimmte Art, sich zur Schau zu stellen, sozusagen Reklame mit sich selbst zu machen. Natürlich ist es mir überhaupt nicht in den Sinn gekommen, anzuhalten; du weißt, daß mich derlei Dinge nicht interessieren. Aber man sieht, wie wir modernen Reklamefachleute sagen, daß ihr Bild in mir unterschwellig gewirkt hat.«

»Werde nicht ironisch. Weißt du, was du bist? Ein verkommener Mensch.«

»Diese Frau hat, ohne daß ich es gewahr wurde, in mir einen Bedarfswunsch zu wecken gewußt. Natürlich einen Wunsch nach etwas, woran ich überhaupt keinen Bedarf hatte. Heute nun, in dem Augenblick, als ich an diesem Gehsteig vorbeifuhr, machte sich dieser Bedarfswunsch plötzlich mit unwiderstehlicher Gewalt geltend.

Du wirst bemerkt haben, daß ich scharf bremste. Das deutet darauf hin, wie unverhofft der Bedarfswunsch aufgetreten ist, obwohl mir das, woran ich in diesem Augenblick Bedarf zu haben glaubte, völlig nebensächlich schien.«

»Was soll all dieser Aufwand an Erklärungen? Das Schuldgefühl mildern?« Ich war außer mir.

Ich sah ihn den Kopf schütteln. »So darfst du es nicht auffassen. Ich will versuchen, dir, vor allem aber mir selbst zu erklären, was wirklich geschehen ist. Offenbar hatte ich eine fixe Idee, ohne es zu wissen. Die unterschwellige Beeinflussung hat gewirkt, als ich es am wenigsten erwartet habe. Aber gewiß ist auch – wie soll ich es sagen? – eine Alarmglocke dagewesen.«

»Was soll das heißen?«

»Stell dir vor, ich habe diese Frau im Traum gesehen.«

»Wann denn?«

»Letzte Nacht.«

Ich wollte schon ausrufen: »Du auch!«, aber ich beherrschte mich rechtzeitig. Nun aber war aus dem Zusammenstoß ein Gespräch geworden. Stundenlang haben wir geredet.

Zeichnung: Federico Fellini

DACIA MARAINI *Aus den Memoiren einer Diebin*

In der Bar Bengasi schloß ich Freundschaft mit einer gewissen Zina Teta, die, wie man mir erzählte, mit Reiseschecks arbeitete. Als ich eines Tages ganz verzweifelt war, weil ich keine Arbeit hatte, wandte ich mich an sie: »Hör mal, ich habe gehört, daß du mit amerikanischem Zeug handelst; hast du nicht was zu tun für mich?« – »Ja, das trifft sich gut«, antwortete sie, »ich suche gerade jemanden, der mir helfen könnte.«

Diese Zina kaufte von den Taschendieben Travellerschecks für zwanzig Prozent und setzte sie dann in Geschäften gegen gute Ware ab.

»Wie kann man sie denn eintauschen?« wollte ich wissen. »Man braucht doch die amerikanische Unterschrift.« – »Ich bringe es dir bei«, sagte sie. Und tatsächlich zeigte sie mir, wie man Unterschriften fälscht: man legt den Travellerscheck unter eine Glasplatte, stellt eine ganz helle Lampe darunter und zieht den Namen mit seinen Schnörkeln und allem nach, genau gleich.

Sie war sehr tüchtig, hatte eine geübte Hand. Aber auch ich lerne schnell, ich bin fix, auch wenn ich keine besonders ruhige Hand habe. Wie dem auch sei, diese Zina nahm mich in die Lehre, brachte mir alles bei und nahm mich dann zum Arbeiten mit.

Zu uns gehörte noch ein gewisser Pippo, der fuhr uns in seinem Wagen herum. Er hielt am Ende der Straße: »Du gehst jetzt in diesen Juwelierladen«, sagte er, oder: »In dieses Schuhgeschäft.« Und ich tat es. Manchmal kam Zina mit, manchmal auch nicht.

»Du zeigst dich wohl nie, Pippo?« stellte ich fest. »Mich kennen sie inzwischen schon«, erwiderte er. »Mir ist der Boden zu heiß unter den Füßen; du bist neu im Geschäft.« Zina half mir, mich wie eine Lady zu kleiden: ein schöner rosa Mantel, Krokodilledertasche, goldene Uhr, ein Ring mit Rubin, natürlich alles unecht, nur um Sand in die Augen zu streuen. Parfümiert und elegant kam ich daherstolziert.

So aufgeputzt, machte ich meine Runde, blieb vor einem Schaufenster stehen, sah mir die Auslagen an, schloß die Augen einen Moment, tat, als dächte ich über die Ausgabe nach. Dann ging ich hinein. »Hören Sie, ich möchte dieses Armband mit den Brillanten, aber mein italienisches Geld reicht nicht. Ich habe jedoch ausländisches Geld«, trug ich meine Litanei vor.

»Was für Geld?«

»Dollar, amerikanische Dollar, nehmen Sie die an?«

»Wenn es Dollar sind, ja.«

An diesem Punkt zog ich das Scheckbuch aus der Tasche.

»Aber das sind ja Travellerschecks.«

»Wieso, sind das etwa keine Dollar?«

Ich sah, daß er nicht recht anbeißen wollte. Da erzählte ich mit Unschuldsmiene: »Meine Schwester hat sie mir gegeben, sie ist gerade aus Amerika zurückgekommen; einige habe ich umgetauscht, einen Teil habe ich in Dollar, also in Schecks, behalten.« – »Einen Augenblick, ich frage meine Frau«, sagte er.

Er kam zurück und sagte: »Ist gut, wir nehmen sie in Zahlung; sind sie auch unterschrieben?« – »Ja, schauen Sie«, antwortete ich, »sie sind ganz ordnungsgemäß unterschrieben.« Und ich hielt ihm mit sicherer Miene den Scheck unter die Nase, zerstreut wie jemand, der ständig mit Travellerschecks zu tun hat. »Ach, wenn ich schon mal hier bin, nehme ich auch noch diese Perlenkette mit; was kostet sie?«

Da sie die Schecks einlösten, wollte ich die Gelegenheit nutzen. Und tatsächlich ließ ich mir das brillantbesetzte Armband und die Perlenkette einpacken, die allein schon vierhunderttausend Lire wert war; sie gaben mir auch noch den Rest in bar heraus, zehntausend Lire.

»Danke, good bye«, sagte ich und ging, mir die Glacéhandschuhe überstreifend, ohne Eile hinaus, ganz langsam und erhobenen Hauptes wie eine Königin.

Als ich draußen war, kam ich mir sehr tüchtig vor. Die Ruhe hatte ich von Zina während unserer Brieftaschenzeit gelernt. Je ruhiger einer ist, um so weniger schöpft der andere Verdacht. Du kannst jemandem die Unterhose ausziehen, und wenn du dabei lächelst und fröhlich bist, merkt er es nicht einmal.

Zina war zufrieden. »Gut, Teresa«, sagte sie, »ich sehe, du kannst es.« Das machte mich noch stolzer. Den Schmuck brachten wir dann zu einem Hehler, und den Erlös teilten wir durch drei, Zina, Pippo und ich.

Fast immer ging es gut, die Geschäftsleute bissen an. Wenn mal einer keine Schecks annehmen wollte, ging ich weg, ohne Aufregung, nur ein wenig verärgert, wie eine gekränkte große Dame. Ich verzog den Mund kaum merklich, wie um zu sagen: Nun sieh dir doch mal dieses geizige Volk an, sie trauen mir nicht. Dann bereuten sie es meist.

Manchmal erwarb ich Gegenstände für dreihunderttausend Lire, sogar für eine halbe Million. Aber es ging leichter mit billigerer Ware, so um dreißig bis fünfzigtausend Lire. Von diesen kleineren Travellerschecks brachte ich bis zu vier am Tag an den Mann.

Dann eilten wir zum Hehler, zu ›Wurm‹ oder einem zweiten, in der Nähe von Santa Maria Maggiore, ›Christoph Kolumbus‹ genannt, weil er behauptete, er habe Amerika entdeckt. Ich weiß nicht, welches Amerika er damit meinte, vielleicht das des Geldes.

Er verdiente gut an den gestohlenen Sachen, war aber argwöhnisch, und wenn wir uns zu oft bei ihm blicken ließen, schickte er uns zum Teufel.

Ein anderer Hehler, den wir oft aufsuchten, war Altoadige [Südtirol], der diesen Beinahmen hatte, weil er aus der Gegend dort oben stammte. Er lebte schon seit zwanzig Jahren in Rom, sprach aber immer noch mit Südtiroler Akzent. Ein blonder Typ mit roten Augen.

Bisweilen nahmen die Hehler uns die Sachen nicht ab. Dann gingen wir ins Pfandhaus, versetzten alles und verkauften die Pfandscheine. Um regelmäßig jeden Tag Geld zu haben, auch wenn es noch so wenig war, taten wir alles.

Ich hatte einen schönen Beruf gefunden, die Arbeit war leicht, machte mir sogar Spaß, und ich verdiente, ohne mich besonders anzustrengen. Man brauchte nur ein wenig Grips, mußte schlau, gerissen sein, reden können, es verstehen, sich aus der Affäre zu ziehen, wenn ein ungünstiger Wind wehte.

UMBERTO ECO *Der verlorene Führerschein*

Mailand, Anfang 1982. Daß ich diese Zeilen schreibe und der ›Espresso‹ sie bringt, ist die letzte Bestätigung dafür, daß ich ein Privilegierter bin, wie man aus dieser Geschichte ersehen wird. Als gewöhnlicher Bürger hätte ich nicht bloß die Schikanen, von denen ich Zeugnis ablegen werde, sondern noch wesentlich schlimmere zu erdulden gehabt und wäre nicht einmal fähig, darüber zu sprechen. Daß ich hier noch sitze und schreibe, verdanke ich nur der Hilfe vieler Geheimgesellschaften, wie sie bei uns heute üblich sind. Der Leser wird mir daher verzeihen, wenn ich in meinem Bericht die Namen und Funktionen vieler Personen verschweige, um sie nicht in meinen Ruin mit hineinzuziehen.

Also: im Mai letzten Jahres, auf Durchreise in Amsterdam, verliere ich (oder wird mir in der Trambahn gestohlen – denn Taschendiebe gibt es sogar in Holland) eine Brieftasche, die nur wenig Geld, aber diverse Ausweispapiere und Mitgliedskarten enthält. Ich merke es erst im Moment der Abreise, beim Check-in am Flughafenschalter, und entdecke sofort, daß meine Kreditkarte fehlt. Dreißig Minuten vor dem Abflug stürze ich mich in die Suche nach einem Ort, wo ich den Verlust anzeigen kann, nach fünf Minuten werde ich von einem Beamten der Flughafenpolizei empfangen, der ein gutes Englisch spricht und mir erklärt, daß die Sache nicht in ihre Zuständigkeit falle, da mir die Brieftasche in der Stadt abhanden gekommen sei; dennoch ist er bereit, eine Anzeige aufzunehmen, versichert mir, daß er um neun, wenn die Schalter öffnen, persönlich bei American Express anrufen werde, und klärt den niederländischen Teil meines Falles in zehn Minuten. Zurück in Mailand, rufe ich bei American Express an, die Nummer meiner Kreditkarte wird in die ganze Welt signalisiert, und tags darauf habe ich die neue Karte. Wie schön ist das Leben in der Zivilisation, sage ich mir.

Dann mache ich eine Aufstellung meiner anderen verlorenen Papiere und erstatte Anzeige beim Präsidium: zehn Minuten. Wie schön, sage ich mir, wir haben eine Polizei wie die niederländische (und dabei hatte sie damals noch nicht einmal den entführten General Dozier befreit). Unter den Ausweisen war eine Mitgliedskarte des Journalistenverbandes, und nach drei Tagen erhalte ich glücklich ein Duplikat. Wie schön. Leider war auch mein Führerschein dabei. Nicht so schlimm, denke ich mir, das betrifft die allmächtige Automobilindustrie, uns blüht bekanntlich ein italienischer Ford, wir sind ein Land voller Autobahnen. Ich rufe beim Automobilclub an und höre, daß es genüge, die Nummer des verlorenen Führerscheins anzugeben. Leider hatte ich sie mir, wie ich nun merkte, nie irgendwo notiert – es sei denn genau auf dem Führerschein. Ich frage, ob sie nicht unter meinem Namen nachsehen können, um die Nummer zu finden. Aber das scheint nicht möglich zu sein.

Ich *muß* autofahren, koste es, was es wolle, und so beschließe ich, etwas zu tun, was ich normalerweise nicht tue, nämlich abgekürzte und privilegierte Wege zu gehen. Normalerweise vermeide ich das, denn Freunde oder Bekannte zu belästigen ist mir unangenehm, und ich hasse diejenigen, die dasselbe mit mir tun, außerdem lebe ich schließlich in Mailand, wo es, wenn man eine Bescheinigung von der Kommune braucht, nicht nötig ist, mit dem Bürgermeister zu telefonieren, man stellt sich brav vor dem Schalter an, wo es eher zügig vorangeht. Aber wie es eben so ist, das Auto macht uns alle ein bißchen nervös, ich rufe also in Rom eine Hohe Persönlichkeit vom Automobilclub an, die mich mit einer Hohen Persönlichkeit vom Automobilclub in Mailand verbindet, die ihrer Sekretärin sagt, sie solle tun, was sie könne. Sie kann leider nur sehr wenig, trotz ihrer Freundlichkeit. Sie lehrt mich einige Tricks, drängt mich, nach einer alten Avis-Quittung zu suchen, auf der meine Führerscheinnummer steht, hilft mir, die vorgeschalteten Formalitäten in einem Tag zu erledigen, und erklärt mir dann, wo ich hingehen müsse, nämlich in das *Ufficio Patenti*, die Führerscheinabteilung der Präfektur, eine enorme Schalterhalle, gerammelt voll von verzweifelten und übelriechenden Menschen, so etwas wie der Hauptbahnhof von Neu Delhi in Filmen über die Revolte der Cipays, wo die Wartenden, die sich Horrorgeschichten erzählen (»Ich bin hier seit der Zeit des Libyenkrieges«), mit Thermosflaschen und Brötchen kampieren und am vorderen Ende der Schlange ankommen, wie es mir passiert, wenn der Schalter gerade schließt.

In jedem Falle, muß ich sagen, ist es nur eine Sache von wenigen Tagen des Schlangestehens, in deren Verlauf man jedesmal, wenn man vorne beim Schalter ankommt, erfährt, daß man noch ein weiteres Formular ausfüllen oder noch eine weitere Stempelmarke kaufen und sich dann wieder hinten anstellen muß. Aber das ist bekanntlich normal. Alles in Ordnung, sagt man mir schließlich, kommen Sie in zwei Wochen wieder. Bis dahin: Taxi.

Zwei Wochen später, nach Übersteigen einiger Antragsteller, die inzwischen zusammengebrochen sind und im Koma liegen, eröffnet man mir am Schalter, daß die Führerscheinnummer, die ich der alten Avis-Quittung entnommen hatte, sei's wegen eines Abschreibfehlers, sei's wegen mangelnder Qualität der Blaupause, sei's wegen fortgeschrittener Zersetzung des bejahrten Papiers, nicht die richtige sei. Man könne nichts machen, wenn ich die richtige Nummer nicht angebe. »Gut«, sage ich, »sicher können Sie keine Nummer suchen, die ich Ihnen nicht zu nennen weiß, aber Sie können doch unter dem Namen Eco suchen und die Nummer dort finden.« Mitnichten: sei's aus Böswilligkeit, sei's aus Arbeitsüberlastung, sei's daß die Führerscheine nur unter den Nummern archiviert worden sind, jedenfalls ist das nicht möglich. Versuchen Sie's doch mal da, wo Sie den Führerschein ursprünglich gemacht haben, wird mir geraten, also in Alessandria, vor Jahrzehnten. Dort müßte es möglich sein, Ihre Nummer zu finden.

Ich habe keine Zeit, nach Alessandria zu fahren, auch weil ich ja nicht mit dem Auto hinfahren darf, und so versuche ich es mit der zweiten Abkürzung: Ich telefoniere mit einem alten Schulkameraden, der jetzt eine Hohe Persönlichkeit im lokalen Finanzamt ist, und bitte ihn, mit dem »Inspektorat für Motorisierung«, das heißt dem Straßenverkehrsamt zu telefonieren. Er entschließt sich zu einem nicht minder zwielichtigen Schritt und telefoniert direkt mit einer Hohen Persönlichkeit in besagtem Amt, die ihm erwidert, dergleichen Daten könne man niemandem außer den Carabinieri geben. Ich denke, der Leser wird sich darüber im klaren sein, welche Gefahr in der Tat die Behörden liefen, würden sie meine Führerscheinnummer einfach an Hinz und Kunz weitergeben: Ghaddafi und der KGB warten doch nur darauf. Also, top secret.

Ich gehe meine Vergangenheit durch und finde einen anderen Schulkameraden, der jetzt eine Hohe Persönlichkeit in einer Öffentlichen Anstalt ist, aber ich lege ihm nahe, sich möglichst nicht an Hohe Persönlichkeiten im Verkehrsamt zu wenden, da die Sache gefährlich sei und am Ende gar zu einer parlamentarischen Untersuchung führen könnte. Lieber solle er, rege ich an, eine niedere Persönlichkeit ausfindig machen, vielleicht einen Nachtwächter, der sich bestechen läßt und bei Nacht die Nase in die Archive steckt. Die Hohe Persönlichkeit in der Öffentlichen Anstalt hat das Glück, eine mittlere Persönlichkeit im Verkehrsamt zu finden, die nicht einmal bestochen zu werden braucht, da sie gewohnheitsmäßig den ›Espresso‹ liest und aus Liebe zur Kultur sich entschließt, ihrem bevorzugten Kommentator (also mir) diesen gefährlichen Dienst zu erweisen. Ich weiß nicht, was diese kühne Person unternimmt, Tatsache ist jedoch, daß ich am nächsten Tage die Nummer des Führerscheins habe. Eine Nummer, die der Leser mir erlauben wird, hier nicht zu enthüllen, denn ich habe Familie.

Mit der Nummer (die ich mir jetzt überall notiere und, im Blick auf künftige Diebstähle oder Verluste, in Geheimfächern aufbewahre) überwinde ich weitere Schlangen im Amt für Straßenverkehr zu Mailand und schwenke sie vor den mißtrauischen Augen des Beamten am Schalter. Dieser eröffnet mir mit einem Lächeln, das nichts mehr von Menschlichkeit hat, ich müsse auch die Nummer des Vorgangs angeben, mit welchem seinerzeit in den fünfziger Jahren die Behörden in Alessandria meine Führerscheinnummer den Behörden in Mailand mitgeteilt hatten.

Erneute Telefonate mit Schulkameraden, die unselige mittlere Persönlichkeit, die schon so viel riskiert hat, macht sich ein weiteres Mal auf die Socken, begeht ein paar Dutzend Delikte, entwendet eine Information, nach der, wie es scheint, die Carabinieri lechzen, und läßt mich die Nummer des Vorgangs wissen. Eine Nummer, die ich hier gleichfalls nicht offenbare, denn bekanntlich haben die Wände Ohren.

Ich begebe mich wieder ins Mailänder Amt für Straßenverkehr, brauche nur ein paar Tage Schlange zu stehen und bekomme das Versprechen, in zwei Wochen das magische Dokument zu erhalten. Der Juni geht bereits seinem Ende entgegen, da erhalte ich ein Papier, auf dem mir bestätigt wird, daß ich einen Antrag auf Ausstellung eines Führerscheins gestellt habe. Natürlich gibt es kein Formular für verlorengegangene Führerscheine, das Papier ist ein »provisorischer« Führerschein, wie er bei uns für Anfänger ausgestellt wird, die erst noch üben müssen, bevor sie den richtigen Führerschein kriegen. Ich zeige es einem Schutzmann und frage ihn, ob ich damit fahren dürfe. Sein Blick erstarrt, der brave Beamte gibt mir zu verstehen, falls er mich damit am Steuer erwischen sollte, würde ich es bereuen, jemals geboren zu sein.

Tatsächlich bereue ich und kehre zum *Ufficio Patenti* zurück, wo ich nach ein paar Tagen erfahre, daß mein Papier sozusagen ein Aperitif war: Ich müsse warten, bis ich ein anderes Papier bekäme, in dem mir bescheinigt würde, daß ich meinen Führerschein verloren habe und fahren dürfe, bis ich den neuen bekomme, da die Behörden inzwischen geklärt hätten, daß ich den alten besaß. Also genau, was längst alle wissen, von der niederländischen Polizei bis zum Präsidium in Mailand, und was auch die Mailänder Führerscheinausstellungsbehörde weiß, nur will sie es nicht klar sagen, bevor sie erst noch eine Weile darüber nachgedacht hat. Man beachte, daß die Behörde alles, was sie in Erfahrung zu bringen wünschen könnte, schon weiß, und daß sie nichts weiter erfahren wird, mag sie auch noch so lange darüber nachdenken. Aber Geduld. Gegen Ende Juni erkundige ich mich wiederholt nach dem Schicksal des Papiers Nummer zwei, aber es scheint, daß seine Erstellung viel Arbeit kostet. Eine Zeitlang bin ich sogar versucht, das zu glauben, da ich so viele Unterlagen und Fotos habe beibringen müssen, anscheinend ist dieses Dokument so etwas wie ein Paß mit zahlreichen fälschungssicheren Seiten.

Ende Juni, nachdem ich inzwischen schwindelerregende Summen für Taxis aufgewandt habe, versuche ich eine erneute Abkürzung.

Ich schreibe schließlich für Zeitungen, Himmelnochmal, da müßte mir doch jemand helfen können, und sei's mit der Ausrede, daß ich aus Gründen der Gemeinnützigkeit mobil sein müsse! Mit Hilfe zweier Mailänder Redaktionen (der ›Repubblica‹ und des ›Espresso‹) gelingt es mir, ins Pressebüro der Präfektur vorzudringen, wo ich eine freundliche Dame finde, die bereit ist, sich um meinen Fall zu kümmern. Die freundliche Dame denkt auch gar nicht daran, etwa bloß zu telefonieren: Sie begibt sich voller Courage persönlich ins Führerscheinausstellungsamt und dringt in sakrale Bezirke ein, die profanen Sterblichen streng verschlossen sind, mitten zwischen labyrinthische Reihen von Akten, die dort seit unvordenklichen Zeiten lagern. Was sie dort tut, weiß ich nicht (ich höre erstickte Schreie, Gepolter von stürzenden Aktenbergen, Staubwolken quellen durch die Ritzen der Tür). Schließlich erscheint sie wieder, in der Hand ein gelbliches Formular aus dünnem Papier wie jene, die von Parkwächtern unter die Scheibenwischer geschoben werden, Format neunzehn mal dreizehn Zentimeter. Es hat kein Foto, es ist mit Tinte beschrieben, mit einer dicken klecksigen Feder, die in ein altes Tintenfaß eingetaucht wurde, so eins voller Bodensatz und Schleim, der Fäden auf dem porösen Papier zieht. Es enthält meinen Namen mitsamt der Nummer des verlorenen Führerscheins, und der gedruckte Text besagt, vorliegendes Blatt ersetze den »oben angegebenen« Führerschein, und es verfalle am 29. Dezember (das Datum ist offensichtlich gewählt, um das Opfer zu überraschen, während es ahnungslos die Kehren zu einer alpinen Ortschaft hinauffährt, womöglich im Schneegestöber, fern von zu Hause, so daß es von der Straßenpolizei verhaftet und gefoltert werden kann).

Das Blatt ermächtigt mich, in Italien zu fahren, aber ich fürchte, es bringt mich in ernsthafte Schwierigkeiten, wenn ich es einem Polizisten im Ausland zeige. Aber Geduld, jetzt fahre ich erstmal wieder. Um es kurz zu machen, im Dezember ist mein Führerschein immer noch nicht gekommen, ich stoße auf Widerstände, als ich um Verlängerung der provisorischen Fahrerlaubnis ersuche, ich gehe erneut ins Pressebüro der Präfektur, und am Ende habe ich wieder dasselbe Blatt, auf das eine ungelenke Hand geschrieben hat, was ich selbst hätte schreiben können, nämlich daß es bis zum 28. Juni verlängert worden ist (wieder so ein Datum, das mich wehrlos überraschen soll, während ich eine sommerliche Küstenstraße entlangfahre). Immerhin wird mir mitgeteilt, man werde, wenn jenes Datum erreicht sei, für eine erneute Verlängerung sorgen, denn mit dem Führerschein werde es noch etwas dauern. Mit gebrochener Stimme erzählen mir Leidensgenossen beim Schlangestehen, es gebe Leute, die seit zwei bis drei Jahren auf ihren Führerschein warten.

Vorgestern habe ich nun die neue Jahresmarke auf das Papier geklebt. Der Tabakhändler hat mir geraten, sie nicht zu entwerten*, denn falls mein Führerschein endlich kommen sollte, müßte ich sonst eine neue kaufen. Aber ich fürchte, mit der Nichtentwertung habe ich ein Delikt begangen.

An diesem Punkt drei Bemerkungen. Erstens: Daß ich die provisorische Fahrerlaubnis nach zwei Monaten hatte, liegt allein daran, daß es mir dank einer Reihe von Privilegien, die ich qua Herkunft und Erziehung genieße, gelungen ist, eine Reihe von Hohen Persönlichkeiten in drei Städten zu mobilisieren, Funktionsträger in sechs öffentlichen oder privaten Anstalten plus einer Tageszeitung und einem Wochenmagazin von nationaler Verbreitung. Wäre ich Angestellter oder Drogist, müßte ich mir jetzt ein Fahrrad kaufen. Um mit einem Führerschein zu fahren, muß man Licio Gelli** sein.

Zweitens: Das Blatt, das ich eifersüchtig in meiner Brieftasche hüte, ist ein Dokument ohne jeden Wert, kinderleicht zu fälschen, mithin ist Italien ein Land voller Autofahrer, die sich in schwer identifizierbaren Situationen bewegen. Massenhafte Illegalität oder Legalitätsfiktion.

Die dritte Bemerkung verlangt, daß der Leser seine Vorstellungskraft bemüht, um sich einen Führerschein bildlich vor Augen zu halten: ein Büchlein von zwei bis drei Seiten, mit Foto, aus schlechtem Papier. Diese Büchlein werden nicht bei Fabriano hergestellt wie die bibliophilen Drucke von Franco Maria Ricci, sie werden nicht handgepreßt von erlesenen Spezialisten, sie können in jeder beliebigen Klitsche gedruckt werden, und seit Gutenbergs Zeiten ist die westliche Zivilisation in der Lage, Zigtausende davon in wenigen Stunden zu produzieren.

Was also hindert uns, sie in genügender Menge verfügbar zu halten, das Foto des Opfers einzukleben und sie, warum nicht, in Münzautomaten zu verteilen? Was geschieht in den labyrinthischen Gängen der zuständigen Behörde?

Wir alle wissen, daß ein Rotbrigadist imstande ist, in wenigen Stunden Dutzende von falschen Führerscheinen zu fabrizieren – und man beachte, daß es mühsamer ist, einen falschen zu fabrizieren als einen echten. Also: Wenn wir nicht wollen, daß brave Bürger, denen ihr Führerschein abhanden gekommen ist, übelbeleumdete Bars frequentieren in der Hoffnung, dort Kontakte mit den Roten Brigaden zu knüpfen, gibt es nur eine Lösung: die »reuigen« Rotbrigadisten in

* In Italien entrichtet man eine besondere Führerscheinsteuer durch den Kauf einer (relativ teuren) jährlichen Wertmarke, die man in Tabakläden erhält und beim Einkleben in den Führerschein wie einen Scheck entwertet. (A. d. Ü.)

** Gründer der berüchtigten Freimaurerloge P2. (A. d. Ü.)

den Führerscheinämtern anzustellen. Sie haben das nötige Knowhow, sie haben genügend Zeit, Arbeit macht, wie man weiß, frei, auf einen Schlag werden viele Gefängniszellen verfügbar, Personen, die bei erzwungener Untätigkeit in gefährliche Omnipotenzphantasien zurückfallen können, leisten gesellschaftlich nützliche Dienste, sowohl dem Bürger mit vier Rädern als auch dem Hund mit sechs Beinen wäre gedient...

Aber vielleicht ist das alles zu einfach gedacht. Ich sage, hinter dem mysteriösen Mangel an Führerscheinen steckt mal wieder die finstere Hand einer auswärtigen Macht.

Zeichnung: Pier Paolo Pasolini

NATALIA GINZBURG *Die Perücke*

Stimme einer jungen Frau:

Hallo? Wo bleibt meine Verbindung mit Mailand? 80 1896. Ich habe auch ein weiches Ei bestellt. Den Tee hat man mir gebracht, das Ei nicht. Der Tee war Wasser. Es ist egal. Nein, mein Mann trinkt keinen Tee, er wird später Milchkaffee trinken. Dann verbinden Sie mich jetzt bitte mit Mailand. Wie? Die Nummer, die ich vorher sagte. Mein Gott, jetzt finde ich sie nicht mehr. 80 1896. Nein, ich will nicht selber wählen. Ich habe Ihnen vorhin schon gesagt, daß ich nicht selber wählen will.

Im Zimmer nebenan hört man pfeifen.

Massimo? Weißt du, daß ich Mailand verlangt habe? Hör auf mit dem Pfeifen. Ich habe ganz trockene Haut, richtig schuppig und gelb, scheußlich. Kein Wunder, ich habe schlecht geschlafen. Die Matratze ist voll Knoten. Und ich habe gefroren. In diesem Hotel sind die Decken so dünn wie Spinnweben. Und weißt du, daß mir die Nase weh tut. Sie ist geschwollen. Und hört nicht auf zu bluten. Massimo, die Watte ist noch ganz blutig. Es ist schrecklich für mich, mein Blut zu sehen. Das der andern nicht, aber mein eigenes. Wenn du es nochmals wagst, mir eine Ohrfeige zu geben, dann gehe ich und du siehst mich nie wieder. Der Kiefer tut mir weh und die Nase. Um Gottes willen, komm endlich aus diesem verfluchten Bad. Du siehst ja doch schmutzig aus, auch wenn du gebadet hast. Komisch. Ich sehe immer sauber aus, auch wenn ich mich nicht wasche. Meine Perücke ist endgültig im Eimer. Sie sieht aus wie ein Scheuerlappen. Kein Wunder, wenn du sie aus dem Fenster wirfst. Jetzt ist sie völlig verdreckt. Schade. Es war ein Geschenk von dir. Das einzige Geschenk, das du mir in sechs Jahren Ehe gemacht hast. Du bist eben geizig.

Du bist geizig mit mir. Mit dir bist du sehr großzügig. Du hast dir eine neue Jacke gekauft. In unserer Situation ist das verrückt. Und dazu steht sie dir nicht. Du bist zu klein für eine Jacke aus himbeerfarbenem Samt. Verfluchtes Kabuff! Ich habe ein weiches Ei bestellt und niemand bringt es mir.

Das Telefon klingelt.

Endlich. Das ist meine Mutter.

Hallo? Tag Mama. Ich habe die Verbindung vor einer Stunde bestellt. Ich wähle nicht selber, weil Massimo das nicht will. Er ist geizig. Nur bei seinen Kleidern ist er nicht geizig, das habe ich ihm soeben gesagt, weil er sich eine Jacke aus himbeerfarbenem Samt gekauft hat, ein scheußliches Ding. Er ist zu klein, du kannst dir nicht vorstellen wie er aussieht. Du hast ihn ja schon lange nicht mehr gesehen; er hat die Haare wachsen lassen, hast du ihn noch nie mit den langen Haaren gesehen? Er hat auch einen gelben Schnurrbart und eine Löwenmähne bis auf die Schultern. Ja, ich habe schon lange nicht mehr angerufen; aber ich habe dir geschrieben. Habe ich nicht geschrieben, daß er sich die Haare wachsen ließ? Komisch.

Weißt du, von wo ich anrufe? Von Montesauro. Ein Dorf auf einem Hügel. Es schneit. Wir sind in einem Hotel, das Collodoro heißt. Nein, kein gutes Hotel, im Gegenteil. Ich habe ein weiches Ei bestellt und niemand bringt es. Ich habe mir einen Pullover übers Nachthemd gezogen, weil man fast erfriert. Was wir hier machen ohne die Kinder? Sie sind in Rom. Zu Hause mit dem Dienstmädchen. Nein, sie sind sehr gerne allein mit ihr. Sie ist ein nettes Mädchen. Sehr fröhlich. Sie singt den ganzen Tag.

Ja, sehr vertrauenswürdig. Und brav. Sie kann nichts, aber sie ist vertrauenswürdig und brav. Wie? Ich habe Glück? Wieso Glück?

Mit diesem Dienstmädchen? Ja, aber das ist auch das einzige Glück, das ich habe. Ja natürlich. Zum Glück haben wir die Kinder nicht mitgeschleppt. Weil es schneit. Nun, eigentlich wollten wir nach Todi fahren; aber unsere Dauphine ist mitten auf der Autobahn stehengeblieben; sie hat ein komisches Geräusch gemacht und ist stehengeblieben: Es schneite und wir waren verzweifelt. Wir haben unsere zwei Koffer und die Bilder genommen und sind zu Fuß weitergegangen. Wir sind eine halbe Stunde marschiert. Dann sind wir endlich zu einer Tankstelle gekommen. Ich hatte klatschnasse Füße. Keine Stiefel. Warum nicht? Weil ich sie nicht eingepackt habe; als wir von Rom losfuhren, war das Wetter schön. Ich trug meine Lederjacke und meinen schwarzen Minirock. Keine Strumpfhose. Dann haben wir einen Mechaniker angerufen, und man hat die Dauphine abgeschleppt. Ich glaube, man muß die Batterie ersetzen. Der Mechaniker hat uns dieses Hotel empfohlen. Gestern abend haben wir ein zähes Suppenhuhn gegessen und sind dann zu Bett gegangen. Massimo war fuchsteufelswild. Er hat sein Bett ins Bad getragen. Er sagt, er schläft besser, wenn er allein ist. Mama. Ich rufe dich aus einem ganz bestimmten Grund an. Wir brauchen Geld. Wir haben in Rom wenig Geld mitgenommen. Darum. Weil wir ja nicht wissen konnten, daß die Batterie kaputtgeht. Überweise mir zweihunderttausend Lire, telegraphisch. Aber ja. Es tut mir leid. Ich werde es dir vielleicht zurückzahlen. Achtzigtausend kostet die Batterie, und den Rest können wir brauchen. Wir brauchen ihn dringend. Als wir abgereist sind, war es Samstag, und wir konnten nicht auf die Bank.

Und was haben wir schon auf der Bank. So gut wie nichts. Wir wollten noch am gleichen Abend in Todi sein, und dort hätten wir uns irgendwie arrangieren können. Wir haben Freunde in Todi. Du mußt die Anweisung telegraphisch machen. Keine Postanweisung. Wir sind hier aufgeschmissen, Massimo ist am Durchdrehen. Vorhin hat er mir eine Ohrfeige gegeben; ich blute immer noch aus der Nase. Mein Nachthemd ist voll Blutflecken. Nein, Mama, ich erfinde nichts. Ich? Was ich gemacht habe? Nichts. Ich habe nur gesagt, daß ich seine Bilder nicht besonders schön finde. Sie sind alle gleich. Er malt immer Wiesen mit Blumen und darüber ein riesiges Auge. Ehrenwort, ich habe genug von diesem Auge. Ich sehe es schon im Traum. Es ist weit offen, mit langen Wimpern, die sich nach oben wölben. Es ist riesengroß und gelb, es sieht aus wie ein Spiegelei.

Mama, willst du unsere Adresse notieren? Setz die Brille auf, sonst schreibst du undeutlich und kannst es daher nicht mehr lesen. Hotel Collodoro. Nicht Pollodoro. Collodoro. Montesauro. Provinz Todi. Das ist keine Provinz? Aber doch. Denk daran, daß es hier regnet. Ich hab's dir schon gesagt, ja. Bevor dein Geld kommt, können wir von hier nicht weg. Wenig? Wir haben fast nichts. Was wir haben, reicht uns nicht einmal, um das Hotel zu bezahlen. Wir sind unvernünftig? Vielleicht. In Todi wohnen wir bei einer Freundin von uns. Sie heißt Rosaria und ist Fürsorgerin. Rosaria will uns einem alten Rechtsanwalt vorstellen, der Bilder kauft. Wir bringen ihm sechs Bilder. Immer das gleiche Auge. Nein, wir können Rosaria nicht anrufen, damit sie uns Geld leiht. Massimo sagt, das gehöre sich nicht. Abgesehen davon ist Rosaria immer abgebrannt. Massimo hat ein Buch bei sich, ich habe aber nichts zum Lesen.

Hier habe ich nur eine alte Nummer der »Annabella« gefunden. Auch kein Radio. Ich habe es nicht mitgenommen. Jetzt liegt er in der Badewanne mit seinem Buch. Es heißt »Die Psychologie des Unterbewußten«. Ich glaube von Freud.

Tür. Sich nähernde Schritte.

Er hat die Gewohnheit, während des Badens zu lesen. Er liegt stundenlang im Badewasser und steigt dann schmutziger und zerzauster als zuvor aus der Wanne.

Schritte entfernen sich wieder.

Aha, jetzt hat man mir endlich das weiche Ei gebracht.

Tür wird abgeschlossen.

Nein, häng nicht auf, wart einen Moment. Ich kann reden und essen. Ich habe Grissini verlangt, und sie bringen mir steinharte Semmeln. Wie? Ob das Ei frisch ist? Ja, es scheint frisch. Du bist entzückend, Mama, ich bin mitten in einer Katastrophe, und du sorgst dich, ob das Ei frisch ist.

Mama, ich glaube, Massimo und ich können nicht weiter zusammenleben. Ich weiß nicht, ich ertrage ihn nicht mehr. Auch er erträgt mich nicht mehr. Wir streiten fortwährend. Es ist keine schwierige

Phase, Mama, es ist viel schlimmer. Wir hatten eine großen Krach vor der Abreise. Es war beim Essen. Ich habe ihm gesagt, daß ich keine Lust habe, mit ihm nach Todi zu gehen. Er hat mir auf englisch geantwortet, wenn ich ihn nicht nach Todi begleite, schmeiße er mich hinaus. Er redete englisch, weil die Kinder dabei waren. Ich habe ihm englisch geantwortet, er könne mich nicht hinausschmeißen, weil die Wohnung mir gehört. Wir haben sie mit dem Geld gekauft, das ich von Papa geerbt habe. Sie auf den Namen der Kinder eingetragen. Ich habe aber die Nutznießung. Darauf hat er die Kakifrucht, die er aß, auf dem Boden zerquetscht. Ich habe sie mit einem Löffel weggekratzt. Die Kinder sind nicht erschrocken, sie haben gelacht. Während ich auf dem Boden kniete, riß er mir die Perücke vom Kopf und warf sie aus dem Fenster.

Sie ist auf das nasse Vordach gefallen, mitten in eine Pfütze. Ich mußte das Dienstmädchen in den untern Stock schicken, wo ein Apotheker wohnt, und sie haben meine Perücke mit einem Besenstiel heruntergeholt. Sie war ganz naß und völlig verdreckt. Ich habe dem Mädchen gesagt, es solle die Kinder anziehen und mit ihnen in der Villa Borghese spazierengehn. Als ich mit Massimo allein war, bin ich plötzlich wütend geworden und auf seinen Bildern herumgetrampelt, die im Korridor auf dem Boden lagen. Er hat wie ein Raubtier gebrüllt, und da bin ich in mein Zimmer gelaufen, habe mich eingeschlossen und angefangen, meine Perücke zu bürsten. Nach einer Weile hat er mich gebeten aufzuschließen, er weinte beinahe und entschuldigte sich und bat mich, mit ihm nach Todi zu fahren. Er sagte, ich mache ihm Mut. Ich weiß nicht, wie er sagen kann, ich mache ihm Mut, wo ich doch immer sage, daß seine Bilder mir nicht besonders gefallen und daß sein Auge für mich Hokospokus ist. Na und dann habe ich ihm versprochen, ihn zu begleiten. Ich wäre aber besser zu Hause geblieben. Kaum waren wir im Auto, haben wir wieder angefangen zu streiten.

Ja, Mama, ich weiß. Er ist nicht schlecht. Er ist gut; er hat ein goldenes Herz. Er hat eine rauhe Schale, aber einen guten Kern. Ich weiß. Aber ich ertrage ihn nicht mehr. Ja, er hat Erfolg. Ordentlich. Ja, Achtungserfolg. Gewiß. Aber ja, er ist kerngesund. Auch ich bin kerngesund. Auch die Kinder. Mama, was hat das alles mit der Gesundheit zu tun? Ja, ich weiß, wir haben zwei süße Kinder. Für die Kinder nimmt man alles auf sich. Aber ich ertrage ihn nicht mehr.

Mama, ich muß dir die Wahrheit sagen, ich habe einen andern. Wie? Nein, Massimo weiß Bescheid. Ich hab es ihm tausendmal gesagt. Nein, nein. Fang nicht an zu jammern, sonst erzähl ich dir nichts mehr.

Ich habe einen andern. Er heißt Francesco. Ach wo. Liebhaber. Liebhaber ist nicht das richtige Wort. Er hat mich fast nie berührt.

Fast nie. Er hat keine Zeit. Er ist immer sehr beschäftigt. Er redigiert eine Wochenzeitung. Er ist Politiker. Ja, sehr bekannt. Reich? Wohin denkst du? Er ist immer abgebrannt. Er muß die vielen Kinder ernähren. Seine Kinder. Sechs. Nein, er sieht nicht gut aus. Er ist neunundvierzig Jahre alt. Ja, Mama. Er sieht nicht besonders gut aus, weil er eine Glatze hat und eine sehr große Nase. Ja, enorm groß. Was ich an ihm finde? Was ich an ihm finde? Ich weiß nicht.

Nein, ich zerstöre keine Familien. Seine Frau pfeift auf ihn. Sie leben mehr oder weniger getrennt. Er wohnt im oberen Stockwerk. Er hat eine riesige Wohnung in der Via del Gesù. Im untern Stock wohnt die Frau mit den Kindern. Die Kinder kommen aber immer zu ihm herauf. In dieser Wohnung ist ein Durcheinander, das kannst du dir nicht vorstellen. Klingeln, Schreibmaschinen, Leute, die anrufen, Kinder. Man stolpert immer über irgendein Kind. Auch die Frau kommt oft herauf mit den Einkäufen, weil sie getrennt kochen.

Die Frau? Sie ist sehr nett zu mir. Sie ist eine schöne Frau, ein wenig dick. Beide kochen gern, sie und er, eine richtige Manie. Er hat schrecklich viel zu tun, aber hie und da geht er in die Küche und probiert die Spaghettisauce. Sie sind sehr katholisch. Linkskatholiken, aber immerhin Katholiken. Daß ich an zwei Katholiken geraten mußte!

Das Dumme ist nur, daß ich jetzt ein Kind erwarte. Nein, nicht von Massimo. Von Francesco. Er hat mich wirklich fast nie berührt, aber das einzige Mal, da er mich berührt hat, hat schon genügt. Es war an einem Sonntag. Wir hatten die Tür mit dem Vorhängeschloß versperrt. Nein, nicht in unserer Wohnung, bei ihm zu Hause.

In der Via del Gesù. Die Kinder klingelten und klingelten, es war schrecklich. Ich spreche leise, weil Massimo das noch nicht weiß. Daß ich schwanger bin, weiß er nicht. Ich habe es ihm nicht gesagt. Ich habe es auch Francesco nicht gesagt. Wenn ich wieder in Rom bin, sage ich es ihm. Ich will es nicht abtreiben lassen. Ich denke nicht daran. Ich will dieses Kind. Ja, Mama, es hat bestimmt eine enorm große Nase. Es ist mir aber egal, was es für eine Nase hat. Ich will mit Francesco zusammenleben. Nein, ich habe den Kopf nicht verloren. Ich habe mich verliebt. Das Problem ist, daß er nicht will. Er hat keine Zeit. Er hat keinen Platz für mich. Nein, seine Wohnung ist riesig; wenn ich bei ihm wohne, habe ich zusammen mit den Kindern genug Platz; es gibt eine Menge Zimmer. Er hat in seinem Leben keinen Platz für mich. Sein Leben ist sehr kompliziert und voll von andern Dingen. Darum weiß ich nicht was machen. Ich bin verzweifelt. Das wird vorbeigehen, sagst du, ich will aber um alles in der Welt mit ihm zusammenleben. Ich bin entschlossen.

Leider ist er nicht einverstanden. Ich werde ihn aber überzeugen. Ja, er ist auch sehr verliebt in mich; aber er ist auch ein wenig erschrocken, weil er nicht weiß, ob das für ihn eine definitive Sache ist. Dann sagt er auch, wir würden einen Kindergarten auf die Beine stellen. Hast du verstanden? Was willst du machen? Zu uns kommen und mit wem reden? Mit Massimo! Aus dem bringst du nichts heraus. Nein. Laß das. Bleib, wo du bist, und schick mir das Geld. Per Telegramm. Tschüß. Mama. Jetzt hänge ich auf.

Du bist erschrocken. Aber nein. Du brauchst nicht zu erschrekken. Du wirst sehen, daß sich alles wieder gibt. Wie? Ich weiß nicht wie. Nein, ich bin nicht verrückt.

Es ist besser, wir hören jetzt auf; wir haben schon viel zu viel Geld ausgegeben. Vergiß die telegrafische Anweisung nicht. Hotel Collodoro. Ja, danke, Mama.

Der Hörer wird aufgehängt.

Massimo! Bist du denn immer noch nicht fertig? Ich kann dir die erfreuliche Mitteilung machen, daß meine Mutter das Geld morgen abschickt. Die arme Mama. Sie war ein wenig erschrocken. Bestürzt. Erschrocken und bestürzt. Ich hab ihr alles erzählt. Ich hab ihr auch etwas erzählt, was du noch nicht weißt. Oder hast du mir etwa zugehört. Ich habe ihr erzählt, daß ich schwanger bin. Ich habe Francesco nur ein paarmal geliebt und bin doch schwanger geworden. Hast du gehört? Ja, jetzt hast du es gehört; du pfeifst nicht mehr. Es schneit immer noch. Was machen wir nur heute. Das weiß nur der liebe Gott. Eingeschlossen in diesem Hotelzimmer. Wenn ich doch meine Rätselzeitung hätte.

Massimo! Da ist ja ein See, das Wasser ist durchgekommen. Deine Bilder sind schon ein wenig naß. Warte, ich trockne sie mit Watte ab. Siehst du, ich gebe acht auf deine Bilder, auch wenn sie mir nicht gefallen. Du mißhandelst dafür meine Sachen. Du zerstörst sie. Meine arme Perücke hast du zugerichtet, daß es ein Jammer ist. Dabei hast du sie mir gekauft. Erinnerst du dich noch? Mit dem Geld von einem Bild. Es war eines der ersten Bilder, die du verkauft hast. Eine einfache Wiese. Es gab schon ein kleines Auge, ganz winzig, über einer Blume, wie ein Marienkäferchen. Es war vor vier Jahren. Wir waren glücklich. Manchmal habe ich große Sehnsucht nach jener Zeit. Als ich dich liebhatte. Du hattest noch keinen Schnurrbart. Einen Bürstenschnitt. Dein Kopf sah aus wie eine Zahnbürste. Weißt du, ich glaube, dieser Advokat kauft keine Bilder.

Rosaria hat uns da falsche Hoffnungen gemacht. Es war vollkommen überflüssig, hierher zu reisen. Ich friere. Komm jetzt aus dem Bad, oder ich erschieße dich. Ich bin schwanger, hast du verstanden? Schwanger von Francesco. Und ich will keine Abtreibung. Ich will mit Francesco zusammenleben. Ich nehme die Kinder mit. Du machst dir ja nicht viel aus ihnen. Du kannst in der Via dei Cerchi bleiben, ich laß dir die Wohnung. Ich schenke sie dir nicht, weil sie den Kindern gehört. Du bezahlst mir die Miete. Siebzigtausend im Monat. Nein, achtzigtausend. Ich wohne an der Via del Gesù. Mein Gott, jetzt blute ich schon wieder aus der Nase. Komm endlich heraus, hilf mir doch, bring ein Handtuch, mein Pullover ist voll Blut! Ich habe keinen andern Pullover, nur diesen. Massimo! Hörst du nicht.

Sie geht zur Tür des Badezimmers. Schiebt mit einem Ruck hörbar den Vorhang beiseite.

Er ist nicht da. Mein Gott, er ist nicht da. Wo ist er nur?

Seine Kleider sind nicht hier. Er ist über die Terrasse hinuntergegangen. Er wird doch nicht verreist sein. Er wird mich doch nicht sitzenlassen in diesem idiotischen Nest.

Sie greift zum Telefonhörer.

Hallo, Fräulein? Haben Sie zufällig meinen Mann gesehen. Ah ja? Er ist im Speisesaal? Was macht er dort? Er frühstückt? Sagen Sie ihm bitte, er soll sofort zu mir kommen. Sagen Sie ihm, ich sei krank. Ich bin krank. Sagen Sie ihm, er soll aufhören zu essen und zu mir hinaufkommen, weil ich hier verrückt werde, ich bin krank, mir ist kalt, ich habe die Nase voll, ich bin verzweifelt, und wenn er nicht gleich kommt, nehme ich eine Schere und zerschneide alle seine idiotischen Bilder!

GIANNA NANNINI *Latin Lover*

Heißes Blut, parfümierte Aufschneiderluft
Médaillons unterm T-Shirt
Marlon Brando, es geht um Tango
verkauft deinen Sex-Appeal
jede Nacht wechselst du dein Gesicht, deinen Stil, deine Worte
Latin Lover

Zigaretten, hastig geraucht
die Augen stöbern in den Décolletés
du siehst Ornella*, stumm, sie vernäht sich für dich den Mund
und du wechselst gerade das Auto, dein Triebwerk
Latin Lover

bleib bei deinen Fotos, bei deinen Tricks am Rande der Nacht
bleibt bei deinen Vorhaben, bei deinen verkorksten Geschichten
am Rande der Nacht
»schönes Kind, bleib nicht so allein in der Sonne, Latin Lover«

tüchtig trinken und Karten mischen
um zu sehen, was es nicht gibt
nachts machst du Liebe vor dem Spiegel mit ihrem Néligé
immer wieder wechselst du den Stil, die Diät, die Gefühlslage
Latin Lover

Jenny ist außer sich, heute abend
begreift nicht, warum du so bist
trinkt Bier, redet nicht vom Krieg, sie will gleich »feeling«
aber du hast keine Lust, hast keine Lust auf dieses Lied
Latin Lover

bleib bei deinen Fotos ...

* Anspielung auf die Filmschauspielerin Ornella Muti (muto = stumm).

STEFANO BENNI

Die Story von Pronto Soccorso und Beauty Case

Unser Viertel liegt genau hinter dem Bahnhof. Eines Tages wird uns ein Zug von dannen tragen, oder wir werden einen Zug von dannen tragen. Unser Viertel heißt nämlich Stiebix, denn rein kommst du mit was, aber raus ohne nix. Ohne was? Na ja, ohne Autoradio, ohne Brieftasche, ohne Gebiß, ohne Ohrringe, ohne Autoreifen. Sogar Gummi in anderer Ausfertigung tragen sie einem von dannen, nämlich das zum Kauen, wenn man nicht aufpaßt: Es gibt Kinder, die arbeiten paarweise, eins tritt dir in die Eier, du spuckst dein Kaufgummi aus, und das andere schnappt es auf. Soviel zur Einführung.

In diesem Viertel sind Pronto Soccorso und Beauty Case geboren. Pronto Soccorso ist ein hübsches Kerlchen von sechzehn Jahren. Sein Papi macht in Reifenkosmetik, das heißt, er klaut neue Reifen und verkauft sie anstelle der alten. Seine Mama hat einen Milchladen, den kleinsten Milchladen der Welt. Praktisch bloß ein Kühlschrank. Da drin ist P. S. gezeugt worden, bei zehn Grad unter Null. Zur Geburt haben sie ihn dann in den Backofen geschoben, mitsamt der Waage, damit er auftaut.

Schon als kleiner Junge hatte Pronto Soccorso ein Faible für Motoren. Wenn sein Vater ihn mit auf die Arbeit genommen hat, also zum Reifenklauen, dann hat er ihn in den Kofferraum gesetzt. Und so hat P. S. einen großen Teil seiner jüngsten Jahre zwischen Kolben verbracht, seitdem birgt die Mechanik für ihn kein Geheimnis mehr. Mit sechs Jahren hat er sich ein Dreirad mit Starmix-Antrieb gebastelt. Das schaffte zwanzig Kilometer mit einem Liter Milch-Shake. Aber er mußte es wieder auseinanderbauen, als seine Mutter gemerkt hatte, daß er ihr Milch klaute.

Also stahl er sein erstes Motorrad, eine Guzzi Imperial Black Mammuth 6700. Er mußte, um an die Pedale zu reichen, die Maschine unten an den Tank geklammert wie ein Koala lenken: Und so sah die Guzzi aus wie ein Geisterschiff, weil kein Mensch zu sehen war, der sie lenkte.

Gleich danach hat P. S. sein erstes getunetes Motorrad gebaut, die Lambroturbu. Das war eigentlich eine stinknormale Lambretta, sie fuhr aber dank einiger Änderungen zweihundertsechzig. Seit der Zeit hieß er P. S. Erhat zweihundertfünfzehn Unfälle in einem Jahr damit gebaut, und alle verschieden. Mal fuhr er auf einem Reifen und in den Reifen ein Loch, dann ist er in Kurven ins Schleudern gekommen, auf gerader Strecke, auf Glatteis und in Pfützen, er ist im

Stand von der Maschine gefallen, in Beerdigungen gerast, von Brükken gedüst und hat Bäume umgenietet. Die Ärzte im Krankenhaus hatten sich schon so an ihn gewöhnt, daß sie, wenn er eine Woche lang nicht dagewesen war, bei ihm zu Hause anriefen und fragten, was los sei.

Aber P. S. war wie eine Katze. Er baute Stürze, prallte irgendwo gegen und fuhr weiter. Manchmal ist er nach einem Sturz kilometerlang weitergeschlittert; das war eine Spezialität von ihm. Dann sahen wir ihn von ganz unten die Straße rauf bis direkt vor die Tischchen der Bar trudeln.

»Ich hab' in Forlì 'n Sturz gebaut«, erklärte er.

»Macht ja nix, Hauptsache angekommen«, sagte ich.

Beauty Case war fünfzehn und Tochter einer Schneiderin und eines Fernlasterknackers. Der Papi saß derzeit im Knast, weil er einen mit Schweinen vollgeladenen Truck geklemmt hatte; sie hatten ihn geschnappt, als er versuchte, die Schweine von Haus zu Haus zu verkaufen. Beauty Case lernte Friseuse und war ein Schatz von einem Mädchen. Sie hieß so, weil sie winzig klein war, aber es war alles dran an ihr. Sie hatte überall die zierlichsten Kürvchen, und im ganzen Viertel gab es keinen Mann, der nicht schon mal versucht hätte, sie sich unter den Nagel zu reißen, aber sie war so klein, daß sie immer wieder entwischen konnte.

Es geschah an einem von diesen Frühsommerabenden, wenn die großen Zehen nach einem langen Winterschlaf endlich wieder das Licht jenseits der Sandalen erblicken. Pronto Soccorso zog vollgepflastert und schorfüberzogen auf seiner Lambroturbo Kurven durch die Gegend, und Beauty Case saß einen Kilometer weiter unten eisessend auf einer Bank.

Ich muß noch drei Details nachtragen:

Erstens: Beauty trug im Sommer immer Miniröcke, die ihr die Mama aus Papis alten Schlipsen genäht hatte. Pro Schlips drei Röcke.

Zweitens: Beauty schlug beim Essen die Beine auf eine Weise übereinander, die nicht mal das topste Top-Modell beherrscht, sie schlug sie so übereinander, daß das eine das andere geradezu liebkoste, und sie hatte wunderschöne Beine, mit schlanken Fesseln und roten Schuhen mit Hacken dran, die sich einem direkt ins Herz bohrten.

Drittens: Wenn Beauty Eis leckte, stand das gesamte Viertel still. Könnt ihr euch noch an den Film erinnern, wo Schneewittchen im Wald ist und singt, und um sie herum sind alle Kaninchen und Rehe und Turteltauben und Pappataci-Mücken versammelt und singen mit? Also, genau so war die Szene hier, Beauty in der Mitte beim Lutschen eines Eises aus tausend Geschmacksrichtungen und drum

rum Knirpse und Kerlchen und Tattergreise, und alle bewegen die Zungen im selben Rhythmus, weil ihnen sämtliche Gedanken dieser Welt in den Kopf kommen, von den beinah keuschen bis zu den beinah verbrecherischen.

Schön, also, wir sagten es bereits, es war ein Frühsommerabend, und die Vögelchen saßen auf den Bäumen, allerdings ohne zu zwitschern, denn bei dem Krach, den P. S.' Motorrad machte, wäre das vertane Liebesmüh gewesen. Man konnte die berühmte Maschine schon von weitem hören, viergangbeschleunigt, vergaserfrei in *andante mosso allegretto*, und dann bog P. S. in die kleine Straße am Park ein, freihändig und mit den Füßen auf dem Boden schleifend, sonst wäre es ja nicht gefährlich genug gewesen. Da sah er Beauty und vollführte eine Vollbremsung von historischen Dimensionen. Um die Wahrheit zu sagen, es war eigentlich keine Vollbremsung, denn P. S. bremste aus prinzipiellen Erwägungen nie. Das erste, was er machte, wenn er eine neue Maschine frisierte, war, daß er die Bremsen ausbaute. »So komme ich nicht in Versuchung«, sagte er.

Also hielt P. S. weiter voll drauf, landete auf einer Kinderrutsche, hob ab, prallte auf die Markise der Bar, schlitterte in eine Wohnung im ersten Stock, gab im Eßzimmer Gas, nagelte einen Kühlschrank um, fuhr über die Terrasse wieder nach draußen, knallte auf die Straße, rammte eine Mülltonne, schlug durch eine Autotür, kam durch die andere wieder raus und blieb an einer Platane kleben.

»Hast du dir weh getan?« fragte Beauty Case.

»Nein«, sagte P. S., »war alles Berechnung.«

Beauty machte »ah« mit sichtbar blaubeerblauer Zunge. Blieben ein paar Augenblicke zum Sich-Ansehen, dann sagte P. S.: »Schönen gepunkteten Minirock hast du.« Und Beauty sagte: »Schöne Lederhose hast du.« Wieso Hose? wollte P. S. gerade fragen. Aber dann besah er sich seine Beine: Sie waren so voller Schorf, Narben und Kratzern vom Asphalt, daß sie aussahen wie eine Lederhose. Eigentlich trug er nämlich Shorts.

»Ich bin Modell *Feuerpiste*«, sagte er. »Hast du Bock auf 'ne Tour?«

Beauty schlang das Eis in einem Zug hinunter, das war ihre Art, ja zu sagen. Beim Aufsitzen ließ sie ihre Beine auf eine Weise kreisen, daß ein paar alten Männern der Frieden der Sinne schwand. Dann hielt sie sich an P. S.' Brust fest und fragte: »Kannst du auch wirklich Motorrad fahren?«

Bei diesen Worten gab P. S. ein Lächeln von sich, das in die Geschichte eingehen wird, dann eine Wolke Benzolight und donnerte im Zickzack und auf der Geisterfahrerspur von dannen.

Alle, die ihn an jenem Abend sahen, haben gesagt, er hätte mindestens zweihundertachtzig Sachen draufgehabt. Die Macht der

Liebe! Man konnte diesen Tornado beim Vorbeibrausen hören, aber sehen konnte man bloß einen Blitz wie bei einem Kometen. P. S. hing beim Fahren so tief über dem Lenker, daß er nicht wegen der Fliegen, die man ins Auge kriegt, aufpassen mußte, sondern wegen der Regenwürmer. Und Beauty hatte nicht einmal einen Funken Angst, im Gegenteil, sie juchzte vor Freude. Damals hat P. S. begriffen, daß dies die Frau seines Lebens war.

Als er vor ihrem Haus angekommen war, brachte er das Motorrad dazu, daß es sich aufbäumte, und Beauty flog durchs Fenster, exakt auf den Sessel im Wohnzimmer. Mama, überrascht, sie vor sich zu sehen, sagte: »Wo warst du denn? Ich habe dich gar nicht reinkommen hören.«

Im selben Augenblick krachte es, weil P. S. am Rolladen einer Garage ein Haltemanöver machte. Er rappelte sich wieder hoch: Das Motorrad hatte einen Reifen und den Tank eingebüßt. Lächerlich: Er nahm einfach den Mund voll Benzin und fuhr auf dem anderen Reifen nach Hause, Schluck für Schluck in den Vergaser spuckend.

Auf seinem Bett streckte er sich aus und erklärte vier Küchenschaben: »Ich bin verliebt.«

»In wen denn?« fragten sie.

»In Beauty Case.«

»Heiße Braut«, sagten die Schaben im Chor. In unserer Gegend haben Schaben nämlich eine blumige Sprache.

Am nächsten Abend gingen P. S. und Beauty wieder zusammen aus. Nach dreißig Sekunden fragte P. S., ob er Beauty küssen dürfe. Beauty schlang ihr Eis hinunter.

Sie fingen um Viertel nach neun an mit dem Kuß, und laut einigen Zeugen war P. S. der erste, der Luft holen mußte, da war es zwei Uhr nachts.

»Du küßt echt gut, wo hast du das denn geler–«, wollte er sagen, aber da hatte Beauty ihn schon wieder umschlungen, und sie waren erst morgens um sechs fertig.

Als Beauty nach Hause kam, fragte die Mama: »Was hast du denn mit dem Jungen mit dem Motorrad gemacht?«

Beauty sagte: »Nichts, Mama, bloß zweimal geküßt.« Lügen tat sie nicht, die Kleine.

Und so ward unser ganzes Viertel von der Liebe dieser beiden erleuchtet, und wir waren so glücklicher Stimmung, daß wir fast nicht mehr klauten.

Ja, wir waren alle mustergültige Bürger geworden oder jedenfalls beinah, bis eines häßlichen Tages Joe Blocchetto im Viertel aufkreuzte, das As unter den Bullen von der StraPo. Er erschien in einer schwarzen Lederuniform mit Sado-Maso-Stiefeln und schwarzer

Brille. Auf seinem Helm stand: »Gott weiß immer, was du grad machst, und ich, was du auf dem Tacho hast.«

Alles, was in der Stadt motorisiert war, zitterte, wenn der Name Joe Blocchetto fiel. Es gab nichts auf der Welt, an das er nicht einen Strafzettel geklebt hätte. Kam er durch eine Straße, auf der Autos im Halteverbot standen, zückte er sofort seinen Block, und es hagelte Knöllchen wie MG-Salven. Jeder sah sich vor dem Parken erst mal um, ob Joe Blocchetto gerade in der Gegend hielt. War er nicht da, legten sie den Rückwärtsgang ein und setzten in die Lücke, und kaum drehten sie den Kopf wieder nach vorn, da hatten sie ein Knöllchen an der Scheibe. So schlug Joe Blocchetto zu, schnell und unsichtbar, ein Mann, der einem Panzer ein Knöllchen aufgepappt hätte, falls der keine Ersatz-Panzerketten dabeihatte.

Eines Abends kam Joe auf seiner gepanzerten Mitsubishi Mustang, einem japanischen Motorrad mit zweihundert Stundenkilometern, ins Viertel. Als er vorbeifuhr, krümmten sich die Scheibenwischer an den Autos vor Angst, und die Reifen wurden platt. Joe hielt vor der Bar und ging hinein. Langsam streifte er seine Handschuhe ab und sah herausfordernd um sich. An seinem Gürtel hingen die beiden Blöcke mit den Strafzetteln vom Pfund-Kaliber.

»Kennt jemand von euch«, sagte er, »einen gewissen Pronto Soccorso, der hier aus Jux und Dollerei durch die Gegend rast?«

Niemand antwortete. In das Schweigen hinein ließ Blocchetto seine Stiefelabsätze auf den Boden knallen und baute sich hinter einem der Kartenspieler auf.

»Sind Sie nicht Herr Angelo Podda, Halter eines Fahrzeugs mit dem amtlichen Kennzeichen CRT 567734?«

»Ja«, gab der Kartenspieler zu.

»Vor drei Jahren habe ich Ihnen einen Strafzettel verpaßt, weil Sie abgefahrene Reifen hatten. Und ich habe Ihnen gesagt, wenn Sie die nicht wechseln, ziehe ich beim nächsten Mal Ihren Führerschein ein.«

Joe Blocchettos Gedächtnis entwischte nichts.

»Also«, sagte der Bulle unerbittlich, »wollen Sie mir sagen, wo ich Pronto Soccorso finde, oder sollen wir eine kleine Inspektion Ihres Autos vornehmen?«

»Ich sag's Ihnen ja«, sagte der Spieler. »P. S. kommt jeden Abend über die Kreuzung Bulganinstraße mit seiner Zweiundvierziger.«

Das war die Wahrheit. Jeden Abend holte er Beauty ab und kam über die große Kreuzung. Mit fast hundertfünfzig Sachen raste er bei Rot durch, hintendrauf Beauty, die flatterte wie ein Taschentuch.

An dieser Kreuzung legte Joe Blocchetto sich auf die Lauer. Versteckspielen war eine Spezialität von ihm. Genau auf der Überführung über der Kreuzung stand eine Tafel mit einer Sektreklame. Der Slogan hieß: »Geschmack für wenige.« Lauter feine Damen und Herren standen in einem großen Garten und nippten an Sektkelchen. Im Hintergrund ein Schlößchen aus dem achtzehnten Jahrhundert, dahinter die rauchenden und stinkenden Bazzocchi-Werke: Das war allerdings keine Werbung, sondern unser Viertel. Die Tafel hatte kaum dagestanden, da war sie schon vollgeräuchert von Industrieabgasen, auch die feinen Damen und Herren waren rußgeschwärzt und schienen sagen zu wollen: Gott sei Dank ist das ein Geschmack für wenige. Wenn man das Foto sehr genau ansah, konnte man zwischen den Herren im Smoking und den Damen in langen Kleidern hinter dem Büfett ein unverwechselbares Gesicht mit einer schwarzen Brille ausmachen. Es war Joe Blocchetto in voller Tarnung.

Wie an jedem Abend, fuhr Pronto Soccorso auch an diesem Abend unter Beautys Fenster vorbei und pfiff hinauf. Beauty warf sich aus dem Fenster und landete auf dem Motorrad. Sie waren inzwischen bestens trainiert in diesem Manöver. Als sie an die Kreuzung kamen, stand die Ampel auf Rot. Sobald P. S. das sah, gab er Vollgas. Im selben Augenblick kam Bewegung in die Reklametafel, man konnte Joe sich durch die Herrschaften drängeln, ein Tablett mit Gläsern umreißen und auf die Straße springen sehen.

Es fehlten keine hundert Meter mehr bis zur Kreuzung. P. S. sah, daß Joe dort mit zwei gezückten Strafzettelblöcken auf ihn wartete, und zögerte keine Sekunde. Er bremste mit den Füßen und brachte die Lambroturbo in eine Drehung um die eigene Achse. Das Motorrad kreiste schwindelerregend und sprühte Funken, und P. S. bremste weiter, mit allem möglichen: den Händen, mit Beautys Täschchen, mit seinen Arschbacken, mit einem Schraubenzieher, den er in den Asphalt bohrte, mit den Zähnen. Eine beeindruckende Vorführung: Es kreischte wie eine Fräse, und Teilchen von der Straße und aus dem Motorrad flogen durch die Luft. Aber Pronto Soccorso war wirklich ein As. Bei einer letzten Schleuderpartie biß er sich im Asphalt fest und stand mit einem Rad exakt auf dem Zebrastreifen.

Joe Blocchetto schluckte seine Galle hinunter und kam langsam näher. P. S.'s Motorrad qualmte wie eine Lokomotive, die Reifen waren verschmort. Joe Blocchetto ging ein paarmal um die Maschine herum und sagte dann: »Reifen sind 'n bißchen abgefahren, was?«

»Die Maschine da hat abgefahrenere«, sagte P. S.

»Welche Maschine?« sagte Blocchetto und drehte sich um. Als er sich wieder zurückdrehte, hatte P. S. beide Reifen komplett gewechselt.

Aber Blocchetto gab sich nicht geschlagen.
»Auf diesem Fahrrad darf man nicht zu zweit fahren.«
»Wir sind doch gar nicht zu zweit.«
Das stimmte. Von Beauty war keine Spur mehr zu sehen. Joe Blocchetto suchte unter dem Tank nach ihr, aber er fand sie nicht. Beauty hatte sich in den Auspufftopf verkrochen. Aber sie konnte die Hitze doch nicht aushalten und kam kurz danach wieder heraus, halb geröstet.
Joe Blocchetto stieß einen Triumphschrei aus.
»Vierhundert Mark Strafe zuzüglich Führerscheinentzug zuzüglich Schadenersatz für das minderjährige Fräulein. Jetzt ist Schluß mit dem Motorrad, Pronto Soccorso!«
Wir beobachteten die Szene von der Überführung aus und erschauerten. P. S. ohne seine Maschine, das war eine Blume ohne Erdreich. Er würde eingehen. Und mit ihm die Liebe, auf die wir alle stolz waren. Was tun?
Joe hatte schon den Stift auf den fatalen Block gesetzt, da ertönte eine Hupe. Er drehte sich um und ...
Die ganze Straße war mit Autos zugestellt. Ein paar parkten in der falschen Richtung, andere auf dem Bürgersteig: Jemand hatte seins senkrecht an einem Baum abgestellt, ein anderer auf dem Dach eines anderen Autos. Zwei Autos klebten wie ein Sandwich um das Motorrad von Joe Blocchetto, eins lag mitten auf der Brücke, die Reifen in der Luft, und hatte ein Schild, auf dem stand: »Bin gleich zurück.« Zwei LKW-Fahrer schlingerten mitten auf der Autobahnabfahrt mit den Anhängern. Die Alten aus dem ganzen Viertel hatten ihre Vorkriegsfahrräder hervorgeholt und fuhren freihändig, die einen mit den Füßen auf dem Lenker, andere zu fünft als Pyramide: Es sah aus wie beim Polizeisportfest. Abgerundet wurde das Bild von zwei alten Damen, die mit dem Mähdrescher da waren, und Sechslingen auf einem Fahrrad, bei dem die Bremse fehlte.
Joe ereilte ein Zitteranfall, als hätte er Malaria. Er lag im harten Kampf mit sich selbst. Auf der einen Seite saß P. S. in der Falle, auf der anderen Seite ereigneten sich geradezu schreckliche Rechtswidrigkeiten in Serie, die der Verkehrspolizist, soweit er sich entsinnen konnte, nie zuvor gesehen hatte. Das Kinn klappte ihm rauf und runter wie ein Kolben.
Und jetzt fuhr auch noch ein Blinder in einem gestohlenen Maserati ohne Auspuff ganz dicht an ihm vorbei, schoß ihm eine Abgaswolke ins Gesicht und sagte: »He, Polyp, wo gibt's denn hier eine schöne volle Straße, auf der man mal zwei Runden Vollgas geben kann?«
Joe Blocchetto riß die Trillerpfeife an den Mund, bekam aber kei-

nen Ton raus. Dann ging er in voller Länge zu Boden. Wir hatten gewonnen.

Inzwischen ist Joe Blocchetto aus der Klapse wieder raus und leitet eine Autoskooterbahn im Lunapark.

P. S. und Beauty haben geheiratet und eine Werkstatt aufgemacht. Er tunet die Autos, sie frisiert sie.

Zeichnung: Federico Fellini

ERMANNO CAVAZZONI *Die Sonntagsausflüge*

Die Familie Bassanini setzte sich aus dem Familienvorstand, seiner Frau und den drei kleinen Kindern zusammen. Es war eine normale Familie, außer wenn sie mit dem Auto fuhr. Das geschah allsonntäglich bei den sogenannten Sonntagsausflügen, die regelmäßig unternommen wurden, seitdem Bassanini ein Auto gekauft hatte. Bassanini fuhr mit mäßiger Geschwindigkeit, immer bereit zu bremsen, falls es sich als nötig erweisen sollte. Seine Frau half ihm, die Gefahren schon aus der Ferne zu erkennen. Aber dramatisch wurde es, wenn ein Schild mit dem Hinweis auf eine Abzweigung erschien: zum Beispiel rechts nach Genua, links nach Livorno. Wenn Bassanini dann, eine Autoschlange im Rücken, nicht halten konnte, verlor er den Verstand und zugleich jeglichen Begriff von rechts und links. Die Kinder schrien: »Papa, Papa, fahr da hinüber!«; und seine Frau: »Gino, paß auf, das ist gefährlich, fahr doch nach rechts, da drüben geht's nach Livorno.« Es handelte sich um wenige Sekunden; im Wageninneren erhob sich ein aufgeregter Lärm, er drückte sich ans Steuer; wenn er bremste, ertönten hinter ihm die Hupen, und er landete im letzten Moment, immer noch unentschlossen, unsanft auf dem Grasstreifen der Abzweigung oder in der gegenüberliegenden Hecke oder mit einem Rad oder zwei im Straßengraben. Da er sehr langsam fuhr, kam es nie zu einem schweren Unfall. Manchmal stieß er mit dem Kotflügel an das Schild, auf dem Livorno–Genua stand. Und anstatt ihm zu Hilfe zu kommen, riefen die anderen Autos »Trottel« aus den Fenstern, oder es ertönte ein Hupkonzert, was ebenfalls »Trottel« hieß. Aber es passierte auch, daß er in der Bedrängnis überhaupt nichts mehr kapierte, weder Genua noch Livorno, und direkt in die verkehrte Richtung fuhr. Eigentlich ging es immer so: daß er für sich unentwegt »Livorno« sagte, um es nicht zu vergessen, und dann, von einer Art Gegenimpuls getrieben, unerbittlich in Richtung Genua abschwenkte. Die Kinder schrien: »Papa, Papa, fahr zurück!« und seine Frau ebenfalls: »Fahr zurück!« Aber er hatte die Autoschlange auf den Fersen, die auch ihren Sonntagsausflug machte, und konnte nicht halten. Er fuhr so weit rechts wie möglich. Während er langsamer zu werden versuchte, streifte er die Pfähle am Straßenrand. Und die Kinder schrien, an seinem Sitz hängend, »Papa«. So ging es manchmal über zehn Kilometer dahin. Bis Bassanini die Nerven verlor und aus der Fahrbahn geriet. Einen richtigen Unfall hat er nie gehabt. Ein paar Rucke, im äußersten Moment Schreie der Kinder und der Frau. Dann waren alle erleichtert. Seine Frau sagte: »Das ist noch einmal gut gegangen«, und sie schoben das Auto eigenhändig bis zu einer Stelle, an der man wenden konnte. Am schrecklichsten waren die Abzweigungen, wo man nicht halten konnte, um nachzudenken und zur Ruhe zu kommen, und man sich entscheiden mußte, während man gleichzeitig ans Fahren zu denken hatte und die ganze Familie in Angst und Spannung war. Und der Vater sagte, er verliere den Verstand, weil die Verantwortung so schwer auf ihm laste und weil sich alle an ihn hängten. Zum Glück waren Abzweigungen dieser Art selten. Auf den geraden Straßen fühlte er sich sicher und verhielt sich den Verkehrszeichen entsprechend.

Die Kinder, die in die Volksschule gingen, schrieben am nächsten Tag in ihrem Schulaufsatz, der Ausflug sei unbeschwert gewesen und wunderschön, und der Papa habe rauchend am Steuer gesessen. In Wirklichkeit mußte Bassanini hin und wieder zum Rauchen anhalten, weil er beim Fahren nicht rauchen konnte; die Zigarette, so sagte er, sei ihm am Steuer hinderlich, wenn zum Beispiel plötzlich eine Kurve auftauche; aber auch bei geraden Strecken, so sagte er, könne er nicht auf die Straße achten, wenn er aufs Rauchen achte. Daher blieb er hin und wieder auf einem Halteplatz stehen, um sich zu entspannen, und rauchte. Manchmal rauchte auch seine Frau, während die Kinder auf den Rücksitzen toben durften.

Mit den Sonntagsausflügen war es vorbei, als es auch mit dem Automobil vorbei war, als es nämlich von einem Abschleppwagen weggebracht wurde. Die Zeit des Automobils blieb allen Familienmitgliedern ins Gedächtnis eingeprägt als eine Zeit der großen Aufregungen, deren Echo montags in den Schulaufsätzen der Kinder nachklang, die jedoch, der Schultradition entsprechend, immer ein wenig schönfärberisch waren. Bassanini hat es nicht über sich gebracht, ein zweites Auto zu kaufen. Er sagte, er sei an die Schaltung des ersten gewöhnt und nun zu alt, um noch einmal alles neu zu lernen.

LUIGI MALERBA *Alle am Meer*

Alle am Meer, sagte die Zeitung. Ich ging ans Meer, ich langweilte mich, ich wußte, daß ich mich langweilte, und ging doch weiter ans Meer. Ich glaubte, mich zu amüsieren. Ich stand jeden Sonntag morgen gegen acht Uhr auf, legte den Bademantel, die Badehose, das Fläschchen mit dem Sonnenöl gegen die Verbrennungen ins Auto und machte, daß ich wegkam, bevor der Verkehr zum Stokken kam, aber er stockte immer schon, wenn ich beim Bahnhof von Trastevere war, wo die Autos von drei Seiten her, von der Porta Portese, vom Viale Trastevere und von der Circonvallazione Gianicolense, zusammenkommen. Man brauchte eine halbe Stunde, bis man unter der Eisenbahnbrücke durch war. Ich schloß alle Fenster, um nicht die Auspuffgase der andern Autos einatmen zu müssen, und verging dann schier vor Hitze, dann öffnete ich die Fenster wieder und atmete die Auspuffgase ein. In dieser Gegend ist die Luft an sich schon vergiftet von der Purfina-Fabrik, die giftige Gerüche verbreitet. Meine Nachbarn in ihren Autos schienen mir alle zufrieden, und ich fühle mich in der Mitte zufriedener Leute wohl, weil ich sicher bin, daß sie nichts gegen mich haben. Alle am Meer, sagte die Zeitung.

Bei der Einfahrt zur Autostraße verlor man nochmals zehn Minuten, und dann begann das Wettrennen zum Strand. Alle Wagen fahren in eine Richtung, die einen rascher, die andern langsamer. Man muß aufpassen auf die Linien (einfache Linien, doppelte Linien, gestrichelte Linien), auf die Wagen vor einem, wenn sie den Winker betätigen, ob man sie überholen kann oder nicht, man muß aufpassen auf den Rückspiegel und auf die Straßenpolizei, die sich hinter den Säulen der Unterführungen, hinter den Kurven und manchmal auch hinter großen Oleanderbüschen aufstellt. Es ist ein großes Wettrennen um den ersten Platz, ein Wettkampf, eine Corrida. Manche sterben in einem Zusammenstoß.

Auch ich raste mit meinem Fiat sechshundert Multipla nach Ostia, mit meinem Bademantel, meiner Badehose und dem Fläschlein Sonnenöl neben mir auf dem Sitz. Paß auf, daß du keinen Fußgänger überfährst, sagte ich bei der Einfahrt in Ostia. Sie kamen von allen Seiten, nackt wie Würmer, barfuß, gebräunt und behaart. Wenn du einen Fußgänger überfährst, ist es aus mit dem Vergnügen, du glaubst, irgendwen überfahren zu haben, und dabei hast du einen Vater von sechs Kindern, einen Industriellen, einen Finanzmann, einen Divisionskommandanten, eine Persönlichkeit überfahren, die Millionen wert ist, wie es jenem passierte, der einen Ingenieur überfuhr und nicht sehen konnte, daß es ein Ingenieur war, weil er nackt war. Das geschah vor acht Jahren auf der Strandpromenade, und er zahlt heute noch, und man weiß nicht, wie viele Jahre er noch zahlen muß.

Am Strand war es heißer als gewöhnlich. Von oben stach die Sonne, von unten glühte der Sand. Ich legte mich in die Sonne, rieb mich von Zeit zu Zeit mit Sonnenöl ein, ich stellte mich schlafend, aber hinter der schwarzen Brille sah ich alles. So viele Mädchen, daß man hätte verrückt werden können, ein Supermarkt. Beine auf Beinen, Arme, Füße, Köpfe und so weiter. Die Männer kamen naß aus dem Wasser und wälzten sich im Sand wie Schweine, mit dem Sand, der an der Haut klebt, rannten sie unter die Dusche, und der Sand ging weg. Von neuem in den Sand wie Schweine. Ein Hin und Her, zum Verrücktwerden. Hinter der Brille lief mir der Schweiß in die Augen, und ich sah nichts mehr.

Wenn man ruhig in der Sonne liegt, wenn die Sonne brennt und der Sand die Hitze reflektiert, läuft man Gefahr, wie eine Bombe zu platzen. Nach einer gewissen Zeit stand ich auf und lief ins Wasser. Ich kann nicht schwimmen, ich sinke sofort auf den Grund. Ich ging mit den Füßen ins Wasser, und das Wasser schien mir eiskalt, das Wasser stieg mir bis zu den Knien, und als es den Bauch berührte, begann die Tragödie. Die Augen von Hunderten von Menschen waren auf mich gerichtet, wie aus dem Parkett eines Theaters. Sie lachten, auch wenn ihre Gesichter ernst waren, sie lachten innerlich, das war sehr wohl zu sehen. Deshalb machte ich mit dem Arm eine Bewegung wie einer, der etwas vergessen hat, und lief zurück auf dem Sand, der nun unter den nackten Füßen brannte. In großen Sprüngen lief ich zu meiner Kabine zurück, schloß mich ein und hätte am liebsten geweint. Ich betrachtete meine Fußsohlen, sie waren schwarz von Teer und Öl, schwarze Flecken, die an der Haut hafteten, und ich konnte die Socken nicht anziehen, und wenn ich sie anzog, so mußte ich sie nachher wegwerfen. Das kommt von den Öltankern, die vorbeifahren und die Abfälle auswerfen. Das geschieht im tyrrhenischen Meer, wo es Handelshäfen gibt.

Ich betrachtete mich im Spiegelchen der Kabine, ich war feuerrot und unbehaart wie ein Wurm, meine Haut nahm die klassische Bräunung nicht an, sie wurde rot und sonst nichts. Hatte ich wenigstens neue Freundschaften geschlossen? Nein. Oft nahm ich zwei Liegestühle, als ob wir zu zweit gewesen wären, um zu sehen, ob sich vielleicht aus Versehen ein Mädchen neben mich hinlegen würde, aber das passierte nie. Es kam höchstens irgendein Mann und wollte den Liegestuhl wegtragen. Er ist besetzt, sagte ich. Dasselbe im Restaurant. Ich verlangte zwei Gedecke, wir sind zu zweit, sagte ich, ich erwarte eine Freundin. Die Freundin kam aber nie.

Haben alle diese Leute eine Seele? fragte ich mich. Ich frage es mich heute noch. Wenn man all diese nackten Männer und all diese nackten Frauen von außen anschaute, so sahen sie aus wie Würmer, ich inbegriffen. Ist es möglich, daß all diese Würmer pro Kopf eine Seele haben? fragte ich mich. Und wenn sie pro Kopf eine Seele haben und wenn es wahr ist, daß die Seele dem Körper folgt, wie ist es dann möglich, daß all diese Seelen es aushalten, am Strand von Ostia zu sein, sich im Sand zu wälzen und im Wasser zu schwimmen? Die unsterbliche Seele jenes dicken Mannes, der mir eines Tages den Liegestuhl für seine kleine Freundin wegnehmen wollte, mußte die ihm ins Kursaalbad folgen, unter die Dusche und dann in die Kabine und dann an die Bar, wo er eine Coca-Cola nach der anderen kippte, mußte sie ihm auch ins Restaurant folgen, während er gebackene Meerfische aß? Mußte sie jeden Abend mit ihm in seinen zweifarbenen Lancia Aurelia steigen und ihm folgen wie ein Hündchen seinem Meister? Manche Seelen führen ein jämmerliches Leben, sagte ich mir, sie tun einem wirklich leid. Man kommt in Verlegenheit, wenn man über diese Dinge nachdenkt, und in der Tat denken die Menschen fast nie darüber nach, sie tragen ihre Seele mit sich und wollen nichts von ihr hören.

Zeichnung: Eugenio Montale

GIORGIO MANGANELLI *Rom und Mailand*

Außer Landes zu gehen tut gut. »Beim Reisen«, schrieb jemand, ich hoffe, ich irre mich, aber ich fürchte wirklich, es war Koestler, »beim Reisen lernt man, daß alle Völker Unrecht haben.« Vor neunzehn Jahren geschah es mir, das Unrecht Mailands vom Schuhwerk zu klopfen, und mich auf die Suche zu machen nach dem edlen und wissenden Unrecht Roms. Welche Dinge machten das Unrecht Mailands aus? Ich entsinne mich einer Art fieberhafter Häßlichkeit, einer hastigen und unmanierlichen Funktionalität; des Gefühls, von Leuten angestoßen zu werden, die zerstreut, vergrämt und ungestüm, aber nicht wirklich nachdenklich waren; des Mangels an Farben: eine Stadt, die für schwarzweiß gedacht ist, mit neorealistischer Tonspur, und daher auch pathetisch. Mailand war eine Stadt, die immer und ewig nur unter ferner liefen gezeigt wurde, ein wenig peripher, auch der Dom war peripher; es war eine Stadt mittleren Alters, nicht richtig neu, aber mit einem Anflug von Beleibtheit, Zeichen eines nicht zur Schau gestellten, aber tröstlichen Wohlstands; ihr idealer Anzug war grau, rauchgrau, grau mit feinen blauen oder braunen Streifen; Filzhut und Zweireiher. Nicht Mantel, sondern Paletot, nie wieder Weste, sondern Gilet. Obgleich man dort die ersten Pizzen aß, war Mailand eine Stadt des Nordens, Schwester von Zürich und Cousine von Lübeck. Gewiß, es gab auch die Spezialeffekte: auch die schwarzweiß: jener wundervolle pastöse Nebel, den Mailand den Einwohnern Pavias und Novaras abgeschaut hatte; ein flockiger, fraulicher Nebel, der den zaghaften Trambahnen als Pelz diente, die lärmenden Hupen zu Glockenspielen dämpfte; auch der Schnee war nicht schlecht, doch meiner Ansicht nach hatte die lange Gewohnheit ihn mehr zu einer meteorologischen als zu einer phantasieanregenden Angelegenheit gemacht, er war im Weg, ein bizarrerweise strahlend weißer Matsch, in wenigen Stunden hingerichtet; der Regen hatte eine gewisse Grazie, das will ich nicht bestreiten, doch er war eintönig, leicht senil, auf elegante Weise langweilig wie eine nachmittägliche Plauderei, von November bis März; es war keine lustige Stadt, und es kam vor, daß man zu einem Schwatz in den Milchladen ging, ich kannte Leute, denen es im Milchladen gelang, hochfliegend-heftige Leidenschaften zu entfachen.

Acht Stunden Zug, Tarif C, schenkten mir das Unrecht Roms. Es hatte den Vorzug, sich absolut und von vornherein als Unrecht zu präsentieren. War jenes heroisch-komische Hinkebein der Ministerien, des Nationaldenkmals für Vittorio Emanuele, der Via della

Conciliazione erst einmal weggeschafft, kam Rom aus jener künstlichen Haut, jener Mischung aus faschistisch und gymnasial, zum Vorschein mit seiner grandiosen Fettleibigkeit, seiner sehr schlechten Verdauung, den archaischen Blähungen, der Zellulitis der Jahrhunderte, der öligen Pietät vor nutzlosen und zufälligen Prunkstükken, der frechen Protzerei – jene Obelisken als Nippsachen, alles echt, echt Ramses, aber mit dem Flair des Flohmarkts von Porta Portese – dem Überfluß des berufsmäßigen Erben. Auf ihre Weise eine perfekte Hauptstadt: die schweren Speisen, der endlose Sommer, laute Nächte, die ganze Architekturgeschichte bei der Hand, wie in einem dreidimensionalen Album; das Kolosseum für die Heiden, der Aventin für die gefühlvollen Christen, der ganze Rest für die Christen, die es nur von Amts wegen sind; in jedem Fall ein Stich ins Zeremonielle, ins Barocke; keine mittelalterliche Strenge à la Sant'-Ambrogio. Ein schicker Ort, voller Pfaffen und Botschafter, voller Wappen und Kapitelle. Es macht einen schönen Eindruck, in einer Stadt zu leben, die weitgehend aus Ruinen besteht; ein Römisches Imperium in Erstaufführung, und sucht man ordentlich, auch ein paar Bruchstücke der Republik, Splitter für das Filmarchiv. Keineswegs aseptisch, die Ruinen, sondern voller Katzen, grasüberwuchert, ein freundschaftlicher Gestank nach Wildwuchs und Urin. Ungeordnete Ruinen, wie in einem verlassenen Museum: mit augusteischen Scherben gepflasterte mittelalterliche Fassaden, du biegst bei einem konstantinischen Bogen um die Ecke und stehst vor einer Kirche aus dem Jahre Tausend, die sich betrunken anlehnt, oder vielleicht einen unverbindlichen Schwatz hält mit einem Bogen von Alexander Severus, drittes Jahrhundert. Nur in Rom kann eine Kirche so frivol oder gefällig oder zerstreut sein, daß sie sich bei einem übel beleumundeten und offiziell heidnischen Bogen einhakt, oder sogar einen Tempel in Untermiete nimmt, dessen Gott sich wegen des Klimas aufs Land zurückgezogen hat. Gewiß, das Klima macht einem zu schaffen; eine mediterrane Feuchtigkeit, ein gemeiner Schweiß, Nächte, an denen die Balkontür weit aufbleiben muß, Spaziergänge im Schlafanzug; dann wieder hat die Tramontana freie Hand, aufbrausend und verächtlich. In der ersten Zeit beeindruckte mich in Rom die Art, wie es dort regnete; nicht der gefällige, samtige, mailändische Regen, sondern ein plötzliches freches Toben, etwas Animalisches, Leichtsinniges, Streitsüchtiges, ein ›halbstarker‹ Regen, wie ein Wutausbruch der Wolken, geradezu wie in den Tropen, im tiefsten Süden. Das waren Sachen, wie man sie bei Salgari las, diese Regengüsse, die ohne Vorwarnung niedergehen, du gehst ohne Schirm aus dem Haus und findest dich bis auf die Haut durchnäßt, angepöbelt von der haltlosesten der Naturgewalten. Köstlich, in Rom, auch der Schnee; der, wenn er vorkommt, wie eine fröhliche Katastrophe hereinbricht, dabei seine natürliche Kindlichkeit wiederfindet, Telefone unterbricht, Autobusse und Kardinäle ausrutschen läßt, eine Stadt tötet, die sich nichts Besseres wünscht als einen sanften Tod, ein prächtiges Totenkleid. Auch das Unrecht wandelt sich mit den Jahren: heute stellt Rom ein weniger aufregendes Unrecht zur Schau; ich habe den Eindruck, daß etwas vom damaligen Mailand dieses pompöse Lazarett angesteckt habe. Irgendwo müssen sie noch sein, die kulissenartigen, freundschaftlichen Ruinen: doch außer an Ferragosto* besteht zwischen uns und ihnen stets ein Vorhang aus Oktan und davonschießendem Blech; der Müßiggang, fruchtbarer Vater der Laster, macht einer offensichtlich vergeblichen und dennoch fieberhaften Erregtheit Platz; die Küche hat sich verschlechtert, neigt zum Wissenschaftlichen, verdirbt sich mit internationalen Anwandlungen; trotz des tapferen Widerstandes von Fiumicino kommt Europa allmählich auch nach Rom, und vielleicht wird nur der Verkehr die ewige Stadt den Schnellimbissen von Genf unzugänglich machen.

Da die Dinge so liegen, frage ich mich, ob es nicht Zeit ist, an einen Rollentausch zu denken: Wenn schon einige Merkmale des Unrechts von Rom sozusagen brachliegen, warum nimmt Mailand sie sich nicht? Rom ist nunmehr ausreichend finster und verstopft, um den Titel einer moralischen Hauptstadt zu verdienen. Vielleicht ist es noch zu früh, aber es ist nur eine Frage von Jahren; von Jahren, die man nicht vergeuden darf. Was fehlt Mailand, um, anfangs eventuell nur als Vertretung, den Lehrstuhl Roms zu übernehmen? Bis vor kurzem fast alles. Doch nun gibt es manches Indiz, mehr würde ich nicht zu sagen wagen, das hoffen läßt. Als Mailand sich eine U-Bahn zulegte, schien es das Ende: jetzt, sagte man, geht sie zum Kanton Tessin über. Dabei war das nur der Anfang.

Wir haben das erst in diesen Tagen begriffen, als uns die Rolle enthüllt wurde, die die U-Bahn bei der Zerstörung des Domgebäudes gespielt hat. Um Rom die Stirn zu bieten, fehlte und fehlt es Mailand noch immer an Ruinen. Man sagte: nun ist es zu spät, man hätte eher daran denken müssen. Nein, meine Herren: Mailand hat die Gelegenheit ergriffen, und nun hat es begonnen. Ich weiß nicht, ob der Plan im Unbewußten oder im erweiterten, vernunftbegabten Bewußtsein eines Planers der Zukunft reifte, aber der Schlag, der dem Dom versetzt wurde, scheint mir mit seltener Präzision geführt. Ein Dom mitten in Mailand ist ein Ärgernis, eine Nippesfigur, die man überhaupt nicht abstauben kann, eine herzzerreißende Familienerinnerung, wie ein Gruppenphoto anläßlich einer Hochzeit

* 15. August, ein Feiertag, an dem alle Römer wenn irgend möglich die Stadt verlassen. (A. d. Ü.)

aus dem Jahre 1870. Doch gebt ihm einen Stoß, macht, daß ein paar Türmchen herunterfallen, grabt ein großes Loch mitten im Kirchenschiff, zerbröselt jene Fassade, die ganz Wangen gleicht, mit dem Gebiß des Balkons, kurz und gut, macht ein Kolosseum daraus, pflanzt Efeu in die Ritzen, tut nach Belieben grüne Eidechsen dazu, und einen schweigsamen runden Mond hinter ein spitzes Türmchen, das noch in unmöglichem Gleichgewicht schwebt, und ihr, die ihr das in Mailand könnt, legt zu gegebener Zeit einen Nebelschleier darüber, ein blütenweißes Taschentuch, das weht und sich auflöst und wieder entsteht. Denkt nur an den Schnee auf den Domruinen und an das nächtliche Abrutschen eines Steins... Gewiß, der Dom allein genügt nicht. Man wird Gebiete schaffen müssen, die zukünftigen Ruinen vorbehalten sind: Restaurieren verboten. Behandelt man ihn gut, kann der Corso Vittorio Emanuele in einem halben Jahrhundert eine Anlage im Stil der Via dei Fori Imperiali werden; in einem Jahrhundert kommt dann der König von Schweden, um Ausgrabungen vorzunehmen, und die Archäologen bekommen eine Privatdozentur, wenn sie in San Babila graben. Die U-Bahn, dieses scheinbar an der Spitze des Fortschritts stehende Instrument, hat eine wissenschaftliche Produktion von Mailänder Ruinen in die Wege geleitet; doch offenbar genügt das nicht. Man muß die Grobheiten, die Abnützung, das Kratzen, die Stürme, die Bosheiten der Zeit auf einen kürzeren Zeitraum konzentrieren. Mailand wird die erste künstlich gealterte Stadt sein können. Um dieses Resultat zu erzielen, muß man am Wetter arbeiten. Wem die Schäden am wackeligen Dom noch zufällig erscheinen konnten, dem bleiben, wenn im Abstand von Tagen die wohlbekannte Überschwemmung dazukommt, keinerlei Zweifel mehr. Die Mailänder Sintflut ist eine offene Herausforderung, eine Grundsatzerklärung. Mailand hat lautstark kundgetan: ich kann regnen wie Rom. Ich kann in unsinniger, königlicher Manier regnen, kann an einem Tag regnen, was für einen Monat genug wäre. Hier, dies ist der Weg der Zukunft: Winde, Regenfälle und Stürme zusammenziehen; Straßenbahnen und U-Bahnen aufschrecken, wie in den alten Stummfilmen den Fall der Kalenderblätter beschleunigen; die Mailänder von einem Punkt der Stadt zum anderen laufen lassen, mit dem zackigen und abstrakten Gang der alten Dokumentarfilme. Die Stadt mit den Absätzen abnutzen, mit den Hustenanfällen, dem Bremsen; es ist nur eine Frage der Zeit und der Methode: und ihr werdet Mediolanum zum Vorschein kommen sehen, und Ludovico il Moro, der Giuseppe Verdi an einer Haltestelle des Carroccio zum Zeitvertreib ein Autogramm gewährt, während Manzoni, leicht irritiert, den Blick abwendet.

Nach Mailand komme ich nur selten, weil ich dort nie etwas zu tun habe, und ich bin auch ganz froh, daß ich dort nichts zu tun habe. Manchnmal allerdings komme ich nach Mailand, weil ich am Hauptbahnhof umsteigen muß, oder – aber das ist seltener der Fall – weil ich ein Flugzeug nehmen muß, oder weil ich den Zug nehmen muß, nachdem ich aus einem Flugzeug gestiegen bin. In solchen Fällen fahre ich mit dem Bus oder dem Taxi durch die Stadt, manchmal gehe ich auch zu Fuß. Dagegen habe ich einen Freund, der zu bestimmten Zeiten sogar täglich nach Mailand kommt, weil er dort Arbeit sucht.

Er sucht Arbeit in Mailand, weil es Arbeiten gibt, sagt er, die du nur da bekommen kannst. Aber es ist alles andere als leicht, eine zu finden.

Er sagt, vor allem Mailand macht ihm Angst, und er schwitzt den ganzen Tag, auch im Winter, denn wenn man auf Arbeitssuche ist, geht es rein in die U-Bahn und wieder raus, und die U-Bahn ist immer brechend voll und beheizt. Dann sagt er, daß er sich fast wie ein armer Teufel vorkomme, weil man, wenn man Arbeit sucht, viele Telefonate machen muß, um Termine zu vereinbaren, und zum Telefonieren muß man rein in die Café-Bars und wieder raus, muß jedesmal einen Espresso bestellen oder einen kleinen Likör, weil einen die Männer hinter dem Tresen der Mailänder Café-Bars sonst schief angucken. Und da am Telefon fast immer die Sekretärinnen der Chefs antworten, die er um Arbeit bitten möchte, und sagen, daß der Chef gerade in einer Sitzung, möglicherweise aber später erreichbar sei, sagt mein Freund, daß ihn die Männer hinter dem Tresen der Mailänder Café-Bars in jedem Fall schief ansehen, weil er, im Unterschied zu anderen Kunden, Zeit verplempern kann, zumal er in der Bar bleibt und seine Telefonanrufe erledigt, und außerdem wittern sie, daß er sich fast wie ein armer Teufel vorkommt. Es ist schwer, sagt er, in Mailand Arbeit zu suchen, ohne ein Büro zu haben; aber wenn einer schon ein Büro hat, wozu sollte er dann noch auf Arbeitssuche gehen?

Wenn mein Freund nach Mailand fährt, hat er stets eine Lederaktentasche dabei und einen gepflegten Anzug an, aber wenn er abends nach Hause kommt, ist er zerknittert und von Schweiß durchnäßt, auch im Winter, weil er den ganzen Tag den Mantel nicht ein einziges Mal ausgezogen hat, und die Füße tun ihm auch noch weh.

Seit Jahren nimmt mein Freund, wenn er am Hauptbahnhof ankommt, die U-Bahn bis zum Dom, von dort geht er schnurstracks hinüber zur Galleria Vittorio Emanuele, wo die Niederlassung der SIP ist. Auf diese Weise kann er viele Telefonate erledigen, ohne daß ihn die Männer hinter den Tresen der Café-Bars oder wer weiß wer schief ansehen. Aber da ihm die Sekretärinnen sagen, er solle nochmal anrufen, weil der Chef in einer Sitzung sei, muß er dann eben doch wieder von einer Café-Bar aus anrufen, und auch zwischen einem Termin und dem nächsten geht er in eine Café-Bar und ruht sich aus.

Ich erinnere mich nur, daß ich während meines letzten Aufenthalts in Mailand eine blaue Krawatte mit scheußlichen kleinen Mustern gekauft habe. Ich war aus einem Flugzeug gestiegen, trug einen grauen Anzug aus dünner Baumwolle und ein himmelblaues Hemd, und irgendwer hatte mich am Ausgang des Flughafengebäudes für einen Busfahrer gehalten, der gerade seine Pause macht, denn ich stand einfach so herum und rauchte eine Zigarette. Also kaufte ich mir die Krawatte, um mir ein gediegenes Aussehen zu verleihen. Die Frau der Mailänder Boutique stand angeödet und etwas gereizt in der Eingangstür, aber als sie dann sah, daß ich ihr Geschäft betrat, um etwas zu kaufen, grinste sie breit, rasselte mit all ihren Armbändern und fragte mich, was ich wünsche.

Zeichnung: Saul Steinberg

Nun, da bin ich wieder – hier in Mailand –, auf der Suche nach ein bißchen Glück. Genau wie tausend andere Leichtsinnige. Ich arbeite in der höchst exklusiven Bar Pinguino in der Via Verri. Ich spiele den Barmann, oder, besser gesagt, ich laufe umher zwischen Ladenlokalen und Schönheitsinstituten und balanciere prall gefüllte Tabletts durch den Verkehr, voller Eisbecher mit papiernen Schirmchen drauf und Martini-Gläsern samt kandierten Früchten drin. Ich habe ein Zimmer gleich um die Ecke gefunden, in der Via Bigli. Eine Matratze gab's schon, und mit ein paar Handgriffen ist es mir gelungen, ein Bett zusammenzubauen. Hunderte von Kakerlaken laufen hier rum – die haben noch nicht mal den Anstand zu warten, bis es dunkel wird. Ich fange erst gar nicht damit an, sie zu zerdrücken; es sind so viele, daß sie sich wohl gegenseitig erdrücken werden. In diesem Augenblick hat eine von ihnen gerade den Rand dieses Blattes, auf dem ich schreibe, erklommen; wer weiß, was sie mir vielleicht sagen will.

Meine Beine tragen mich kaum noch von dem ganzen Treppensteigen und den kilometerlangen Gängen, die Via Monte Napoleone rauf und runter. Die Aufzüge zu benutzen ist verboten! Diese Ärsche von Juwelieren, Bankiers und Friseuren. »Stell's hierher«, sagen sie mir immer schon ganz ungeduldig und zeigen auf irgendeine Ablage, dabei bin ich der reinste Marathonläufer, was die Geschwindigkeit angeht. Sie duzen mich gleich und geben mir das Gefühl, ich sei so etwas wie eine Zigarettenkippe, die sie bloß deshalb nicht mit dem Absatz zertreten, weil sie für ihre Beine etwas zu groß geraten ist. Und das affektierte und grammatikalisch falsche Italienisch dieser Neureichen: »Kommen Sie hier, gehen Sie da, Frau Gräfin; Sonnenstich, was, gnä' Frau«, sagt dieser Arsch von Bergottini immer, der jedesmal, wenn ich das Glas auf die Konsole stelle, »husch« macht, nicht nur mit der Hand, sondern mit lauter Stimme. Im Grunde gehe ich hier wohl allen und jedem auf die Eier durch meine lässige und dabei doch sehr freundliche Art. Ich halte meistens meinen Mund, aber wenn sie mich triezen, finde ich zum Schluß immer noch den Vorwand, ihnen einen Satz hinzuschmeißen, dessen Konstruktion und semantische Feinheiten ihren Horizont so weit übersteigen, daß sie sich schon durch die Exaktheit meiner knappen Ausdrucksweise genarrt fühlen müssen. Sie reagieren mit Aggressivität und Hohn, aber man spürt gleich, daß sie schon von vornherein das Handtuch geworfen haben und mich am liebsten aus der Tür und die Treppe hinuntertreten würden. Es gelingt mir nie, die Tür hinter mir zu schließen, ohne noch die ersten Silben irgendeines Fluches über meine vermeintliche Impertinenz zu erhaschen, den sie mir hinterherzischen. Glücklicherweise sind sie nicht alle so, sonst hätte ich durch Beanstandungen schon meinen Posten verloren. Richtige Beschwerden hat es bisher noch keine gegeben. Nicht mal die beiden Brüder hier, die mit ihrem Vater die Bar führen, wissen, woran sie sich halten sollen. Ich spüre eine vage Unzufriedenheit mit meiner Person, die wohl von außen kommt, aber gleichzeitig weiß ich von Rino, dem Oberkellner, daß die Aufträge, und damit die Einkünfte, sich verdoppelt haben, seit ich »auf der Straße arbeite«, wie er sich ausdrückt. Die beiden Brüder sagen immer: »Was machen Sie eigentlich mit den Kunden?«, und man weiß natürlich gleich, was sie damit sagen wollen. Dabei mache ich nichts Besonderes, außer daß ich diesen Fotzenköpfen, ohne daß sie es merken, beibringe, daß auch ein Kellner, ganz im Gegensatz zu dem, was sie glauben, ein denkender Marathonläufer ist, ich zucke mit den Schultern und sage: »Ich verstehe nicht«, und sie wagen es dann auch nicht, weiter in mich zu dringen, da ich mich bereits mit dem nächsten Tablett auf die Piste geschwungen habe. Was mich schließlich vollends rettet, sind die Frauen, ich meine die Angestellten. Alle weiblichen Schneiderlehrlinge zwinkern mir zu – und geben weiterhin in einem fort Telefonbestellungen auf. Da mich manchmal ein kleiner Junge mit einem Gesicht voller Pickel ersetzt, sagen sie zur Sicherheit: »Und schicken Sie bitte den Lockenkopf, ja?« Das bin ich. Wenn es keine Außer-Haus-Bestellungen gibt, dann bleibe ich hinter der Bar oder bediene in dem kleinen Innenraum. Manchmal muß ich mich gegen faltige Augenpaare zur Wehr setzen, die mich auf unverschämte Weise fixieren und nicht in Ruhe arbeiten lassen. Ihre Blicke fühlen sich an wie glitschige Aale auf der Haut. Diese Leute, die es bloß gewohnt sind, Bestellungen aufzugeben, verfügen aber auch nicht über die geringste Diskretion. Sie glotzen dich an, als wollten sie von deinem Anblick Besitz ergreifen, dich aufsaugen, deine dichtgewachsenen Löckchen aufsaugen, deine kleinen, tiefen Augen, den fleischigen Mund und die Tönung der Haut. Besonders, wenn es alte Leute sind. Da kommt immer eine alte Dame, die sich von einem Jungen in Livrée begleiten läßt – eine veilchenblaue Uniform mit goldenen Knöpfen, so groß wie Espressountertassen –, sie schaut mich an, schlürft ihren Pampelmusensaft mit Gin, und es gelingt ihr jedesmal, die üblichen fünf Minuten so in die Länge zu ziehen, als dauerten sie fünf Tage. Sie ist eine Bohnenstange, leicht nach vorne gebeugt, die Haare ganz straff am Nacken anliegend, mit einem enormen Busen, sie trägt immer schrille Kleider mit wahnsinnigen Mustern – Enten oder Flugzeugen. Dann sind da auch noch diese anderen Augen – wie zwei Stecknadelköpfe –, die Feuchtigkeit auszustrahlen scheinen, wahrscheinlich müssen sie meinen Anblick erst einmal wieder verdunsten lassen, nachdem sie eine Weile mit Ausdauer darüber gebrütet haben. Alle lassen sie maßlos übertriebene Trinkgelder zurück – praktisch noch mal soviel, wie sie bezahlen. Am besten spricht man sie mit ihrem Titel an, sei er nun echt oder falsch, so wie Rino; das ist hier ein einziges Kommen und Gehen von Doktoren und Professoren von morgens bis abends. Genug Geld dürften sie haben, aber was für ein deprimierendes Leben muß das sein, wenn es im Grunde nur der Speichelleckerei eines Kellners bedarf, damit sie sich wichtig fühlen. Eugenio Montale, den ich beim Bäcker traf, hat mich neulich zum Lachen gebracht. Ich meine, ohne ihn hätte ich nicht den spürbaren Unterschied erfahren, der gerade von einem Kellner so exquisit literarisch zu erfahren ist, zwischen jemand sein und nicht sein. Nun, Montale ist jemand, der, gerade weil er ständig jemandem begegnet und stehenbleibt, nicht auf die Idee käme, damit aufzuhören, auf die Suche zu gehen. Und so quatscht er mich, als wir gleichzeitig den Laden verlassen, urplötzlich an und meint, es würde ihm großen Spaß machen, mit mir zusammen spazierenzugehen, wenn ich Zeit hätte. Ich muß sagen, dieser Alte war mir auf den ersten Blick sympathisch: Er wirkt wie ein in Alkohol getränkter Dickhäuter, der gänzlich unfähig ist, Böses oder Gutes zu tun – eine leibliche Hülle, dadurch erlöst, daß sie zum richtigen Zeitpunkt die richtige Dichtung produziert und von da an für die künftigen Jahrzehnte zu verwalten gewußt hat. Gut, wir verabreden uns also für den nächsten Nachmittag um drei, da ich von drei bis sechs Ausgang habe. Und so ziehe ich eine Woche lang jeden Nachmittag mit ihm durch die Gegend, dabei stützt er sich auf meinen Arm. Mir gefällt die Offenheit, mit der er seine körperliche Abhängigkeit zur Schau stellt, sehr. Wenn er es geschafft hat, auch das dritte Streichholz ausgehen zu lassen, dann zünde ich ihm seine Zigarette an; er setzt dann immer das Lächeln eines verzückten Neugeborenen auf, ein bißchen tölpelhaft, wenn ich ehrlich bin. Dennoch ist er gewiß nicht wie all die anderen, die hier im Umkreis operieren; als Kellner interessiere ich ihn nicht. Im Gegenteil, er hat mir ein Buch empfohlen, das mich sehr amüsiert hat, den *Felix Krull* von Thomas Mann. Das war vor einer Woche. Ich rufe ihn jeden Tag an; seine Gouvernante antwortet immer zuerst. Man sollte meinen, er hätte vorher Anlauf genommen, wenn er wie aus einem Guß fast in den Hörer singt: »Wie geht's?« Er schreit es heraus, als wäre es eine Zeile aus einem Opernlibretto. Vor zwei Tagen fragte er mich also, ob ich ihn später am Abend begleiten könnte, so gegen neun. Es sei ganz in der Nähe, die Buchhandlung Mondadori. »Du liest doch gerne, da lernst du ein paar Schriftsteller kennen«, sagt er zu mir, und natürlich gehen wir hin. Ich ziehe mir die schönen dunkelblauen

Hosen an, ein hellblaues Hemd, die Krawatte etwas gelockert, und schon stehe ich unten vor seinem Haus, um ihn abzuholen. Er ist wie immer sehr zuvorkommend und sagt zu mir durch die Gegensprechanlage: »Warum kommst du nicht rauf?«, aber es gibt mindestens dreitausend Gründe dafür, daß ich keine Lust habe, zu ihm hoch zu gehen in seine Wohnung. So täusche ich eine gewisse Befangenheit vor. Tatsächlich ist die Sache für mich in Ordnung, solange er neben mir hergeht und mir was vorbrummelt, aber ich möchte es tunlichst vermeiden, mich in irgendeine unangenehme Situation zu bringen. Ich will ihn auf keinen Fall verletzen oder von ihm verletzt werden. Wir sind beide sehr zerbrechlich, und eine gewisse Distanz kann dieser peripatetischen Freundschaft nicht schaden.

Als wir dann in das Untergeschoß der Buchhandlung gestiegen waren – dort wurde der Roman *Der Reiher* von Bassani vorgestellt –, vergißt er mich vollends: die Treppen hatte ich ihm noch hinabgeholfen, jedenfalls hatten alle noch sehen können, wie ich ihn bis zur letzten Stufe stützte und wie er mich anlächelte und mir sagte, ich solle auf ihn warten und nicht weggehen. Im nächsten Augenblick stürzt die alte Dame – die mit dem Pampelmusensaft mit Gin – auf mich zu, ganz reizend, ein Ozean voller unterschiedlicher Düfte. Sie reicht mir ihre leblose Hand und meint: »Wo haben wir uns denn bloß schon gesehen? War das nicht in Rio, in diesem reizenden kleinen Lokal im Sheraton?« Ich schüttele ganz erschrocken den Kopf, aber mir wird sofort klar, daß sie mich keineswegs auf den Arm nimmt, zumal sie gleich fortfährt: »Dann war's vielleicht auf der Biennale? Nein, nein, nicht dieses Jahr, ich meine vor zwei Jahren.« Ich schüttele wieder den Kopf, diesmal sehr energisch, aber ich sage noch nichts. Alles, was ich ihr hätte sagen wollen, wäre gewesen: Du dumme Kuh, heute morgen habe ich dir noch zwei Drinks gemixt, und deinem kleinen Sklaven bestellst du noch nicht mal eine Limonade. »Dann muß es wohl in Spoleto gewesen sein, bei dem Abendessen ›bei Carlo‹.« Und ich sage ja, es muß wohl beim Abendessen »bei Carlo« gewesen sein, und um keinen Fauxpas zu begehen, lächele ich freundlich. Zum Abendessen »bei Carlo«, das könnte soviel heißen wie in einem Restaurant, so groß wie ein Hofbräuhaus, mit dreihundert Gedecken, dreihundertundeinem mit mir; aber es könnte sich ebensogut um ein privates Diner handeln, und da wäre ich schnell demaskiert. So beginne ich, mich umzuschauen, und greife auf die Schnelle nach dem Champagner, der herumgereicht wird. Ich kippe zwei Glas hinunter; sie tut es mir nach und fixiert mich nach wie vor. Dabei beugt sie sich noch mehr vor als gewöhnlich, macht seltsame Grimassen mit ihrem Mund, der mir wie ein trunkenes Schiff in einem Sumpf von vollkommen unbeweglicher Schminke vorkommt. Ich deute eine halbe Verbeugung an, das

Ganze ist mir auf tödliche Weise peinlich. Sogleich treffe ich auf den Blick des Bankdirektors oder was er auch sei, des Mannes mit den Stecknadelkopfaugen aus der Bar. Er hebt das Kinn zum Gruß. Während meine Festivalbesucherin auf Lebenszeit zusammen mit einer Dame aus unserer Umgebung in einem anderen Strudel des mondänen Treibens fortgerissen wird, näherte er sich mir und fragt mich: »Wie geht es dem Maestro? Ich meine, sagen Sie mir, wie geht es ihm *wirklich*?« Da der »Maestro« während der zwei Stunden am Tag, die wir uns sehen, nichts anderes tut, als mir von seinen Leiden zu erzählen, so wie jeder andere weise Alte auf dieser Welt, kann ich den Bankier bezüglich seiner Gesundheit beruhigen. Nachdem er eine ganze Weile rumgedruckst hat, geht aber auch er jetzt ran. Bloß fragt er nicht, sondern stellt einfach Behauptungen auf. Ich blieb während des gesamten snobistischen und übergeschnappten Selbstgesprächs wie versteinert und sagte nur in einem fort zu mir »mein Gott, das ist nicht möglich«. Der hatte mich genausowenig wiedererkannt. Und noch ein Glas Champagner zum Wohle der Kulturwelt.

Das eigentlich Amüsante an der ganzen Geschichte ereignete sich dann im Grunde erst heute morgen, denn während dieses ganzen Abends habe ich mich doch im Grunde eher wie ein Fisch auf dem Trockenen gefühlt. Es war mir vorgekommen, als hätten wir Unzeiten dort verbracht, dabei waren wir schon um halb elf wieder zurück. Heute morgen kommt also wieder die übliche Kameliendame mit ihrem Pagen: Der immergleiche Pampelmusensaft mit Gin, die altbekannten wiederkäuenden Bewegungen mit dem Mund, der übliche saugende Blick. Jetzt ist bei ihr der Groschen gefallen, denke ich mir: wer weiß, ob sie daraus nicht klug wird oder ihr doch wenigstens ein leiser Zweifel kommt, ob bei dem Abendessen »bei Carlo« auch ein Barmann zugegen war, vielleicht sogar auf dem Stuhl neben ihr, vielleicht sogar in aller Förmlichkeit! Aber nichts dergleichen, sie öffnet von irgendeiner Seite her ihren riesigen Mund und sagt: »Mir scheint, ich habe dich schon mal gesehen.« Dabei studiert sie mich mit ihren aschgrauen Augen, und ich sage, beiße mir aber erst auf die Lippen, um den beginnenden Lachkrampf zu unterdrücken: »Oh, Signora, nichts leichter als das. Ich arbeite seit drei Monaten hier.«

CAMILLA CEDERNA *Der Tempel von Mailand*

Eine Bank in der Kirche, eine Loge in der Scala, ein Grab auf dem Monumentale.« Seit mindestens hundert Jahren sind das stets die Prestigesymbole der Mailänder Familien, der adeligen wie der großbürgerlichen, gewesen. Drei Mythen, von denen die Scala, roter Samt, alte Spiegel und alte vergoldete Verzierungen in den schönsten Logen, gewiß der begehrteste war. Großartige Unterhaltung hatte hier Tradition: Maskenbälle im Karneval, Abendessen auf den Hinterbühnen, wo sich sogar Kochgelegenheiten befanden, selbst Tische für Glücksspiele; dann, unter Beihilfe eines guten Trinkgeldes für die tressenbesetzten Logendiener, legte sich Schweigen und Geheimnis über das, was an bestimmten Abenden auf eben diesem roten Samt geschah, nämlich die Umarmung des musikbesessenen und ehebrecherischen Paares während des Liebesduetts aus dem zweiten Akt des *Tristan*, einem Erotik-Klassiker mit jenen nervenzerrüttenden, hinreißenden, gleichförmigen Wiederholungen und der abschließenden Beschleunigung, fast einem Galopp.

Wie hat sich das Publikum der Scala im Lauf der Zeit verändert? Es hat sich natürlich sehr verändert; das größte Theater war immer an die soziologische und politische Entwicklung der Stadt gebunden, und das, was die Fachleute die immer ausgeprägtere »Nachfrage des aufstrebenden, fortschrittlichen Tertiärsektors« nennen, hat in diesen letzten Jahren die Verärnderung noch beschleunigt. Ich entsinne mich der Rückkehr Toscaninis im Mai 1946, seines ersten Konzerts, als die Fassade noch beschädigt war und das »Va pensiero« donnernden Beifall erhielt. Der Bürgermeister Greppi war da, in Grau, Nenni in Braun, eine große Gruppe alliierter Militärs, manche sogar mit der Jacke auf den Knien und bis über die Ellbogen aufgerollten Hemdsärmeln, während viele Mailänder den Smoking wieder ausgemottet hatten und die Damen im kleinen Abendkleid waren, noch nicht mit Federbusch und Federfächer, die Juwelen fast alle noch im Safe. Die einzige Straußenfederboa war die der Blumenfrau Amelia Zampiceni, ganz in Schwarz gekleidet mit wehmütiger Eleganz, schwarze Pinselstriche auch die Augenlider, wie die Federboa um den Hals. Drei Visconti-Generationen, Boito und Puccini hatte sie Blumen verkauft, doch sie flehte die Reporter an, sie bitte nicht als »alte Blumenfrau an der Scala« zu bezeichnen. Und Toscanini wollte sie am Abend seiner Rückkehr auf der Bühne haben.

Die Lust, die finsteren Kriegszeiten zu vergessen und sich gegen Strenge und Entbehrung aufzulehnen, ist die Triebfeder, die glanzvolle Abende in Gang bringt. Niemandem geht es durch den Kopf, daß ihm Colliers und Pelze weggerissen werden könnten, und so ist die wirkliche Einweihung der Scala in der Nachkriegszeit *Othello* unter Leitung von De Sabata, Protagonist ist Ramon Vinay.

Die First Lady der Musik und der Mondanität, Wally Toscanini, ziert mit ihrem maliziösen Lächeln die Loge der Oberintendanz, alle Logen sind mit roten Rosen geschmückt, Abendkleidung ist Pflicht, und Dior tobt seinen New Look aus, während Paradiesvögel auf Toupets erzittern oder sich liebkosend zu einer Wange herabneigen. Die aufsehenerregendsten der modernen Juwelen stammen im allgemeinen von Faraone, widerspenstige Colliers und auch Tiaren; über die Kleider ergießen sich fließend weiße Füchse und Hermeline, Achtung auf die Schleppen im Foyer, die jungen Mädchen sind alle in Weiß, hier ein schönes Spiel mit Durchsichtigkeiten, sehr häufig die Modelle mit nur einer entblößten Schulter.

Der berühmte Gynäkologe Nava trägt Frack, Kragenmantel und chapeau claque. Nava ist der Pate einer Menge reicher Neugeborener in Mailand, und er bringt auch die Kinder der begüterten Seiden- und Baumwollfabrikanten aus Como zur Welt: nur wenige Monate später wird man ihn mit von Falten der Rührung durchfurchtem Gesicht in Como dem Leichenzug des Industriellen Carlo Sacchi folgen sehen, der in der Villa d'Este von der Contessa Bellentani aus Eifersucht umgebracht wurde.

1950 bis 1960 sind die Jahre des Booms, in denen die Illustrierten ganzseitig berichten, wie sich eine bekannte Mailänder Schönheit für die Scala zurechtmacht (Kleid, Schmuck, Friseurbesuch, Make-up), da sind die ungeheuren Brillanten der Robiolina (liebevoll so genannt nach dem Namen des Käses, mit dem sie ihr Glück gemacht hat), der Familienschmuck von Giuseppina Crespi, nur getragen zu Besuchen in der Scala und zum Ball am Josephstag, und dann das Décolleté der Marchesa Anna Casati (sie wird später in der Villa in Arcore von ihrem eifersüchtigen Ehemann getötet); da sind die großen bürgerlichen Familien mit hohem Einkommen, Merzagora, Falck, Fossati Bellani, Brusadelli, Pirelli, Mondadori, Valerio, Fetrinelli, Bonomi, Targetti, Tofanelli, Castellini, und neben den edlen Damen von Rang die Helden der Boudoirs, ökonomisch unwiderstehlich und mit von Kreuzfahrten sonnengegerbter Gesichtshaut, die berühmten Wechselagenten, die großen jüdischen Dynastien (die Männer mit dem untadeligsten Frack) und die schönen Debütantinnen, Lilly, Lety, Chippy, Diamante und Cocò. Es sind die Jahre des harten Kleinkriegs mit Schnabelhieben und Trillern zwischen den beiden Nachtigallen Callas und Tebaldi, der höchst dramatische Momente hat, umsonst bieten sich der Direktor des »Corriere«, Missiroli, und der Erzbischof Montini als Vermittler an.

Größter Aufruhr herrscht, als Burton und Liz Taylor kommen (fünf Redakteure des »Corriere« im Saal), und ein paar Jahre später Rainier und Grace, zusammen mit der Begum und Onassis, um der Callas zu applaudieren. Der Schneider Pierre Balmain erscheint im Frack, mit weitem, schwarzen, mit weißem Atlas gefütterten Cape und Spazierstock mit Silberknauf; Jack Casnedy, der eleganteste Dandy Italiens, mit der üblichen blauen Blüte im Knopfloch, ziert in heraldischer Pose die Proszeniumsloge des Clubino, den Ellbogen auf der Brüstung und das Kinn in die Hand gestützt; außer sich geraten die Photographen sowohl angesichts des Mädchens in Silbershorts als auch angesichts der Dame, die von Kopf bis Fuß in Gold gekleidet ist: es sind die Zeiten, in denen die »Kinder des Olymps«, d. h. die Zuschauer auf den Rängen, blaue Anzüge und Silberkrawatten tragen.

Genau nach dem *Poliuto* im Jahr 1960, bei dem die Stimme der Callas schon ins Wanken geriet, durchläuft auch die Scala der Schauder vor einer sich anbahnenden Mitte-Links-Regierung. Während ihr Schwiegervater Giulio Riva sich allmählich ans Melodram gewöhnt und in der Villa in Saronno regelrechte Satrapenfeste gibt, deren Gästeliste er sich von Leuten zusammenstellen läßt, die die Reichen, auch die Neureichen, anbeten und ganz Mailand kennen, erheben sich eines Abends, als die blonde Luisella, Felicinos Frau und stets sehr elegant, die Loge betritt, von den Rängen Schreie und Beschimpfungen, und es regnet von dort oben Flugblätter mit den Protesten ihrer Arbeiterschaft, der der Baumwollfabrik Dell'Acqua, die vor der Pleite steht.

Zu bekannt sind die Protestaktionen von Capanna im Jahre 1968, um an den roten Lack und die Eier (frische, nicht faule, wie der Leader der Studentenbewegung später präzisiert) auf den Abendkleidern zu erinnern, die jedenfalls die Flucht der aristokratischen und reaktionären Familien (die auch ganz gegen die Verwaltung des Sozialisten Grassi und gegen die Konzerte am 25. April [Tag der Befreiung] eingestellt sind), die massive Verbürgerlichung der Scala und, ein paar Jahre lang, das Ende der Zurschaustellung von Luxus verursachen.

Doch im Jahr 1980 beim *Falstaff* sind die schönsten Pelze die der Männer, auch bodenlange Nerze, und die eleganten langen Kleider gibt es noch, allerdings trickreich verkürzt, zum Beispiel mit Sicherheitsnadeln unter den Mänteln.

Heute ist die Nachfrage nach Logen wieder so stark, daß über die neuen Anfragen unter Aufsicht eines Notars das Los entscheidet. Es gibt drei Abonnementszyklen, A, B und C, und manche Logen gehören noch Familien, bei denen sie vom Vater auf den Sohn übergehen, viele den Neureichen. Es gibt noch die Proszeniumsloge des Clubino (erste Reihe links), sie macht aber nicht mehr halbpart mit der Unione (dem Club der sparsamen Adeligen), sondern teilt sich die beiden angrenzenden Logen mit den Dadi, und auch hier wechseln Namen und Gesichter.

Ein sehr bedeutsames Novum besteht darin, daß die Nachfrage nach Logen und Parkettplätzen heute großenteils aus der Welt der Industrie kommt, von Unternehmern, Banken, Firmen wie Bayer, Pirelli Lepetit, Henkel, Bracco, die die Loge zu repräsentativen Zwecken nutzen, als handle es sich um PR auf höherer Ebene: an einem Abend ein wichtiger Kunde, an einem anderen ausländische Delegationen, die viel größere Musikliebhaber sind als die Italiener, oder der Generaldirektor mit seinem Gefolge. Das Ergebnis? Daß im Schatten der Scala Milliardenverträge abgeschlossen werden.

Aus all dem hat sich die Einrichtung eines Abonnementszyklus ergeben, der den Firmen vorbehalten ist, des Zyklus D.

Weitere Neuigkeit: die Scala weiß, daß sie der Unternehmerschicht einen sehr nützlichen Dienst leistet, weiß, daß sie ihr Prestige und Chic verleiht, und so verlangt sie auch eine Gegenleistung, kurz, eine einmalige Spende, die der oft in großen Schwierigkeiten befindlichen Einrichtung hilft.

Das neue Publikum besteht nicht nur aus den Repräsentanten der Banken, der Firmen und deren Gästen, sondern auch aus Leuten, die eher durch das Fernsehen zur Musikliebe gekommen sind, oder durch die immer perfekter werdenden Tonaufnahmen, die Zunahme musikalischer Revivals, und aus sehr vielen jungen Leuten, die auf eigene Faust Musik studieren. Und während der mittlere und höhere Beamte schon fünfundsiebzig- oder sechzigtausend Lire für einen Parkettplatz außerhalb des Abonnements aufbringen muß, wächst außerdem der Anteil der Geschäftsleute stetig und wird in etwa zehn Jahren über fünfzig Prozent der Zuschauer stellen.

Ebenfalls nicht zu unterschätzen ist die Bedeutung jener stolzen Zunft, die die Ränge bevölkert und oft für aufwieglerisch, gewalttätig, hysterisch und streitsüchtig gehalten wird. Dabei handelt es sich um Leute (heute aus Sicherheitsgründen von achthundert auf sechshundert reduziert, von denen immer mehr junge und ganz junge Leute sind), die der Musik eine fieberhafte Leidenschaft entgegenbringen, die Opern lieben und gründlich kennen – Studenten, Arbeiter, Angestellte, Angehörige der freien Berufe, die zum größten Teil alles wissen, was man nur wissen kann über Atemtechnik, Triller, Phrasierung, Bruststimme. Und außerdem haben sie einen Hang zum Märtyrertum, denn abgesehen vom grausamen Schlangestehen stehen sie auch im Theater die ganze Zeit, gar noch seitlich, so daß sie nichts sehen, aber, äußerst sensibel für Rhythmen und Klänge, nur hören wie die Blinden. Sie schlagen nicht mutwillig Krach, um diesen oder jenen Sänger oder den Dirigenten anzugreifen; aber gewiß sind sie die ersten, die die Unzulänglichen ertappen, und ihre Proteste sind, abgesehen von manchen Unmäßigkeiten, oft die gleichen, die die Kritiker dann in der Zeitung formulieren.

Das ist die Scala von heute, doch der »Tempel von Piermarini« war mir von Kindesbeinen an vertraut, dank jener Frau, die bei uns zu Hause als die berühmte Tante Camilla eine große Rolle spielen sollte.

Tante Camilla war Inhaberin einer Loge in der Scala, die ihr vom Marchese Poldi Pezzoli hinterlassen worden war, Proszenium, vierte Reihe rechts. Sie war sehr reich, sehr geizig, Musikliebhaberin, Juwelensammlerin, fast immer ans Bett gefesselt aufgrund diverser Krankheiten, unter anderem Wassersucht. Sie ging nur aus, um in die Scala zu gehen, und hinkte mühsam die Hintertreppe hinauf, in Pantoffeln und einem riesigen Morgenrock, doch der riesige Morgenrock (aus karmesinrotem Samt mit Spitzenbesatz: bei ihrem Tod bezog meine Mutter einen Sessel damit) war vorn auf der Brust mit einer Unmenge Schmuck übersät, so daß sie von weitem glitzerte, und für jemanden, der kein Opernglas benutzte, wirkte ihr Oberkörper wie der eines hochdekorierten Generals. Zwanzig *Rheingold*-Aufführungen war ihr Rekord als Scalabesucherin.

Sie brachte den Gästen ein Tütchen Bonbons von Baratti & Milano mit, nachdem sie dafür die weniger guten ausgesucht hatte, Kaffee, Crème caracca, Ratafia, Pragelato-Honig. Meine Mutter war oft in der Loge an ihrer Seite, und dort, das (perlmuttverzierte) Fernglas von Zeiss bei der Hand, genoß es die Tante sehr, über die bekannten Schönheiten zu klatschen, die die anderen Logen zierten. »Sagt man was Schlechtes, irrt man sich nie«, war einer ihrer Lieblingsaussprüche. Mama erinnerte sich, daß in den Jahren nach dem ersten Weltkrieg, in jenem magischen Augenblick, wenn allmählich die Lichter verlöschen, sich sehr viele Zuschauer umwandten, um die Loge des Hauses Toscanini zu betrachten (zuerst Nr. 8 in der dritten Reihe, dann Nr. 12 in der zweiten), wo Wallys schöner Kopf aus Metern und Metern von jeden Abend andersfarbigem Tüll oder aus riesigen Fächern aus schwarzen oder rosafarbenen Straußenfedern hervorkam. Und durch die ganze Scala lief ein Flüstern der Bewunderung.

Wally war bekannt für ihre Anmut, aber auch, weil sie Protagonistin des großen mondänen Skandals des Jahrhunderts gewesen war, bei dem es eine der ersten Scheidungen in der Mailänder Gesellschaft gegeben hatte. Mit achtzehn Jahren hatte sie sich in einen Mann verliebt, der nicht frei war, und den zu heiraten ihr erst nach zwölf Jahren gelungen war, in Budapest.

Nach dem Tod von Tante Camilla, die ich nie kennengelernt hatte, und nachdem auch ihr zweiter Mann Bassano Gabba gestorben war, ehemals Bürgermeister von Mailand, wurde mir, eben weil ich den Namen seiner Auserwählten trug, neben vielen anderen Dingen auch die Loge in der Scala vererbt. Ich war noch ein Kind (kurze Zeit darauf wurden die Logen enteignet), versäumte keine Vorstellung und liebte diese Loge über alles, denn von dort oben konnte man einen guten Teil der auf der Bühne angewendeten Tricks sehen. So verliebte ich mich zum ersten Mal in den Tenor Pertile, der in einem Bötchen in Form eines Schwans daherkam, das von versteckten Bühnenarbeitern an Seilen gezogen wurde. Und ich machte mir gar nichts aus mir gleichaltrigen Jungen mit Eaton-Jacket aus schwarzem Tuch und gestärkten Krägelchen mit abgerundeten Ecken.

So hat mich der Zauber der Oper in seinen Bann geschlagen, und ich ging danach in die Scala, so oft ich nur konnte, manchmal auf die Galerie, oft in Logen von Freunden, ohne Tante Camillas Ausdauer bezüglich des Nibelungenrings zu besitzen, nie aber ist mir eine Oper von Verdi, von Rossini entgangen, Bellini, Donizetti, Puccini hörte ich etwas weniger. Noch jetzt rührt mich der Anblick eines Orchesters (glänzende Hölzer, mit allen Reflexen von Braun, Amarantrot und Blond, das Silber der Flöten, die Funken, die vom glänzenden Messing aufstieben) in gleicher Weise wie jene seltsame Faszination, die ausgeht vom Verlöschen anderer geliebter Farben, crème, Karmesinrot und Gold.

DARIO FO *Nicht alle Diebe richten Schaden an*

Der Dieb öffnet gewaltsam das Fenster und betritt die Wohnung im dritten Stock eines luxuriösen Apartementhauses. Er trägt die übliche Taschenlampe und blickt um sich. Undeutlich erkennt man Möbel, Vorhänge und alte, wertvolle Gemälde. Der Dieb schließt die Jalousien und schaltet das Licht an.

Während er damit beginnt, eine Schublade aufzubrechen, läutet das Telefon. Er schrickt zusammen und will fliehen. Da sich im Haus nichts rührt und er feststellt, daß er nichts zu befürchten hat, kehrt er wieder zurück. Er versucht das Läuten zu ignorieren, was ihm mißlingt. Geduckt und sachte nähert er sich dem Telefon, um sich dann auf den Apparat zu stürzen. Er reißt den Hörer an sich und tut so, als wolle er ihn ersticken, indem er die Muschel an seine Brust preßt und mit der Jacke zudeckt. Aus dem Telefonhörer kommt eine Stimme, die immer kläglicher wirkt und tatsächlich zu ersticken scheint.

MARIA: Hallo? Hallo? Warum antworten Sie nicht? Mit wem spreche ich?

Die Stimme bricht ab. Der Dieb seufzt erleichtert. Er zieht den Hörer unter seiner Jacke hervor, hebt ihn vorsichtig zum Kopf, nähert ihn seinem Ohr und schüttelt ihn mehrfach.

DIEB: *erleichtert* Endlich!

MARIA: Mit wem spreche ich?

DIEB: *wieder erschrocken* Maria? Bist du es?

MARIA: Ja, ich bin's! Warum antwortest du nicht?

In einer Ecke der Bühne, die bisher im Dunkel lag, wird die Frau sichtbar, mit der er telefoniert.

DIEB: Bist du verrückt geworden? Mich bei der Arbeit anzurufen? Wenn jetzt jemand ans Telefon gegangen wäre, wie hätt' ich dann dagestanden?

MARIA: Aber du hast selber gesagt, die Leute wären aufs Land ... Entschuldige bitte. Ich hab's nicht mehr ausgehalten, ich hab' mir solche Sorgen gemacht. Als du dich eben nicht gemeldet hast ... dachte ich, ich ersticke.

DIEB: Verzeih, das war nicht mit Absicht. Ich wußte nicht, daß du am Apparat warst.

MARIA: Was redest du da?

DIEB: Nichts, nichts. Ich muß jetzt weitermachen. Ich hab' schon genug Zeit verloren.

MARIA: Ach, stehle ich dir die Zeit? Vielen Dank! Ich rege mich auf, ängstige mich, verzehre mich ...

DIEB: Was machst du?

MARIA: Ja, ich verzehre mich... nach dir. Und du behandelst mich so... Freundlich, wirklich sehr freundlich. Aber mach dir keine Sorgen... ich werde mich nicht mehr verzehren, von jetzt ab... In Zukunft will ich gar nicht mehr wissen, wo du hingehst!

DIEB: Aber Liebste, sei doch vernünftig. Wann begreifst du endlich, daß ich nicht hier bin, um mich zu amüsieren?! Wann darf ich endlich einmal in Ruhe klauen?!

MARIA: Fängst du schon wieder an, den Märtyrer zu spielen? Es gibt zahllose Menschen, die einbrechen oder einen Raub begehen, sogar bewaffnet... die machen kein solches Theater wie du. Ein Glück, daß du nicht auf Trickdiebstahl mit Unterschlagung spezialisiert bist... was würde ich dann erst zu hören bekommen! Ich Ärmste.

Der Dieb hört im Hintergrund ein merkwürdiges Geräusch und bedeckt die Hörmuschel instinktiv mit der Hand.

DIEB: Still!

Glücklicherweise war es nur das surrende Geräusch, das dem Schlag der Standuhr vorausgeht. Es schlägt elf.

MARIA: Was ist das?

DIEB: *spürbar erleichtert* Die Standuhr. Gott sei Dank.

MARIA: Sie hat einen schönen Schlag... bestimmt eine alte Uhr... Ob sie schwer ist?

DIEB: *zerstreut* Die wiegt bestimmt...

Er bemerkt plötzlich, was seine Frau sagen wollte.

Du denkst doch nicht etwa, ich könnte die Uhr mitnehmen?

MARIA: Wo denkst du hin?! Wie könnte ich an so etwas denken? Du und eine kleine Aufmerksamkeit für mich... daß du mir mal ein kleines Geschenk mitbringen würdest... nie!

DIEB: Du begreifst gar nichts... ja, wirklich... Wenn ich mir diesen Sarg auflade, kannst du mir sagen, wo ich dann das Silber und die anderen Sachen hintun soll?

MARIA: In den Sarg...

DIEB: Warum verlangst du nicht, daß ich auch noch den Eisschrank mitbringe... Hier in der Küche steht ein 200-Liter-Kühlschrank!

MARIA: Nicht so laut, bitte... du bist nicht zu Hause...

DIEB: Entschuldige, ich bin etwas nervös.

MARIA: Ich meine, nicht nur, weil man dich hören könnte. Es ist auch ungezogen, so zu schreien.

DIEB: Ich habe mich entschuldigt.

MARIA: Außerdem habe ich nie gesagt, daß ich einen Eisschrank will, schon gar nicht für 200 Liter. Ich wüßte überhaupt nicht, wohin damit. Ich wär schon mit einer Kleinigkeit zufrieden.

DIEB: Aber wie soll ich wissen, was du haben willst... ich hab' andere Sachen im Kopf...

MARIA: Wenn du willst, komm ich und such' mir selber was aus...

DIEB: Bleib, wo du bist!

MARIA: Ich würde so gerne mal eine wirklich vornehme Wohnung sehen... Meine Freundinnen würden platzen vor Neid.

DIEB: Ich platze auch gleich, aber nicht vor Neid!... Ich bin hier, um zu stehlen, verstehst du? Ciao, leb wohl!

MARIA: Warum hast du es so eilig? Es kostet dich doch nichts... Kannst du nicht einmal ein bißchen freundlich sein? Ich bin doch deine Frau... schließlich sind wir sogar kirchlich getraut, nicht nur auf dem Standesamt, als wäre ich bloß deine Konkubine.

DIEB: Ich sagte: Ciao!

MARIA: Wenigstens ein Küßchen...

DIEB: Also gut...

Er spitzt komisch die Lippen und gibt einen schmatzenden Kuß.

MARIA: Magst du mich noch?

DIEB: Ja... ich mag dich.

MARIA: Ganz doll?

DIEB: *resignierend* Ganz doll! Leg jetzt endlich auf...

MARIA: Erst du...

DIEB: Meinetwegen... erst ich...

Er will den Hörer auflegen, aber aus der Muschel hört man seine Frau laut rufen.

MARIA: Vergiß das Geschenk nicht!

Der Dieb legt den Hörer rasch auf und schaut ihn haßerfüllt an. Gleichzeitig verschwindet die Frau im Dunkel.

ALBERTO ARBASINO
Erinnerung an Giangiacomo Feltrinelli

Ich möchte eines sehr guten und viel beweinten Freundes gedenken, Giangiacomo Feltrinelli, der so schnell und so vorzeitig eine geheimnisumwitterte Persönlichkeit wurde, als hätte er in weit zurückliegenden und der Erkenntnis unzugänglichen Epochen gelebt: schon vom Tage jener gespenstischen Beerdigung an, deren ich mich – vor jenem babylonischen Familiengrab stehend – noch ganz genau entsinne. Die Tränen, die einem alten mailändischen Herren über das Gesicht liefen, der ihn seit Jahrzehnten gekannt und gerne gemocht hatte und dem im Angesicht des Sarges entfuhr: »Wie oft haben wir uns beim Essen amüsiert«; und die rhythmischen Rufe: »Genosse Feltrinelli, wir werden dich rächen«, die von Jugendlichen in Parka und mit geballter Faust kamen, die ihn niemals kennengelernt hatten.

Bezeichnendes ereignete sich hier. Am Grab gab es mehrere Redner. Während Maria Antonietta Macciocchi spricht, flüstert man sich in der Gruppe Jugendlicher um mich herum zu: »Das ist die Cederna! Das ist die Cederna! Wir hören die Cederna!« Im Glauben, einen nützlichen Hinweis zu geben, sage ich: »Das ist die Macciocchi.« Ich werde umringt und behandelt wie ein Provokateur, und es fehlt nicht viel, und ich kriege Prügel. »Das ist die Cederna!« brüllen sie und umstellen mich bedrohlich. Dann ergreift Klaus Wagenbach das Wort, Freund und langjähriger Berliner Bezugspunkt für Feltrinelli. Und die Jugendlichem im Chor: »Es spricht Del Bo! Wir hören Del Bo!« Und ich kann nicht widerstehen: »Das ist der Wagenbach, der spricht doch Italienisch mit deutschem Akzent. Warum sollte denn Giuseppe Del Bo in Mailand Italienisch mit deutschem Akzent reden?« Erneut als Provokateur bedroht, mußte ich unter Brachialgewalt den Rückzug antreten und darauf verzichten, weitere Erläuterungen zu liefern. Später habe ich das Enzensberger erzählt, der mir sagte: »Wieso? Hast du nicht begriffen, daß die Zeit der Aufklärung vorüber ist?«

Die lombardische Aufklärung, d. h. die europäische und konkrete Linie der Ex-Untertanen Maria Theresias, war gegenüber dem neapolitanischen Idealismus, d. h. der mediterranen und abstrakten Linie der Ex-Untertanen der Bourbonen, schon immer – vor allem aber in der Politik – auf der Verliererseite; dieses Faktum hat sich in den letzten Jahrzehnten zunehmend verdichtet: weit ab von Horkheimer-Adorno handelt es sich um die Gegenwartsgeschichte der KPI. Ein weiteres Faktum ist die abnehmende Vitalität der lombardischen

Großbourgeoisie gegenüber dem räuberischen Jungunternehmertum, ihr Sinn für die Agonie (deren scharfsinnigster Soziologe Gadda bleibt), ihre Unfähigkeit (verglichen mit der französischen Bourgeoisie zum Beispiel), Strukturentwicklungen vorauszusehen und die Infrastruktur einer Gesellschaft der Überbevölkerung zu organisieren – auf einem Territorium, in dem sich die technische und die politechnische, die ländliche, die elektrische, mechanische, hydraulische, milch- und textilwirtschaftliche Kultur beständig vermischt mit der Kultur der Invasionen, der Hungersnöte, der Pestepidemien.

Vor diesem Hintergrund – wenn man denn ein wenig Geschichte in alter Manier treiben wollte – haben gewisse tragische Todesfälle des Vaters und anderer Verwandter väterlicherseits sowie die schwierigen Beziehungen zu einer Mutter von hartem Charakter ganz ohne Zweifel ein beachtliches Gewicht gehabt. (Im übrigen handelt es sich um die Epoche starker und bedeutender mütterlicher Gestalten, sehr viel mehr als in den Jahren des Feminismus: Donna Giuseppina Crespi, Nathalie Volpi, Mimi Pecci-Blunt, die Mütter von Giovanni Spadolini und Pier Paolo Pasolini, die Principessa Colonna, die Botschafterin Attolico sowie eine gewisse Visconti di Mondrone, um bei der Mutter Luchinos anzufangen...). Auch die Aufenthaltsorte werden einen Einfluß haben: im Fall von Giangiacomo Feltrinelli werden ein bayerisches Mausoleum am Gardasee (später Sitz des Duce zur Seite von Salò), eine kleine Burg auf dem Argentario (der damals noch verlassen war) und eine Jagdhütte in der Steiermark, vollgestopft mit Jagdtrophäen und Hirschgeweihen vollkommen anderes bewirken als die bildenden Aufenthaltsorte von Gianni Agnelli: Villen im Viareggio della Capannina, an der Côte d'azur der Café-society oder (im späten Rothschild-Stil) im Pinerolo der Kavallerie.

Giangiacomo war von einem ausgesprochen scheuen und aggressiven Charakter; er war sehr puritanisch und doch zu übertriebenen Heiterkeitsausbrüchen in der Lage, beinahe unfähig jedoch, zu entspannen. Bedürfnisse: keine. Wünsche: keine Rede davon. Er besaß einige ganz deutlich großbürgerliche Züge: Er bewertete die Wirtschaftlichkeit von Transaktionen geradeheraus und ohne Umschweife; wenn er eben mal so Kosten- und Ertragsrechnungen aufs Papier warf, hatte das fast schon etwas managerhaft Gespreiztes; er verstand es, das Thema durch höfliche Fragen nach einem den Gesprächspartner interessierenden Problem zu wechseln, wenn die Unterhaltung in eine Sackgasse geraten war; er fürchtete, auch wenn er es nie zugab, nur wegen seines Geldes aufgesucht zu werden, und so legte er eine gewisse Zurückhaltung an den Tag, es fiel ihm schwer, einfache und unkomplizierte Beziehungen aufzubauen. Aber der managerhafte Ton verschwand sofort, wenn man das Büro verließ und ein Mittagessen oder ein Wochenende gemeinsam verbrachte: als sei es sein Vorsatz, das Privatleben vom Business ganz sichtbar zu trennen.

Ich möchte keine falsche Naivität vorschützen, aber es ist mir unverständlich, wieso er bisweilen als exzentrischer Mailänder galt. Natürlich, in einem Ambiente, wo neunundneunzig ihren Urlaub in Portofino verbringen und höchstens einer auf Safari nach Kenia geht, da kommt einem einer, der nach Cuba fährt, extravaganter vor als etwa in London, wo einer nach Brighton fährt und die anderen neunundneunzig nach Samarkand oder Kaschmir. Aber durch die fortwährende Unruhe und die Wellen von Begeisterung hindurch spürte man vor allem eine große Lebhaftigkeit, ein unerschöpfliches Übersprühen. Ich erinnere mich zum Beispiel an eine *Geschichte des Geschmacks im Italien des 19. Jahrhundert* (die nicht realisiert wurde, weil mir die Lust ausging) und die Begeisterung für Papierservietten und kolorierte Kartenspiele, die für einige Zeit die Buchhandlungen Feltrinelli füllten. (Wenn der italienische Film nicht ungenau und einfältig wäre, dann läge hier der Stoff, aus dem ein kleiner neuer Orson Welles einen kleinen neuen *Citizen Kane* machen könnte).

In der gemeinsamen Arbeit, so erinnere ich mich, waren die Konzeption und Durchführung zahlloser, ganz verschiedener Buchprojekte, die beruflichen Gespräche und Verhandlungen zu zweit höchst effizient und kompetent. Mit gewissen ironischen Spitzen: Rizzoli, sagte er lächelnd, könnte ihm niemals einen Autor abspenstig machen, denn sonst hätte er der Mannschaft von Milan, deren damaliger Präsident Rizzoli war, den Sitz im Erdgeschoß der Via Andegari gekündigt, an dem Rizzoli besonders lag. Und wenn er sich mit eher experimentellen denn professionellen Mitarbeitern umgab, um so besser für die Zukunft.

Villadeati – die Sommervilla – mit lokalem Wein, Salami und Grappa war ein sehr angenehmer ›hoher Ort‹ für Gespräche und Entspannung im Frühling oder Herbst, ebenso wie der große Salon in Mailand mit allen Büchern des Verlages, dem irischen Whisky, einer Madonna im Stile Leonardos, ein Geschenk der Großmutter für den Enkel, sowie den vielen Gästen auf der Durchreise und dem ganzen neoprogressistischen Mailand der Epoche des Booms; etliche waren dabei, die Geld für kulturelle Initiativen entgegennahmen und dann so taten, als wäre nichts gewesen. Die Villa auf den Hügeln hinter Casale ist wahrhaft die profane, eben barocke, Umschreibung eines Heiligen Berges auf der Grenze zwischen Gegenreform und Reform, mit Treppen, Gängen, Kapellen und Türmchen, die am ehesten den Vergnügungen eines Provinzlibertins des 18. Jahrhunderts entsprechen: in Wirklichkeit gehörte sie jedoch Filippo Burzio, einem feinsinnigen Essayisten und Journalisten (dazu noch Experte in Ballistik) aus dem alten königlichen (und rechtmäßigen) Piemont.

Immer weiter entschwindet die Erinnerung – fast alle sind wir inzwischen gestorben – an ein überfülltes Fest an diesem Ort, ein großes rustikales Sonntagsfrühstück im September, als Italien noch frei von Sorgen war mit einem jungen und sehr kultivierten Mailand – das einem heute vorkommen kann wie eine Mixtur aus dem Urbino von Baldassar Castiglione und dem Salon der Gräfin Maffei... An jenem Sonntag in Villadeati, der heute so weit zurückliegt wie *Vom Winde verweht*, spielte die Musikkapelle des Ortes von einer Loggia aus Monferriner Weisen, und »Mailand war vollständig versammelt«; Giangiacomo servierte Wally Toscanini, die auf dem Rasen saß und (wie Gadda) sagte: »Ausgezeichnet, ausgezeichnet«, Würstchen und Huhn; Giannalisa und Inge beide ganz in Rot, sprachen auf Deutsch von einem Türmchen zu einem Balkon miteinander, und Pietrino Bianchi schaute verzückt nach oben: »So, genau so sollte das italienische Kino sein, so hätte man *La notte* drehen sollen...«. Und dann kam Pietro Ferraro (gestorben) im Sturzflug mit dem Flugzeug und verstreute Glückwunschzettel für Giangiacomo und Inge, die sogar auf dem Teller mit Nachspeisen landeten, den ich mir gerade mit Ernesto Rogers (gestorben) teilte...

Einige Jahre später, im Herbst 1969, veranstaltete Inge, wiederum am Sonntag, ein Fest vom Mittag bis in die Nacht hinein, um die verstreuten Freunde zu versammeln. Da kam in der Abenddämmerung ein Bauer – es war Prandino Visconti in Bauernkluft – und fragte: »Seid ihr denn verrückt?« Und wenig später einer aus den Bergen, es war Giangiacomo, als Jäger verkleidet: »Ich bleibe einen Moment und umarme euch, aber ihr seid ja alle verrückt!« Und als wir ihn fragten, ob Brot, Salami und Wein und das Zusammensein mit den Freunden (alles seine Freunde, darunter auch ganz enge) nicht mit jeder ideologischen Situation vereinbar sei, da erwiderte er – fast dogmatisch – *nein*!

Und dann haben wir, in der allerletzten Zeit, ein gemeinsames Essen im Don Lisander in Mailand gehabt. Es war im Garten, also wird es im Sommer seines letzten Jahres gewesen sein. Ich muß gestehen, es wunderte mich wenig, ihn, der doch seit langer Zeit als untergetaucht galt, dort im Zentrum Mailands zu sehen, nur wenige Meter von seinem Verlag und von der Bank entfernt, die er einstmals gemeinsam mit dem Vatikan besessen hatte und mit deren Scheck er dieses Essen bezahlte. Tatsächlich war es aber in jenen Tagen gar nicht selten, auch in noch besseren Häusern als dem seinen Mailänder zu finden, die auf arm und einfach machten, das

Dienstpersonal beiseite drängten und sich das Rührei nach dem Kino selber zubereiteten.

Außerdem hatte sich zur selben Zeit einer in einem Bordell in der Folsom Street in San Franzisko anketten und mit flüssigem Wachs übergießen lassen; eine andere hatte sich gerade in ein stürmisches Meer gestürzt, um dann aber von einem ganz bestimmten Boot aufgefischt zu werden (und hier begann für sie eine neue, sehr glückliche Geschichte). Wieder ein anderer rammte den Arm bis zum Ellenbogen in unglückliche Opfer auf Fire Island; halt machte er erst, wie er mit Bologneser Akzent sagte, wenn er das Ding da fühlte, das schlägt, das Herz. Und wieder eine andere erhielt gerade die Auszeichnung, ihren Mann in der Bowery erstochen zu haben (der ihr ein unermeßliches Bankguthaben hinterließ). So schien mir Giangiacomos ›Trip‹ (meine Schuld, daß ich weder Geschichte noch Prozesse noch Chroniken vorhersah) ein wenig gegenüber diesen anderen Eskapaden zu verblassen. Auch war ich mehr als einmal sicher gewesen, daß sich innerhalb weniger Tage ein Staatsstreich ereignen würde, der dann doch nicht kam. Und außerdem kamen mir gewisse Züge Cubas – der Chef in militärischer Uniform im Büro, der Chef auf einer Landmaschine, der sportliche Fackellauf, die applaudierende Jugend im Stadion und vielleicht auch der eine oder andere Handstreich in Afrika – eher wie ein *déjà vu*, wie ein Revival der dreißiger Jahre vor, wie Material für Photographien zum Verschenken. Für eine neue *resistenza* zu trainieren, in den Wäldern zu schlafen und einfach zu essen, das ähnelte mir – der ich über dreißig Jahre lang viel zu einfach gelebt hatte – allzusehr dem katholischen Moralismus meiner ›bösen‹ Großmutter, die – ganz im Gegensatz zu meiner ›guten‹ Großmutter (vollständiges Laisser-faire mit den Enkeln) – von ihrem Rollstuhl aus behauptete, man müsse sich an Opfer und Verzicht gewöhnen, denn immer könnten neue Kriege und Hungersnöte ausbrechen; und wenn wir als Jugendliche zum Tanzen gingen, ermahnte sie uns: »Das werdet ihr mit Blut und Tränen bezahlen!« Außerdem schien mir die Dringlichkeit der Militarisierung fragwürdig für ein streitsüchtiges Land, in dem man – wie im Oltrepò Pavese meiner Kindheit – immer wieder gesehen hat, wie der Durchschnittsbürger nur allzu bereit ist, jede Gelegenheit und jeden Vorwand auszunutzen (selbst die Schwarzen Brigaden und die SS), um unsympathische Mitbürger und erfolgreiche Mitkonkurrenten beiseite zu schaffen. Kurz und gut (kann sein, daß das eine kurzsichtige Optik der Dinge ist, aber das ist ein Berufsübel), mich interessierte damals vor allem die Freiheit, alles nur Erdenkliche lesen und schreiben zu können, und auch die Möglichkeit, unbehelligt von Italien nach Cuba, aber auch umgekehrt, reisen zu können.

Im übrigen trat bereits bei einigen, teils auch recht privilegierten

Freunden jene etwas obsessive und zudem vom Rest des Landes kaum geteilte Manie zutage, derzufolge das »nachachtundsechziger« Italien Exerzierfeld von Unterdrückungs- und Repressionsmaßnahmen sei, die möglicherweise noch nicht deutlich erkennbar wären, die aber auf jeden Fall einträten und seitens der Gesellschaft und des Systems die Arbeiter, die Nicht-Arbeiter und die Jugendlichen aufs schwerste treffen sollten. Man erkennt schon die Deduktionen, nach denen jede Festnahme im Gefolge von Terrorismus und Mordanschlägen Teil einer gewaltigen Strategie sein sollte, um zum ›compromesso storico‹ zu gelangen, aber nicht als Pakt, sondern als Verschwörung. Und ebenso den nachfolgenden Strom heftiger Diskussionen und auch von Blut im Umfeld der Thematiken »cui bono« und »ohne hinreichenden Grund«.

Auch sprach man von einem gewissen Mißtrauen in die Zentralität der Arbeiterklasse: Das schien mir purer, gesunder, lombardischer Menschenverstand, denn wie kann man – außer poetisch – die Zentralität einer Institution wie der Fabrik ernst nehmen, wenn dies gerade das Zentrum der Schädlichkeit, der Unfälle, des Absentismus, der Verschmutzung, der Korruption, der zu Lasten der Gemeinschaft verschleuderten Milliarden und der Arbeitsverweigerung der jugendlichen Kinder des Booms wird? Und tatsächlich behauptete Giangiacomo, daß die Fabriken, wo man aus Angst, den Job zu verlieren, sehr konformistisch ist, sich nur dann erheben, wenn sie durch eine klandestine Aktion und außergesetzliche Stimuli dazu angestachelt werden (die mir ein wenig romantisch, abenteuerlich und pittoresk vorkamen, und – aus meiner Sicht – auch nicht sehr befriedigend oder wie ein großer Trip).

Hier trat meine lombardisch-altaufklärerische Haltung gegenüber seiner bemerkenswerten Utopie zutage: Einverstanden, ich würde die Fabriken zerstören, weil sie Mord, Konflikt und Schulden in einer Nation produzieren, die sich nur auf Handwerk, schöne Künste und Tourismus versteht; und ich bin heute noch überzeugt, daß die Salzburger Festspiele eine bessere Investition als Alfasud sind. Aber wie kann man das alte Haus abreißen, ohne eine Vorstellung vom neuen zu haben? Wer keine Zweitwohnung oder einen Freund im Kanton Tessin hat, der ihn beherbergt, wo soll der in der Zeit zwischen Zerstörung und Neuaufbau hingehen?

Aber an dieser Stelle (vielleicht mißverstanden wir uns) rief er heiter aus: Alle diese schrecklichen modernen Bauten der Spekulation, die reißen wir ab, denn es handelt sich um provisorische Bauten! An ihre Stelle kommen Gärten!

Weniger Einigkeit dagegen bestand, wenn es um die Grausamkeit des Staates und die Vergleiche mit Deutschland ging. Klar, auch die Innung der Funktaxis wird eine Gesellschaft des Todes, wenn man sie fortwährend provoziert und angreift, bemerkte ich ihm gegenüber, als er behauptete, unser System sei eines der blutrünstigsten und gewalttätigsten, eines von denen, die zu jedem Übergriff bereit sind. Aber gehört es nicht auch zu den konfusesten und hirnlosesten? Und reproduziert es nicht in diesem Mischmasch von Charakterzügen genau die charakteristischen, typischen, ewigen Züge der Italiener, Präpotenz und den ganzen Rest? Kann man einem ganzen Volk den Kopf austauschen? Ich wäre sofort dafür, für den Zeitraum des Übergangs würde ich nach Ascona umziehen, aber wie kann man den Huxleys und den Orwells und ihren Visionen einer Menschheit recht geben, die von gnadenlosen Maschinen kontrolliert wird, wenn wir nicht nur nicht in der Lage sind, die Flughäfen oder die Post zum Funktionieren zu bringen, sondern noch nicht einmal eine funktionierende gleitende Lohnskala oder einen Zigarettenautomaten besitzen, aus dem auch Zigaretten herauskommen? Und wie können wir, mit unserer Hysterie und unserer Schlafmützigkeit, dem Vergleich mit den deutschen Unterdrückungsmaßnahmen standhalten, wenn doch die Intoleranz und der Autoritarismus vom System des Westens zu dem des Ostens sich nicht sehr wandeln, sondern viel eher und überall vom Kleinen Mann der Straße – und Hans Falladas – abhängen, und folglich ethnische, anthropologische und klimatische Gegebenheiten sind, so wie eben in bestimmten Ländern immer die üblichen Zitronen blühen und in anderen, wer weiß weshalb, die üblichen Kanonen?

EDOARDO SANGUINETI

Die großen und die kleinen Dinge
Brief an Leonardo Sciascia

Lieber Sciascia, Montag war ich im Rathaus, hier in Genua, in der Sitzung; ein Stadtrat trat an einem gewissen Punkt auf mich zu und, mir ein Buch reichend, in dem einem bestimmten Kapitel als Motto ein Passus von Gramsci vorangestellt war, ein recht bekannter übrigens, hat er mich zu dessen neuerlicher Lektüre aufgefordert. Der Passus, der, auch aus dem Kontext genommen, recht guten Eigenwert behält, lautet: »In der Realität erscheinen die Schwierigkiten, von wo aus man auch immer zu handeln beginnt, sofort besorgniserregend, weil man niemals ernsthaft über sie nachgedacht hat; und da man immer bei kleinen Sachen anfangen muß (die großen Sachen sind zumeist eine Gesamtheit kleiner Sachen), entrüstet man sich über die ›kleinen Sachen‹; es ist besser, weiter zu träumen und die Tat auf den Augenblick der ›großen Sache‹ zu verschieben«. Und Gramsci stellt dem »Wachposten«, der sich langweilt, mit viel Ironie den »Helden« der »großen Stunde« gegenüber.

Du siehst, meine kleine Geschichte erscheint sogleich maliziös, weil sie mich im Stadtrat darstellt (als Unabhängiger in der Liste der KPI gewählt, und nicht zurückgetreten). Ich kann Dir auch sagen, daß ich aus schwerwiegenden persönlichen Gründen darum gebeten hatte, gleich nach der Wahl zurücktreten zu dürfen, und daß man mir zuredete, auf meinem Posten zu bleiben: und das habe ich getan. Und glaube nicht, ich sei davon überzeugt, besonders nützlich zu sein, im Rat. Ich weiß, daß Du seinerzeit die Gründe für Deinen Rücktritt ausführlich erklärt hast; doch ich beschränke mich auf den wesentlichen Grund, und der war keineswegs strikt persönlich: es war eine Klage über die Nutzlosigkeit der »Rolle der ›Konfrontation‹, die die kommunistische Gruppe anstelle der einer Opposition gewählt hatte«. Das ist ein globales politisches Urteil, das die gesamte Strategie der Partei betrifft. Und Du hast mit der Partei zusammengearbeitet, erklärst Du, indem Du zurückgetreten bist. Es ist alles klar, und alle haben wir seinerzeit davon Kenntnis genommen. Viele Deiner Unschlüssigkeiten und Zweifel teile ich wahrscheinlich. Vielleicht sind die meinen sogar noch größer, jedenfalls offensichtlicher, hier in Genua, durch die Tatsache, daß die Partei in der *Giunta* sitzt, in der Stadtregierung. Doch nicht davon soll hier die Rede sein.

Meine kleine Geschichte, das möchte ich betonen, ist weniger maliziös, als es den Anschein hat. Ich glaube, daß der Genosse, als er mir den Auszug jener Anmerkung Gramscis vorlegte, von dessen Wahrheit betroffen, sich an mich gewandt hat, zumindest unbewußt, um mich zu trösten. Er wollte vermutlich, wenn auch instinktiv und unüberlegt, mein eventuelles Gefühl von Frustration, von Nutzlosigkeit taktvoll mildern. Er wollte mich, kann man annehmen, über die Tatsache hinwegtrösten, daß ein »homme de lettres«, eher noch als ein »Intellektueller«, wie Du es vorziehen würdest, der ja mit mangelhaftesten technisch-administrativen Kompetenzen begabt ist, sich sehr oft darauf beschränkt findet, alles bei seiner erhobenen Hand bewenden zu lassen, bei dem Akt, zahlenmäßig seine Stimme denen der Genossen der Gruppe hinzuzufügen, in einer Situation und Lage, in der er vollkommen ersetzbar ist durch jeden beliebigen anderen Genossen. Nicht selten könnte der beliebige andere Genosse sogar in jene Geste ein Mehr an Überzeugung hineinlegen, und sei es nur aufgrund einer größeren Kompetenz, eines größeren Interesses, einer größeren Teilnahme u. ä.

Nun gut, lieber Sciascia, auf die Gefahr hin, Dir stark des Masochismus verdächtig zu erscheinen, gestehe ich Dir, daß ich in gewisser Hinsicht meine Rolle als Stadtrat, genauer: als Abstimmender mit erhobener Hand, genieße: denn ich genieße es, in gewisser Hinsicht, auf meine Weise den »Wachposten« zu spielen. Das ist ein moralischer Genuß von einer Art, die, vermute ich, alles andere als rar ist. Und wenn Du mich des Masochismus verdächtigen solltest, fürchte ich, daß Dir in diesem Sinne eine sehr stattliche Anzahl möglicher moralischer Genüsse verdächtig sein müßte. Für einen Mann, der obschon unwürdigerweise zur Kategorie der »hommes de lettres« gehört, ist es, glaube ich, eine würdige und richtige, gerechte und bekömmliche Sache, ab und zu ein paar »kleine Sachen« zu machen, indem er, wie Gramsci sagte, irgendeine »belastende, langweilige, ermüdende« Funktion übernimmt. Und dann ist die Belastung ja doch recht begrenzt, die Langeweile wird aufgewogen durch einen beträchtlichen Erwerb konkreter Kenntnisse, und es gibt im Leben gewiß sehr viel ermüdendere Situationen.

Wie Du siehst, habe ich die Sache wirklich von ihrem Anfang her angepackt, aber ich werde mich trotzdem ganz kurz fassen, da für mich die Schlußfolgerung daraus schon gänzlich in diesem ihrem Anfang enthalten ist.

Ich rede nicht Deinetwegen, auch weil ich Dich gar nicht kenne. Ich spreche vielmehr für diejenigen, die beabsichtigen, aus Deinem »Rücktritt« eine Lehre zu ziehen. In Übereinstimmung mit den Worten eines »großen Intellektuellen« und Senators wie Montale, rufst Du nicht nur die »hommes de lettres«, nicht nur die »Intellektuellen«, sondern alle Bürger dieser Republik auf, nicht nur nicht ihre Haut zu riskieren für eben diese Republik, sondern keinen Finger krumm zu machen für sie. Du rufst sie auf, als Bürger zurückzutreten. Weil die Republik verkommen sei. Und Du unterstellst die Idee, daß die Arbeiterklasse, daß die Arbeiter, daß die politischen Parteien, die sie vertreten, heute die Absicht hätten, die Republik zu verteidigen »so wie sie ist«. Ich stelle mir vor, daß Du, hättest Du Dich mit mehr Geduld und Demut über die »kleinen Sachen« gebeugt, und wärest du weniger sicher gewesen, schon im voraus genau zu wissen, »wie es ausgeht«, daß Du dann heute nicht gezwungen wärest zu hoffen, Du möchtest Dich irren, mit Dir selbst zu wetten im Namen ärmlicher Hoffnungen, und dabei auf Deine sauberen Hände und Dein ruhiges Gewissen zu pochen. Um diese Sauberkeit und Ruhe kann ich Dich, wenn Dir daran liegt, einstweilen sogar beneiden. Doch wenn man gezwungen ist, so wie jetzt, über »große Sachen« zu sprechen, so scheinen mir jene Sauberkeit und jene Ruhe recht private Angelegenheiten zu sein, in beschränkter Weise konsziential, und im Grunde nicht hierher gehörig.

Du hast Angst vor dem »großen Mülleimer«, in den man den »Dissens« zu werfen versucht. Aber ich habe eine unendlich viel größere Angst: ich habe Angst vor denen, die seit jeher, Leoparden oder Hyänen, diese Nation zu einem »großen fauligen Mülleimer« gemacht haben, sich aber stets als fähig erwiesen haben, in der einen oder anderen Weise eine gewisse Freiheit zum »Dissens«, und sicherlich viel Freiheit zum Rücktritt für die »hommes de lettres« zu garantieren, wenn sie nur sauber und ruhig waren.

Es wäre an der Zeit, daß die »hommes de lettres« begännen, sich als »Intellektuelle« zu begreifen, auch wenn sie, gedemütigt und enttäuscht von der politischen »Konfrontation«, im Namen einer anderen Oppositionsstrategie die langweilige Stelle als »Wachposten« nicht annehmen. Es ist schön, und es ist süß und ehrenvoll, Mitglied der Republik der Literatur zu sein oder sich als solches zu fühlen, aber es ist keineswegs unziemlich, sich auch ein wenig als Mitglied der italienischen Republik zu fühlen, mitverantwortlich für sie und zu einem Teil in Mitleidenschaft gezogen davon, daß sie so verkommen ist. Wenn Dir das Bild des »Wachpostens« nicht gefällt, schlage ich Dir das des »Müllmannes« vor, das Du ja bestimmt mögen wirst. Es ist weniger kriegerisch – eine glückliche Einbuße. Dafür aber hygienischer.

Am ersten Tag in der neuen Schule lerne ich meine Lehrerin kennen, die eine Brille mit ganz dicken und dunklen Gläsern hat und eine so lange Nase, daß sie ihr bis zum Mund herunterfällt. Sie lacht nie. Das erste, was sie sagt, ist: Alle aufstehen. Das zweite: Jetzt beten wir. Das dritte: Setzt euch. Sie sagt: Jetzt rufe ich euch namentlich auf, und so wie ich euch aufrufe, steht ihr auf, nennt den Beruf eures Vaters und sagt, aus welchem Teil Italiens ihr kommt.

Dann geht sie mit dem Klassenbuch zwischen den Bänken herum, und alle stehen auf und antworten wie aus der Pistole geschossen, welchen Beruf ihr Vater ausübt und aus welchem Teil des Landes sie kommen. Claretta Paglia jedoch fängt an zu weinen, und die Lehrerin schickt sie zur Strafe hinter die Tafel. Dann ist mein Klassenkamerad Aldo Fimmiani aus der Bank hinter mir an der Reihe; er wird rot im Gesicht und sagt: Mein Vater ist arbeitslos.

Die Lehrerin preßt die Lippen aufeinander und kommentiert: Du meinst wohl arbeitsscheu.

Aldo Fimmiani beharrt: Nein, nein, arbeitslos.

Die Lehrerin preßt die Lippen noch fester aufeinander und sagt: Man gibt der Lehrerin keine Widerworte. Und sie brummt auch ihm eine Strafe auf, allerdings läßt sie ihn mit dem Gesicht zur Landkarte stehen, damit er nicht mit Claretta Paglia reden kann.

Als sie Raffaella Pescetto aufruft und diese sagt: Mein Papà ist Bauingenieur, und ihm unterstehen viele Arbeiter, und wir kommen eigentlich aus Genua, aber meine Mamà ist aus Piemont, sehe ich, daß die Lehrerin zum erstenmal lächelt, und sie sagt zu ihr: Du setzt dich in die erste Bank.

Nachdem sie uns alle gehört hat, klopft die Lehrerin mit ihren Händen aufs Pult und sagt: Also gut. Alle, auf die ich jetzt zeige, setzen sich auf eine Seite.

So kommt es, daß Aldo Fimmiani, Daniela Pertusi und ich uns in einer Ecke hinten im Klassenzimmer wiederfinden.

Ich frage mich, warum das so ist, und sofort, so als hätte sie meinen Gedanken aufgeschnappt, erklärt die Lehrerin ganz in der Art einer Lehrerin: Seht ihr eure drei Mitschüler da hinten in der Ecke, Kinder? Sie kommen aus Sizilien, Kampanien und Kalabrien. Und sie zeigt auf der Landkarte, wo das liegt. Und fügt hinzu: Sie sind also Süditaliener.

In unserer Süditalienecke schließe ich gleich Freundschaft mit Dani, die meine beste Freundin wird, und dann auch mit Gabri, die nicht zur Gruppe der Süditaliener gehört, sondern zur Gruppe der armen Norditaliener, weil ihr Vater Gerüstbauer war, dann aber von einem Gerüst gefallen ist und sich so verletzt hat, daß er ein bißchen plemplem wurde und keine Arbeit mehr gefunden hat.

Dani, meine beste Freundin, ist nicht nur Süditalienerin, sondern auch die Dümmste in der Klasse, Gabri dagegen ist sehr intelligent und die Viertbeste in der Klasse. Ich bin weder gut noch schlecht, gehöre aber fraglos eher zu den Dummen als zu den eifrigen Strebern.

Dani verbringt den ganzen Vormittag mit Schwätzen und äfft die Mitschüler nach, die uns unsympathisch sind, auch die Lehrerin, und das macht mir diebisches Vergnügen. Die Lehrerin schreit sich heiser und brüllt uns beide an, und manchmal ist es, als würde ihr Gesicht platzen, so rot wird es, und sie sagt: Ich weiß nicht mehr, wie ich mit euch fertigwerden soll. Und manchmal gesteht sie auch: Ihr bringt mich noch ins Irrenhaus. Oder: Ihr bringt mich noch ins Grab.

Das Tolle an Dani ist, daß sie eine Menge Schimpfwörter kennt, und während die Lehrerin herumbrüllt, ist sie ganz still, doch sobald sich die da vorne umdreht, sagt sie: Du hast mir jetzt lange genug auf den Eiern rumgetrampelt, du Mistsau von Scheißkuh.

Der Zweitdümmste ist Aldo Fimmiani, und auch ihn brüllt die Lehrerin oft an, wobei sie ihn viel wüster beschimpft als Dani, weil er nicht nur häufig stört, sondern auch noch etwas anderes tut, er furzt nämlich, und seine Fürze sind so laut und stinken so furchtbar, daß man sich keine Vorstellung davon machen kann.

Noch etwas anderes macht die Lehrerin dauernd mit uns süditalienischen Eselsköpfen: sie schreibt unsere Merkhefte voll mit Verweisen. Beispielsweise schreibt sie, daß wir lernen müßten, was Erziehung ist, oder daß wir nicht stören sollten, sondern lernen müßten, uns zivilisiert zu benehmen, oder daß wir für die Pausenmahlzeit Ferrero-Riegel in unseren Schultaschen mitbringen sollten, wie es auch unsere fleißigen Klassenkameraden täten, und keine Brötchen mit Rührei, die fettig wären und in der Klasse stänken. Mir, zum Beispiel, schreibt sie ins Heft, daß ich mich gut waschen müsse, und mündlich sagt sie mir, ich sähe aus wie eine Zigeunerin. Manchmal sagt sie aber auch, ich sähe aus wie eine Araberin. Zu Dani, die blond ist, kann sie nicht sagen, sie sähe aus wie eine Zigeunerin oder eine Araberin, also sagt sie zu ihr: Dich haben sie doch aus der Mülltonne gefischt.

Als sie eines Tages merkt, daß die norditalienische Gabri mit uns befreundet ist, gestikuliert sie ganz nervös, ein Tic zuckt durch ihre Schultern und ihren Hals, dann sieht sie sie böse an und sagt: Denk dran! Wer sich mit Hunden schlafen legt, steht mit Flöhen auf.

Und tatsächlich rutscht Gabri von ihrer Position als Viertbeste in der Klasse langsam hinunter, und eigentlich trennen sie nur noch zwei Plätze von den Dummköpfen. Doch die Lehrerin sagt: Bevor alles zu spät ist, laß ich deine Mutter kommen, die rückt dir dann den Kopf schon zurecht.

So kommt es, daß eines Tages Gabris Mutter in unserer Klasse auftaucht, und die Lehrerin hält ihr vor uns allen eine Standpauke und sagt, sie nehme kein Blatt vor den Mund, und ihre Tochter leiste nichts mehr, seit sie Umgang mit den Arabern habe, ein wahres Unglück, und wer weiß, wo das noch hinführe, wenn es so weitergehe.

Sie sagt auch: Ich meine es ja nur gut mit Ihnen, verstehen Sie, denn ich weiß doch, daß Sie nicht die Mittel haben, und wenn das so weitergeht, ist es sinnlos, sie weiter auf die Schule zu schicken. Dann wär's besser, sie ginge arbeiten.

Gabris Mutter sieht Gabri in ihrer Bank an und fängt urplötzlich an zu weinen. Die reiche Raffaella Pescetto in der ersten Bank dreht sich um und grinst. Darauf sagt Dani: Du Mistsau von einem Hurenbalg, was zum Teufel gibt's da zu lachen, wenn Gabris Mutter heult. Die Pescetto meldet sich und sagt: Frau Lehrerin, die Pertusi hat mich beleidigt, schreiben Sie ihr einen Verweis, und bestrafen Sie sie. Die Lehrerin sagt: Mit dir, Pertusi, rechne ich später ab.

Gabris Mutter schneuzt sich und wird ruhiger. Sie sagt: Sagen Sie mir doch, Frau Lehrerin, was ich mit diesem Satansbraten machen soll, soll ich ihr das Rückgrat brechen?

Die Lehrerin sagt: Sagen Sie so etwas nicht, in der Schule lehrt man schließlich keine Gewalttätigkeit. Allerdings... Sie könnten ja beispielsweise damit anfangen, sie einen Monat lang erst einmal bei Wasser und Brot zu halten, oder sie könnten sie in den dunklen Keller sperren. Beides werde ich machen, ja, ich sperre sie in den dunklen Keller und gebe ihr nur Wasser und Brot, sagt Gabris Mutter recht gelöst, jetzt wo sie die zündende Idee gefunden hat. Dann geht sie auf die Bank zu, wo Gabri sitzt, zieht sie an den Haaren und sagt: Zu Hause werd ich's dir schon zeigen. Nie Hausaufgaben auf, wie? Und dann, ohne abzuwarten, daß Gabri nach Hause kommen würde, fängt sie an, furchtbar auf sie einzudreschen, wobei sie auch Sätze sagt wie: So wie ich dich auf die Welt gebracht habe, nehm ich dich auch wieder von ihr weg.

Die Lehrerin schien ziemlich zufrieden zu sein, und nachdem Gabri bereits eine gehörige Tracht Prügel und einige Tritte in den Hintern bekommen hat, mischt sie sich ein und sagt: Nun beruhigen Sie sich, Kinder muß man von der sanften Seite packen. Dann wendet sie sich unserer süditalienischen Ecke zu und fügt mit messerscharfem, bösartigem Blick hinzu: Aber nur, wenn sie's verdienen.

ITALO CALVINO *Mond und Gnac*

Zwanzig Sekunden dauerte die Nacht und zwanzig Sekunden das GNAC. Zwanzig Sekunden lang sah man den blauen von schwarzen Wolken durchbrochenen Himmel, die goldene Sichel des zunehmenden Mondes, darunter, kaum zu ahnen, seinen Hof, und dann Sterne, deren bohrende Winzigkeit immer eindringlicher wurde, je länger man sie anstarrte, bis hin zum Gewimmel der Milchstraße; und all dies mußte man eilig, eilig in sich aufnehmen, jede Einzelheit war ein Teil des schwindenden Ganzen; schwindend, weil die zwanzig Sekunden schnell vorüber waren, und dann begann das GNAC.

Das GNAC war ein Stück der Reklameschrift auf dem Dach des gegenüberliegenden Hauses: SPAAK-COGNAC. Zwanzig Sekunden leuchtete die Schrift, und zwanzig Sekunden war sie erloschen, und wenn sie aufflammte, sah man nichts anderes mehr. Unverzüglich verblich der Mond, der Himmel wurde einförmig schwarz und flach, die Sterne verloren ihren Schimmer, und die Katzen und Kater, die seit zehn Sekunden ihr Liebesgeheul zum Himmel sandten, wobei sie sich sehnsüchtig die Schornsteine und Regenrinnen entlang aufeinander zubewegten, drückten sich beim GNAC mit gesträubtem Fell im phosphoreszierenden Neonlicht auf die Dachziegel nieder.

Die Familie Marcovaldo wurde am Fenster der Mansarde, in der sie hauste, von widerstreitenden Gedanken heimgesucht. Herrschte die Nacht, dann fühlte sich Isolina mit ihren achtzehn Jahren vom Mondschein davongetragen, ihr Herz zog sich zusammen, und noch das gedämpfteste Krächzen eines Radios aus den unteren Stockwerken drang zu ihr in den Takten einer Serenade; herrschte das GNAC, nahm jenes Radio sofort einen anderen Rhythmus an, einen Jazzrhythmus, und Isolina streckte sich in ihrem engen Pulli und dachte an die Tanzlokale mit ihren vielen Lichtern, und sie Arme war hier oben allein. Daniele und Michelino, acht und sechs Jahre alt, spähten in die Nacht und ließen sich von einem heißen, dabei angenehmen Gruseln durchrinnen bei der Vorstellung, sie seien in einem dichten Wald voller Räuber; dann plötzlich GNAC! und mit gehobenem Daumen und ausgestrecktem Zeigefinger fuhren sie aufeinander los: »Hände hoch! Ich bin *Superman*!«

Jedesmal wenn die Nacht die Lichter löschte, dachte Domitilla, die Mutter: Jetzt muß man die Kinder aber wirklich zurückholen, die Luft kann ihnen schaden. Und Isolina um diese Zeit am Fenster, das schickt sich doch nicht! Doch dann wurde es wieder hell, schön elektrisch, draußen wie drinnen, und Domitilla fühlte sich wie zu Besuch in einem ehrbaren Haus.

Fiordaligi wiederum, ein frühreifer Fünfzehnjähriger, sah jedesmal beim Erlöschen des GNAC im Rund des G das spärlich erleuchtete Fensterchen einer Dachkammer, und dahinter das mondfarbene Antlitz eines Mädchens, das neonlichtige, das nachtlichtige Gesicht eines Mädchens, einen noch fast kindlichen Mund, der sich unmerklich schloß, wenn Fiordaligi ihm zulächelte, und sich gleich darauf wieder zu einem Lächeln zu öffnen schien – und, da, schon schoß aus dem Dunkeln dieses erbarmungslose G des GNAC hervor, das Gesicht verlor seine Umrisse, wurde zu einem Schatten, und von dem Mädchenmund wußte man nicht, ob er das Lächeln beantwortet hatte.

Inmitten dieser Gefühlsstürme versuchte Marcovaldo, seinen Kindern die Stellungen der Himmelkörper beizubringen.

»Das ist der Große Wagen, eins, zwei, drei, vier, und das dort die Deichsel; hier der Kleine Wagen, und der Polarstern zeigt euch, wo Norden ist.«

»Und der andere Stern da, was bedeutet der?«

»Der bedeutet C. Aber er hat mit den Sternen nichts zu tun. Er ist der letzte Buchstabe des Wortes Cognac. Die Sterne hingegen bezeichnen die Himmelsrichtungen. Norden, Süden, Osten, Westen. Der Mond sieht aus wie ein angefangenes rundes Z. Darum nimmt er zu. Sieht er aus wie ein angefangenes A, nimmt er ab.«

»Papa, dann nimmt der Cognac ab? Das C fängt auch an wie ein A.«

»Der hat nichts damit zu tun, mit Abnehmen oder Zunehmen. Das ist eine Leuchtschrift, die hat die Firma Spaak dort anbringen lassen.«

»Und welche Firma hat den Mond anbringen lassen?«

»Gar keine. Der Mond ist ein Satellit, und der ist immer da.«

»Wenn er immer da ist, warum dreht er sich dann einmal nach links und einmal nach rechts?«

»Das sind die Viertel. Man sieht dann eben nur ein Stück von ihm.«

»Vom COGNAC sieht man auch nur ein Stück.«

»Weil das Dach vom Palazzo Pierbernardi sich davorschiebt. Das ist höher.«

»Höher als der Mond?«

Auf diese Weise vermengten sich Marcovaldos Sterne bei jedem Aufglühen des GNAC mit irdischem Handel, und Isolinas letzter Seufzer ging über in das Keuchen eines Mambo mit Gesang, und das Mädchen in der Dachkammer verschwand in jenem gähnenden, kalten Schlund, und mit ihr die Antwort auf den Kuß, den Fiordaligi ihr mit den Fingerspitzen zuzuwerfen endlich gewagt hatte; und Daniele und Michelino, die Fäuste vor die Gesichter gehoben, feuerten vom Flugzeug aus, was ihr Maschinengewehr hergeben wollte – Ta-

ta-ta-ta... auf die Leuchtbuchstaben, die nach zwanzig Sekunden erloschen.

»Ta-ta-ta... Hast du gesehen, Papa, ich hab' sie mit einer einzigen Garbe runtergeholt!« sagte Daniele, doch kaum dem Neonlicht entronnen, erlosch auch seine kriegerische Begeisterung, und seine Augen füllten sich mit Schlaf.

»Wenn's nur in Stücke ginge!« entschlüpfte es dem Vater, »dann würde ich euch den Löwen zeigen, die Zwillinge...«

»Den Löwen!« Michelino packte wildes Entzücken. »Warte mal!« Ihm war ein Gedanke gekommen. Er holte seine Schleuder hervor, lud sie mit Kieselsteinen, von denen er immer eine Reserve in der Tasche mit sich herumtrug, und schoß eine fächerartige Garbe mit aller Kraft auf das GNAC. Man hörte den Hagel verstreut auf die Ziegel des gegenüberliegenden Daches und auf das gebogene Eisenblech der Regenrinne prasseln, das Scheibenklirren eines getroffenen Fensters, das ›Gong‹ eines Kiesels, der weiter unten auf den Schirm einer Laterne schlug, eine Stimme von der Straße herauf: »Es regnet Steine! He, da oben, seid ihr verrückt geworden?«

Doch die Leuchtschrift war genau im Augenblick des Schusses ausgegangen, da wieder zwanzig Sekunden verstrichen waren. Und im Geist begannen alle dort in der Mansarde mitzuzählen: eins, zwei, drei, elf, zwölf, bis zwanzig. Bei neunzehn holten sie Atem, dann zählten sie zwanzig, zählten einundzwanzig und zweiundzwanzig, in der Befürchtung, sie hätten zu rasch gezählt, aber nichts da, das GNAC flammte nicht wieder auf, nur ein dunkles Geschnörkel blieb übrig, verknüpft mit seinem Haltegestänge wie Reben am Weinstock.

Marcovaldos Hand, zur Ohrfeige erhoben, blieb in der Luft stehen; er fühlte sich wie in den ewigen Raum hineingeschleudert. Das Dunkel, das jetzt auf der Höhe der Dächer herrschte, war eine schwarze Barriere und schloß sie von der Welt dort unten ab; von jener Welt, wo gelbe, grüne und rote Hieroglyphen, blinzelnde Verkehrsampeln, fortfuhren zu kreisen, wo elektrisch durchglühte, leere Straßenbahnen und unsichtbare Automobile vorüberschwammen, die den Strahl ihrer Scheinwerfer vor sich ins Dunkel stießen. Nur ein diffuses Phosphoreszieren, ein undeutliches Gestäube drang von all dem bis hier herauf. Und vor dem nicht mehr geblendeten Auge öffneten sich Durchblicke in den Weltenraum, Konstellationen erstreckten sich in unermeßliche Tiefen, das Firmament kreiste, Sphären, die alles umschlossen und selbst unbegrenzt waren, und nur gegen Venus hin öffnete sich ein Durchgang, eine Bresche, auf daß sie allein über dem Rund der Erde stehe, mit dem steten, stechenden Funkeln eines Lichtes, das in einem Punkt sich zusammenzog und zugleich explodierte. Und in diesem Himmel enthüllte der neue

Mond, anstatt seine abstrakte Sichelform zu betonen, seine eigentliche Natur: eine opake Sphäre, von den schrägen Strahlen einer der Erde verlorenen Sonne umspielt, die doch – was man nur in gewissen Frühsommernächten erkennen kann – ihre warme Glut bewahrte. So standen sie alle am Fenster der Mansarde, die zwei Knaben noch ganz erschrocken von den Folgen ihrer Tat, Isolina in Verzauberung entrückt. Fiordaligi als einziger bemerkte das undeutlich schimmernde Dachfenster und endlich auch das mondhafte Lächeln des Mädchens.

Die Mutter gab sich einen Ruck: »Schluß jetzt, es ist Nacht, was steht ihr immer noch am Fenster herum? Ihr werdet schlechte Träume haben von all dem Mondschein.«

Michelino hob die Schleuder in die Höhe und brüllte: »Dann lösch ich eben den Mond aus!«

Er wurde beim Schopf gepackt und ins Bett gesteckt.

So kam es, daß für den Rest dieser Nacht und auch in der folgenden die Leuchtschrift auf dem gegenüberliegenden Dach nur SPAAK-CO verkündete, und man von Marcovaldos Fenster aus das Firmament betrachten konnte. Firodaligi und das Mondmädchen warfen sich Kußhände zu, und vielleicht sogar gelang es ihnen in stummer Zwiesprache, ein Rendezvous zu verabreden.

Doch am Morgen des übernächsten Tages hoben sich dünn und vereinzelt zwischen dem Gestänge der Leuchtschrift vom Himmel die Gestalten zweier Elektriker ab, die an den Drähten und Röhren herumwerkten. Mit der Miene eines erfahrenen Alten, der voraussieht, was für ein Wetter es geben wird, streckte Marcovaldo die Nase aus dem Fenster und verkündete: »Heute abend gibt es wieder eine Nacht mit GNAC.«

Da klopfte jemand an die Tür der Mansarde. Sie öffneten. Es war ein Herr mit Brille.

»Verzeihen Sie die Störung«, sagte er, »dürfte ich wohl eventuell einen kleinen Blick aus Ihrem Fenster werfen? Vielen Dank!«

Und mit einer kleinen Verbeugung: »Dr. Godifredo, Agentur für Leuchtreklame.«

Wir sind ruiniert, dachte Marcovaldo, man macht uns jetzt bestimmt für den Schaden verantwortlich. Und er verschlang seine Söhne mit wütenden Blicken, ohne einen Gedanken an seine astronomische Verzückung. Jetzt sieht er sich die Lage an und begreift natürlich, daß die Steine von nirgendwoher als von hier geschleudert worden sein konnten. Schon erhob er beschwörend die Hände und setzte zu folgender Rede an:

»Sie wissen doch, Kinder, sie sind nun einmal so, schießen auf Spatzen, nur mit Kieselsteinchen, ich verstehe selbst nicht, wie das passieren konnte, mit der Schrift von Spaak dort. Aber ich habe sie bestraft, und ob ich sie bestraft habe! Sie dürfen versichert sein, daß so etwas nicht wieder vorkommt.«

Dr. Godifredo hörte aufmerksam zu. Dann erklärte er:

»Um die Wahrheit zu sagen, ich arbeite für ›Cognac Tomawak‹, nicht für die Firma Spaak. Ich bin nur gekommen, um die Möglichkeiten einer Leuchtreklame auf diesem Dach hier zu prüfen. Aber sprechen Sie ruhig weiter, das interessiert mich trotzdem, was Sie da sagen, es interessiert mich durchaus.«

Eine halbe Stunde später schloß Marcovaldo mit der Firma ›Cognac Tomawak‹, dem einzigen bedeutenden Konkurrenten der Firma Spaak, einen Vertrag: Jedesmal, wenn die Leuchtschrift drüben wieder instand gesetzt war, würden seine Kinder mit der Schleuder auf das GNAC schießen.

»Dies ist der Tropfen, der das Faß zum Überlaufen bringt«, bedeutete ihnen Dr. Godifredo. Und er irrte sich nicht. Die Firma Spaak, auf Grund übermäßiger Reklameinvestitionen ohnehin dicht vor dem Bankerott, sah die fortdauernden Schäden, die ihrer schönsten Leuchtreklame angetan wurden, als schlimmes Vorzeichen an. Die Schrift, die heute COGAC, morgen CONAC oder einfach nur CONG lautete, ließ unter den Kunden den Gedanken an eine Zerrüttung der Finanzlage bei der Firma aufkommen. Ein Punkt wurde erreicht, wo die Reklameagentur sich weigerte, weitere Reparaturen vorzunehmen, wenn ihre Rückstände nicht bezahlt würden. Die erloschene Schrift wurde zur Alarmanlage: die Firma Spaak ging in Konkurs.

In Marcovaldos Himmel strahlte der volle Mond in seiner rundesten Fülle.

Und er hatte sein letztes Viertel erreicht, als wieder die Elektriker auf dem Dach gegenüber herumkletterten. In dieser Nacht formten die flammenden Lettern, doppelt so hoch und kräftig wie zuvor, die Wörter COGNAC TOMAWAK, und da war weder Mond noch Firmament noch Himmel und Nacht, nur immer wieder COGNAC TOMAWAK, COGNAC TOMAWAK, COGNAC TOMAWAK, alle zwei Sekunden aufflammend und erlöschend, aufflammend und erlöschend.

Fiordaligi traf es am tiefsten: das Dachfenster des Mondmädchens war hinter einem riesigen, undurchdringlichen W verschwunden.

SEBASTIANO VASSALLI *Das Nichts*

Von den Fenstern dieses Hauses aus sieht man das Nichts. Vor allem im Winter: Die Berge verschwinden, der Himmel und die Ebene verfließen zu einem unbestimmten Ganzen, es gibt keine Autobahn mehr, es gibt überhaupt nichts mehr. An den Sommermorgen und an den Herbstabenden ist das Nichts dagegen eine dampfende Ebene, mit ein paar Bäumen da und dort und einer Autobahn, die aus dem Nebel auftaucht, um über zwei andere Straßen zu führen, zweimal: Dort unten, auf diesen Überführungen, bewegen sich winzige Autos und Lastwagen, nicht größer als die Modelle in den Schaufenstern der Spielzeugläden. Hin und wieder – sagen wir zwanzig-, dreißigmal im Jahr – kommt es auch vor, daß sich das Nichts in eine schattenlos klare Landschaft verwandelt, in eine leuchtend bunte Postkarte. Das ist vor allem im Frühling der Fall, wenn der Himmel blau ist wie das Wasser der Reisfelder, in dem er sich spiegelt; die Autobahn ist so nah, daß man meint, man könne sie berühren, und die schneebedeckten Alpen stehen auf eine Weise da, daß einem das Herz aufgeht, wenn man sie bloß anschaut. Man blickt dann auf einen fast unermeßlichen Horizont, Dutzende und Hunderte von Kilometern weit: mit den Städten und den Dörfern und den Werken des Menschen, die sich die Hänge der Berge hinaufziehen, und den Flüssen, die dort ihren Anfang nehmen, wo die Schneefelder aufhören, und den Straßen und dem Funkeln nicht mehr erkennbarer Autos auf diesen Straßen: eine Kreuzung von Leben, von Geschichten, von Schicksalen, von Träumen; eine Bühne, groß wie eine ganze Region, auf der seit jeher die Geschicke und die Taten derer, die in diesem Teil der Welt leben, aufgeführt werden. Ein Trugbild...

Vor diesen Fenstern und vor diesem Nichts ist es mir oft passiert, daß ich an Zardino denken mußte: Das war ein Dorf wie die anderen, die man dort unten sieht, ein wenig links von der zweiten Überführung und noch ein wenig dahinter: unter dem größten und mächtigsten Gebirgsstock in diesem Teil Europas, dem Monte Rosa. An den Postkarten-Tagen wird die Landschaft dieser Orte ganz und gar von der Präsenz dieses Massivs aus Granit und Eis beherrscht, das sich über die umstehenden Gipfel erhebt wie diese über die Ebene: ein »weißer Felsen« – so beschrieb ihn zu Beginn des Jahrhunderts mein verrückter Vater im Geiste, der Dichter Dino Campana –, um den »die Gipfel kreisen / nach rechts nach links hin ins Unendliche / wie in den Augen des Gefangenen«. Campana war an einem Septemberabend nach Novara gekommen, im Zug, ohne irgend etwas zu sehen, weil es draußen schon dunkel war, und am Morgen des nächsten Tages erschien ihm, durch die Gitterstäbe eines Gefängnisses, der Monte Rosa, vor einem »Himmel voller weißer / kreisender Gipfel«: ein nicht greifbares, fernes Bild – wie jene Liebe, der er damals nachlief und die er nie einholen sollte, weil es sie nicht gab ... Eine Schimäre! Von dort oben, vom Scheitelpunkt der Schimäre, ergießt sich auf einem gewundenen und an mehreren Stellen in den lebenden Fels gegrabenen Weg der Fluß Sesia ins Tal – in der Sprache der Einheimischen ein Name von sanftem, weiblichen Klang: *la Sesia*, und dabei ist es der launischste und unberechenbarste unter all den Flüssen, die aus den Alpen geboren werden, und auch der heimtückischste, der verheerendste für die Menschen und die Dinge entlang seinem Lauf. Noch heute kommen seine jähen Hochwasser in schlammigen, meterhohen Wellen in der Ebene an: Und wer weiß, wieviel Schaden sie anrichten würden, wenn nicht, Jahrhundert um Jahrhundert, die Arbeit der Menschen dem Fluß zwei lange, lange Zügel aus Erdreich und Schotter, und an einigen Stellen aus Zement, angelegt hätte, die ihn zähmen und bis zu einer Mündung in den Po begleiten. In den früheren Jahrhunderten geschah es alle paar Jahre, daß der Sesia über die Ufer trat und seinen Lauf veränderte, hier um hundert Meter, dort um eine Meile, Teiche und Sümpfe bildend, wo vorher bebautes Land war, ganze Besitzungen und Dörfer von der Landkarte tilgend und selbst die Grenzen zwischen den Staaten verändernd: Das waren in diesem Teil Italiens zu Beginn des siebzehnten Jahrhunderts im Westen das Herzogtum Savoyen, ein südliches Anhängsel Frankreichs, und im Osten das Herzogtum Mailand, damals dem König von Spanien untertan. Und auf solche Weise ist vielleicht auch Zardino verschwunden. Ungefähr Mitte des siebzehnten Jahrhunderts, sagen die Historiker: ein Dorf von etwa dreißig *fuochi*, Herdstellen, samt seinen Bewohnern weggefegt von den Fluten des Sesia und nie wieder aufgebaut. Weitere mögliche Ursachen für das Verschwinden des Dorfes könnten die Pest von 1630 gewesen sein, die Dutzende von Dörfern überall in der Poebene entvölkerte, oder eine Schlacht oder eine Feuerbrunst – oder wer weiß was sonst.

Im Anblick dieser Landschaft und dieses Nichts habe ich verstanden, daß es in der Gegenwart nichts gibt, das erzählt zu werden verdient. Die Gegenwart ist Lärm: Millionen, Milliarden von Stimmen, die schreien, alle gleichzeitig und in allen Sprachen, und dabei versuchen, einander zu übertönen, mit dem Wort »ich«. Ich, ich, ich ... Um die Schlüssel zur Gegenwart zu suchen und um die Gegenwart zu verstehen, muß man aus dem Lärm heraustreten, in die Tiefe der Nacht gehen oder zum Grund des Nichts; vielleicht dort hinunter, ein wenig links von der zweiten Überführung und noch ein wenig dahinter, unter den »weißen Felsen«, den man heute nicht sieht.

PAOLO VOLPONI *In der Fabrik*

Ich betrat die Fabrik mit glasklaren Sinnen. In der Garderobe kleidete ich mich rasch um und betrat dann, gekleidet wie alle anderen, meine Abteilung. Dem Vorarbeiter gegenüber fühlte ich mich gefügig wie ein kleines Kind. Die Fräsmaschine, die er mir zuwies, war nicht die gleiche, die er tags zuvor repariert hatte. Während der ersten vierzehn Tage erhielt ich gar keine eigene Maschine zugeteilt, sondern mußte, wie alle anderen Neulinge, abwechselnd an verschiedenen Maschinen arbeiten. Dies versetzte mich in Unruhe, ich fühlte, daß meinem neuen Leben irgend etwas fehlte; es war mir, als könne ich meine Kräfte nicht richtig verwerten, als fände ich keinen richtigen Ansatzpunkt. Diese Arbeitsweise quälte mich, spornte mich aber zugleich erst recht an. Nur abends, wenn ich den Autobus bestieg, packte mich die Müdigkeit. Sie legte sich mir in alle Glieder und steigerte sich inmitten des Lärms, den die Arbeiter während der Fahrt machten. Sie stammten alle aus der Gegend rings um den Candia-See; sie kamen aus Ortschaften, die abseits der großen Autostraße und der Eisenbahn liegen. Es schien, als fänden sie jetzt erst, auf der Heimfahrt, ihre Stimme wieder und als begännen jetzt erst ihre Augen wieder zu sehen. In der Fabrik konnte ich niemals Gefühlsausbrüche beobachten wie in dem Moment, da die Arbeiter ihren Fuß auf die ersten Stufen des Autobusses setzten. Wenn sie hier von der Fabrik sprachen, dann taten sie es wie Menschen, die sich endlich frei fühlen und niemals wieder zu ihrer Arbeitsstätte zurückkehren müssen; auch jene Arbeiter verhielten sich so, die bereits über zwanzig Jahre in der Fabrik beschäftigt waren. Sie sprachen mit großer Lebhaftigkeit, ihre Worte bekamen geradezu einen heftigen Klang, sie traten die Fahrt in einer Stimmung an, als wären sie unterwegs zu einem ländlichen Trinkgelage. An manchen dieser Juliabende, wenn das Wetter umzuschlagen drohte, sprachen sie auch von ihren Feldern, von den Korngarben und den Weinstöcken. Bei diesen Gesprächen beruhigten sie sich nach und nach und wurden schließlich tiefernst; sie sahen durch das Wagenfenster nach den Alpen hin oder richteten ihre Blicke auf die Ebene und auf den Dora-Fluß, sie besprachen die Feuchtigkeit der Luft und den Einfall des Lichts, und sehr oft beschloß Schweigen ihre Rede. In der Fabrik hingegen – das konnte ich später auch von anderen bestätigt hören – war es weit schwieriger, Gespräche zu führen, sie endeten immer mit einem Lachen, mit einer boshaften Bemerkung oder mit einem Ausbruch des Ärgers und des Unmutes. Was mich betrifft, so empfand ich schon jetzt, obwohl ich noch im Stadium der Erwartung war, das

Bedürfnis nach irgendeinem aufrichtigen Menschen in der Fabrik, nach jemandem, mit dem ich mich aussprechen könnte und der mir helfen würde; in meiner Abteilung aber sah ich keinen, der mir dazu geeignet schien. Es gab keine wirklichen Freundschaften, die Gespräche drehten sich stets um nichtssagende Dinge, endeten mit irgendeinem Witz oder mit einer üblen Nachrede.

Von den eigenen Mühen aber sprach niemand, nämlich von der Arbeit. Über die Arbeit sprach man nur mit dem Werkmeister oder mit irgendeinem Kollegen, wenn der gerade auf irgendwelche Schwierigkeiten gestoßen war und die andern um Rat fragte; so habe ich später auch in den Sanatorien nur selten von Krankheiten und Kuren reden hören: nur dann, wenn jemand starb, neu eintrat oder die Anstalt verließ, lebten die Gespräche über die Krankheit auf, alle sprachen ununterbrochen davon, alle zusammen und doch jeder für sich, so als hätte sie plötzlich ein neues Fieber befallen. Ich glaube, daß diese Schweigsamkeit allen die Arbeit nur um so schwerer machte. Auch war es ganz unrichtig zu meinen, daß die Arbeit in der Fabrik eine Strafe sei, wie viele es mit ihren immerwährenden Nörgeleien glauben machen wollten: Schließlich hätten ja alle, die hier tätig waren, auf jeden Fall arbeiten müssen, entweder innerhalb oder außerhalb der Fabrik. »Wir arbeiten für einen Herrn«, gaben mir fast alle zur Antwort. Mit diesem Argument schloß fast jedes Gespräch, ich aber reagierte nicht darauf; ich konnte vielmehr bemerken, daß dieses Argument niemanden voll befriedigte, auch jene nicht, die es mit solcher Erbitterung vorbrachten.

An dem Tage, an dem ich selbständig an meiner Fräsmaschine zu arbeiten begann, haßte ich weit mehr als den Herrn alle meine Arbeitskameraden. Ich wünschte, daß ihre Maschinen falsch funktionierten und das Werkstück fehlerhaft bearbeiteten. Dieser Haß half mir bei der Arbeit, er gab mir den Ehrgeiz, besser zu arbeiten als die anderen. Ich nahm den Rohling aus der Kiste, als wäre es ein Feind, den es einzuschüchtern gelte, aber wenn ich es als Fertigstück weglegte, war es mir inzwischen bereits so vertraut geworden, als wäre es ein Teil von mir. Das Geräusch der Fräsmaschine rief mich zum Kampf auf. Je schärfer sie sich in das Metall einfraß, desto mehr wuchs meine Arbeitswut. Das Geräusch der Maschine, ihrer Schnittbewegungen, brachte mich zur jähen Überzeugung, daß ich meine Arbeit verstand; es verlieh meinen Händen eine Kraft, die ihnen nie eigen gewesen, wenngleich ich erkennen mußte, daß sie nicht so sehr die Maschine lenkten, als von ihr gelenkt wurden. Der Vorarbeiter näherte sich häufig meinem Platz. Eines Tages sah er mich einige Sekunden lang an, dann legte er seine Hand auf meine Schulter und sagte: »Langsam.« Er erkannte den Zustand, in dem ich mich befand. »Behandle die Arbeit nicht wie einen Feind«, fügte er hinzu, »sonst wirst du sie nicht lange durchstehen. Mach aus ihr nicht deinen einzigen Lebenszweck.«

Da ich aus seinen vertraulichen Worten vor allem sein Wohlwollen herausspürte, antwortete ich, um mich nicht allzu sehr in seiner Schuld zu fühlen, ebenfalls wie alle anderen: »Man arbeitet für einen Herrn.« – »Für mehr als einen«, meinte er. »Aber da die Arbeit zwangsläufig ein Teil deines Lebens ist, solltest du trachten, es dir nicht ganz zu verderben.« Damit ging er, ohne einen Blick in die Kiste zu werfen, in der die Fertigstücke lagen.

Ich arbeitete noch nicht im Akkord, ganz gewiß aber leistete ich in jenen Tagen mehr als hundert Prozent. In einer gewissen Phase des Arbeitsvorganges bemerkte ich, daß das Werkstück unter der Fräse, und zwar kurz ehe es fertig wurde, die stumpfe Farbe des Sees von Candia annahm. Dies war für mich eine große Entdeckung; seither, und lange Zeit hindurch, wenn auch nicht während des ganzen Tages, arbeitete ich nur zu dem Zweck, um den Augenblick zu erleben, da die Farbe des Sees zum Vorschein kam; die folgende Arbeitsphase bis zur Fertigstellung des Stückes erschien mir wie eine letzte Wegstrecke; im Gegensatz zur wirklichen Wegstrecke zwischen dem See und meinem Hause war sie allerdings rascher und leichter zu bewältigen, dabei erfüllte mich die Erwartung von etwas Ungewöhnlichem, von etwas, das mir neue Ausblicke eröffnen, eine Schicksalswende ankündigen würde.

So vergingen mir die Stunden, die von den Fabrikuhren in vierstelligen Ziffern angezeigt wurden: Sie gaben die Zeit an, die seit dem Beginn der verschiedenen Arbeitsvorgänge verstrichen war. Als ich in die Fabrik eintrat, zeigte die Uhr in unserem Werksaal die Stunde 1227. Ebenso wie die Menschen, nimmt auch die Zeit in der Fabrik eine ganz andere Beschaffenheit an: ihr üblicher Kreislauf ist aufgehoben, sie folgt dem Werdeprozeß der einzelnen Fertigstücke.

Es war, als arbeitete die ganze Fabrik wie ein einziger Motor. Ich konnte mich diesem Rhythmus nicht entziehen, er zwang sich auch meiner Arbeit auf. Ein Widerstand war nicht möglich.

Auf Grundlage meiner Kenntnis und meiner Sensibilität für Lacke würde ich den Verkauf jener fantastischen Dosen verbieten, die Nitrozelluloselack versprühen und dazu dienen, verkratzte Karosserien zu reparieren. Dienten sie allein diesem Zweck: halb so schlimm: dienten sie dazu (wie tatsächlich wenigstens einmal geschehen), eine Amtsperson gelb zu sprühen, immer noch halb so schlimm; das ist vielleicht Beamtenbeleidigung, aber man muß sich nur mit Brennspiritus waschen, und alles ist wie zuvor. Was mir aber völlig inakzeptabel erscheint, ist, daß ihre Verwendung zur Bemalung der Wände zulässig sein soll.

Unsere Großväter sagten, die Mauern seien das Papier des Pöbels – nun, das ist vielleicht eine zu strenge Verallgemeinerung. Man kann sich individuelle oder kollektive Gemütszustände vorstellen – nein, ganz zweifellos gibt es sie –, angesichts derer jedes Urteil über die Zulässigkeit oder Unzulässigkeit unterbleiben muß, aber dies trifft für extreme, stürmische und außerordentliche Situationen zu: Dann werden alle Regeln außer Kraft gesetzt, und es werden nicht nur die Wände bemalt, sondern auch Barrikaden gebaut.

In diesem Klima bleiben die Anstrengung und die Mühsal, die das Bemalen mit sich bringt, mit sehr viel mehr Recht unbeachtet. Vor der Ära der Sprühdosen war das Mauerbemalen ein recht aufwendiges Unterfangen. Besonders nachts ist es mühselig und unbequem, mit dem Farbtopf, dem tropfenden Pinsel und dem Lösungsmittel zu seiner Reinigung durch die Straßen zu gehen. Das erfordert eine unhandliche und auffällige Ausrüstung, die sich nicht für tendenziell klandestine Aktionen eignet, zumal sie bei der Flucht hinderlich ist; sie beschmutzt Hände und Bekleidung, was zu allem Überfluß die Urheber auch noch identifizierbar macht. Schließlich ist auch ein Minimum an handwerklichem Geschick erforderlich, will man bei Tage nicht verunstaltete Slogans und Zeichen haben, die eher kontraproduktiv wären. Kurz und gut, es handelt sich um eine Unternehmung, auf die man sich nur mit einer starken Motivation einläßt, und das ist gut so: Nicht gut wäre es, erreichte man den Gipfel des Matterhorns, meißelte eine Statue oder kochte ein Essen ohne eine gewisse Anstrengung. Die Gratisfrüchte waren bekanntermaßen noch nicht einmal im Paradies auf Erden gut. Unter unseren aktuellen irdischen Verhältnissen, die keine paradiesischen mehr sind, führen sie zu einer schädlichen Angleichung der Werte und der Beurteilungen und zu einer Ausbreitung von solchen Hand-Werken, die, wenn nicht gar schädlich, so doch zumindest lästig ist. Kunst und Wissenschaft werden nicht ermuntert, im Gegenteil: sie werden entmutigt, den Einbruch der *soi-disant* und der wenig begabten Dilettanten einzugrenzen. Um das Wildwasser zu sammeln, d. h. um Energie zu sammeln und nutzbar machen zu können, braucht man Dämme.

Diese galligen Ansichten und Gedanken kamen mir eines Sommernachmittags in den Sinn, als ich auf einer Straße den Hügel hinabging. An ihrem Ausgangspunkt stand ein Straßenschild, mit dem Andreaskreuz darauf, das auf eine Kreuzung hinwies und an dessen vier Armen vier rechtwinkelige Haken in dunkelgrünem Lack angefügt waren, so daß ein Hakenkreuz daraus wurde. Das folgende Straßenschild war derselben Modifikation unterzogen worden; die Schilder der Gegenrichtung, also sichtbar für die, die hinaufkommen, waren unberührt geblieben. Offensichtlich war der Maler von oben gekommen. Ich ging weiter nach unten und fand eine mit noch einem Hakenkreuz verzierte Leitplanke und eine Mauer, auf der die stilisierte Doppelaxt von Ordine Nuovo angemalt war, und daneben stand geschrieben: »Chinesen, wartet, nur noch ein paar Monate«. Wenig weiter konnte man auf der Seitenmauer einer Kapelle lesen: Es lebe die SS. Die beiden S waren mit dem Runen-S geschrieben, wie Hitler und Rosenberg es mochten und vorschrieben und mit dem alle Druck- und Schreibmaschinen im 3. Reich ausgerüstet waren. Noch weiter unten stand, immer mit dem gleichen dunkelgrünen Lack, geschrieben: A noi [etwa: Uns! Slogan der Faschisten aus den zwanziger Jahren].

An dieser Stelle möchte ich meine Empfindungen erklären. Nicht nur die faschistischen Inschriften, sondern alle Inschriften auf Mauern machen mich traurig, denn sie sind unnütz und dumm, und die Dummheit schadet der menschlichen Gemeinschaft. Sieht man von den revolutionären Ausnahmen ab, über die ich vorhin sprach, kann man sie nur zulassen, wenn es sich um das Werk von Jungen handelt – oder von jemand, dessen geistige Entwicklung die eines Jungen ist; allgemeiner: von denen, die nicht in der Lage sind, die Wirkung ihrer Taten abzuschätzen. Dieses sperrige und *untidy* Vehikel der Propaganda hat wirklich noch nie die Meinung von irgend jemand gewandelt, noch nicht einmal die des naivsten Lesers und auch nicht einmal die Wertschätzung eines Fußballclubs. Oder wenn doch, dann im genau entgegengesetzten Sinn, wie dies bei der angestrengten Kinoreklame geschieht. Mich irritieren die Inschriften sogar mehr, die das aussagen, was auch ich denke (aber die sind selten), denn sie werten das ab, was ich für seriös halte.

Kurz und gut, die Inschriften auf den Mauern mißfallen mir ganz besonders, wenn es faschistische Idiotien sind. Beim Weitergehen habe ich noch etliche Hakenkreuze entdeckt, die alle rechts herum waren, wie sie entstehen, wenn man das »N« und das »S« aus den Initialen von Nationalsozialismus überkreuzt. Nun ist es höchst wahrscheinlich, daß jemand, der einfach so Hakenkreuze malt, die eine Hälfte rechts- und die andere linksherum malen wird. Die Tatsache, daß alle rechtsherum waren, stellte also ein Zeichen dar, ein Symptom für ein Minimum an historischer oder ideologischer Bildung. Um so schlimmer! An der Kreuzung mit der Landstraße befand sich noch die Schrift: W SAM; dann verloren sich die Spuren sowohl nach rechts wie nach links. Vielleicht hatte der Urheber von hier an wieder das Auto oder das Motorrad benutzt.

Ich erledigte im Hauptort das, was ich zu erledigen hatte, und ging dann dieselbe Straße wieder hinauf. Die Inschriften rochen noch leicht nach Löser, sie konnten also nicht sehr alt sein; höchstens zwei Tage. Die dicksten waren obenauf sogar noch ein wenig weich. Während ich langsam anstieg, versuchte ich nach den Indizien die Persönlichkeit des Malers zu rekonstruieren, was immer eine faszinierende Tätigkeit ist. Ohne Zweifel jung – der vorgenannten Gründe wegen. Nicht sehr groß: die Hakenkreuze auf den Schildern waren von unten nach oben gespritzt, das konnte man an den Ausfransungen erkennen. Möglicherweise kräftig: Man weiß, was die Nazis über die Nicht-Kräftigen dachten, und man kann annehmen, daß dieses Gefühl (von abwegigen Ausnahmen abgesehen) von seiten der Nicht-Kräftigen erwidert wurde. Ganz gewiß nicht intelligent. Und auch kein Experte im Sprühen, wie man aus der geringen Regelmäßigkeit der Züge, den Fäden und Flecken, immer an den Stellen, wo ihre Richtung wechselte, ersehen konnte. Gebildet und gut erzogen? Schwer zu sagen. Schreibfehler gab es keine, die Schrift schien flüssig. Sagen wir achte Klasse. Zusammengefaßt war das Bild (weitgehend willkürlich), das ich ausgeformt hatte, das eines fünfzehnjährigen, kräftig untersetzten, emotional instabilen, introvertierten und zur Gewalttätigkeit neigenden Schülers »aus guter Familie«. Was die familiäre Anamnese anlangte, so gab es kaum Hinweise: Vielleicht war auch der Vater ein Faschist, denn unter den grünen Inschriften befand sich auch jenes »A noi!«, das in den zwanziger Jahren allgegenwärtig war, heute aber bei den Jungen in Mißkredit ist. Dieser Vater mußte ein erdgrünes Auto besitzen, denn wenn sich einer eine Sprühdose kauft, um auf den Wänden zu schreiben, wird er eher rot oder schwarz wählen. Plausibler war die Hypothese, daß der Vater die grüne Dose gekauft hatte, um das grüne Auto auszubessern, und sie anschließend dem Sohn überlassen hatte – oder vielleicht hatte sie der Sohn auch einfach genommen.

Etwas konfus, wie das so ist, wenn man geht, wälzte ich diese Überlegungen, als ich auf dem Dorfplatz von B. anlangte. Die Idee, die Hakenkreuze bei den Carabinieri anzuzeigen, gab ich sofort auf: Sie sind einigermaßen in der Lage, Hühnerdiebe zu schnappen, aber gewisse andere Angelegenheiten erwecken nicht ihre Hab-acht-, Jagd- oder Verhaftungsinstinkte. Ich bin dagegen zum Gemischtwarenladen gegangen, dem einzigen Laden in B., der Farbe verkauft. Es ist einsichtig, daß die Sprühdose auch von weither kommen konnte, aber warum sollte man es nicht versuchen? Die Frau im Gemischtwarenladen war effizient (sie ist es in allen Dingen; ich kenne sie schon eine Weile); ohne große Mühe erinnerte sie sich, daß sie in der letzten Zeit nur eine einzige Dose verkauft hatte, ja, Alfagrün, Best.-Nr. 12004, letzten Freitag, Herrn Fissore, zehn Uhr morgens. Perfekt.

In B. kennen wir uns alle. Fissore ist ein Versicherungskaufmann, ein Stutzer und Genießer, ein kleiner Angeber, skeptisch und leichtgläubig in einem, er tratscht hinter dem Rücken eher aus Leichtfertigkeit denn aus Bosheit; ein Typ aus der Zeit, achtzig Jahre zu spät, und in unseren Zeiten bewegt er sich nur mühsam, er leugnet alles, will die Sachen nicht zur Kenntnis nehmen und verschanzt sich in den Wochenenden wie die Pioniere in den Festungsanlagen. Das ist kein Mann für Hakenkreuze. Aus diesem Grund hatte ich nicht an ihn gedacht, und auch nicht an seine Alfa Giulia, die wirklich grün ist. Aber seine Kinder.

Die Kinder anderer Leute interessieren mich nicht so sehr. Sie würden mich interessieren, wenn ich mit ihnen in Kontakt treten könnte, aber das ist unmöglich. Es sind Amöben, Wolken: man kann sie nicht beschreiben; jedes Jahr, jeden Monat verändern sie sich in Kleidung, Gewohnheiten, Sprache, im Gesicht; um wieviel mehr ihre Ansichten. Mit welchem Ziel sollte man mit Proteus in Kontakt treten? Du lobst ihn wegen seines strahlend weißen Aussehens, und dann tritt er pechschwarz vor dich hin. Du wirst Mitleid haben mit seinen Qualen, und er erwürgt dich.

Fissore hat einen Sohn und eine Tochter, aber die stand nicht zur Diskussion: sie befand sich seit einem Monat in Schottland. Der Sohn heißt Piero und entspricht nur schlecht dem Bild, das ich mir hilfsweise zurechtgezimmert hatte, außer daß er fünfzehnjährig ist. Er ist mager, schüchtern, kurzsichtig, und mir ist nicht bekannt, daß er sich mit Politik befaßt. Ich kann das sagen, denn im letzten Sommer habe ich ihm einige Stunden Nachhilfe in Algebra und Geometrie gegeben. Wer sich je darin versucht hat, weiß, daß Privatstunden wundervolle Untersuchungsinstrumente sind, sensibel wie ein Seismograph. Er ist noch nicht einmal ein typischer Introvertierter, er spricht eine ganze Menge. Eher schon ist er weinerlich, einer von denen, die dazu tendieren, die ganze Welt als ein großes Verschwörernetz zu ihrem Nachteil zu sehen – und sich selbst im Zentrum, schutzlos allen Übergriffen ausgesetzt. Von dieser schwächenden Tendenz geheilt zu werden ist schwierig, weil es Übergriffe ja wirklich gibt. Ich denke, es wäre gut, diesen Verfolgten beizubringen, daß nicht sie allein Übergriffen ausgesetzt sind, und vor allem, daß Lamentieren nicht hilft. Man muß sich, individuell und kollektiv, verteidigen – auch mit Optimismus. Ohne Optimismus verliert man sogar die Schlachten gegen die Windmühlen.

Einige Tage später traf ich Piero: Zufällig, denn ich hielt es für nicht der Mühe wert, ihn aufzuspüren oder ihm an seiner Haustür aufzulauern wie ein Leopard. Ich fragte ihn, wie es in der Schule gelaufen sei: Erster Fehler. Schlecht war es gelaufen: Er mußte im Oktober in Geschichte und auch in Mathematik noch einmal antreten. Er sagte mir das mit einem Anflug von Tadel, wie wenn es meine Schuld gewesen wäre; nicht als sein Ex-Privatlehrer, sondern insoweit als ich ein anderer, Nicht-Piero, bin und folgerichtig teilhabe an der Verschwörung gegen ihn. Ich hörte da einen unbestimmten Schmerz heraus, der an der Oberfläche aus Verachtung bestand, mehr in der Tiefe aber mir eine Art Bedauern schien, ein unpräzises Bedauern ohne klare Stoßrichtung, das zu analysieren wäre: Sein offensichtliches Unglück und die Handlung, die ich ihm unterstellte, könnten tatsächlich meine Schuld sein. Einen Heranwachsenden in Geometrie zu unterrichten, ist nicht nur ein Instrument der Diagnose, es ist zugleich, kann es zumindest sein, Instrument einer drastischen Therapie: Es kann in einer schulischen Laufbahn die erste

Offenbarung der unerbittlichen Kraft der Vernunft sein, des intellektuellen Muts, der die Mythen von sich weist, und der heilsamen Emotion, im eigenen Verstand einen Spiegel des Universums zu bemerken. Es kann ein Gegengift zur Rhetorik, zum Mangel an Genauigkeit und zur Trägheit sein; für den Jugendlichen kann es einen spielerischen Gradmesser für seine Geisteskraft darstellen oder eben auch den Anlaß, sie zu entwickeln. Vielleicht hatte ich diese Therapie zu wenig oder gar nicht oder nicht in einer ihm angepaßten Weise betrieben. Ich habe ihn mir aus der Nähe gut angesehen. Er ist eher knochig denn mager, die Augen hinter den Brillengläsern sind unstet, wie wenn sie zögerten, an welchem Gegenstand sie sich festmachen sollten. Ich wußte nicht, wie ich meine Untersuchung beginnen sollte; schließlich dachte ich, der gerade Weg sei der beste, und fragte ihn rundheraus, ob er die grünen Inschriften unten auf der Straße gemalt habe. »Die habe ich gemacht«, antwortete er schlicht. »Ich hab es satt! Es wird Zeit, daß das alles aufhört.«

»Was?«

»Alles! Die Schule! Fünfzehn Jahre alt zu sein! Das ganze Land! Die Mathematik: Was soll mir das nützen? Ich werde doch sowieso Anwalt, nein, Richter.«

»Warum Richter?«

»Weil... dann schaffe ich Gerechtigkeit! Damit die Leute büßen, damit jeder seine Rechnung begleicht.«

Wir saßen auf einem Mäuerchen, und Piero spielte mit einer Hand in der Hosentasche herum, die seltsam dick war. Nach und nach kramte er ganz mechanisch einen Tischtennisball, einen Bonbon, eine zusammengeknautschte Fotografie, zwei verbogene Zigaretten, einen roten Aufkleber, den ich nicht identifizieren konnte, eine Wäscheklammer, ein Taschentuch mit zwei Knoten und eine Haarspange hervor. Schweigend sortierte er all das auf der Mauer zwischen sich und mir. Er tat so, als sei er zerstreut, aber ich verstand, daß es sich um eine Szene handelte, die mir galt. Schließlich sagte er: »Auch sie hat mich verlassen!«, nahm die Spange und warf sie mit einem wütenden Ruck in den Bach, der unten, zu Füßen der Mauern zwischen Unkraut und aufgeplatzten Müllsäcken floß.

Es schien mir inopportun, meine Untersuchung weiterzutreiben. Piero kaute an seinen Nägeln und stierte ins Leere. Dann ließ er die mir nicht entschlüsselbaren Symbole in den Bach fallen – mit Ausnahme des Taschentuchs. Das steckte er wieder in die Tasche. Ich dachte, wenn es von ihm abhängt, dann können die Chinesen noch lange überleben. Ich dachte auch an die Ambiguität im Wesen der Botschaften, die wir alle von der Geburt bis zum Tode hinterlassen und an unsere tiefgehende Unfähigkeit, eine Person mit ihrer Hilfe zu rekonstruieren; der Mensch lebt, seit er schreibt: wer immer schreibt, und wenn es nur auf die Wände ist, der schreibt in einem Kodex, der allein seiner ist und den die anderen nicht kennen – auch der, der spricht. Klar machen, zum Ausdruck bringen, sich klar und deutlich ausdrücken, das vermögen nur wenige: einige könnten und wollen nicht, andere wollen, verstehen es aber nicht, der größte Teil will weder noch kann er.

Aber ich dachte auch an die verkannte Kraft der Schwachen und Ungeeigneten: In unserer instabilen Welt kann selbst ein lächerlicher Fehlschlag wie der des fünfzehnjährigen Piero, der die Prüfung im Oktober wiederholen mußte und dem die Freundin weggelaufen war, eine Kette von weiteren hervorrufen; eine Frustration, noch mehr Frustrationen. Ich dachte daran, wie unangenehm es ist, unangenehmen Menschen zu helfen, die doch die Hilfe am meisten brauchen. Und ich dachte am Ende an die Tausende anderer Inschriften auf den Mauern Italiens, die von Regen und Sonne seit vierzig Jahren verwaschen werden, häufig durchlöchert von eben dem Krieg, den sie mithalfen zu entfesseln, und die doch immer noch lesbar sind – dank der lästerlichen Dauerhaftigkeit der Farbe –, und der Kadaver, die schneller verfaulen, aber deren Gebeine auf makabre Weise in Ewigkeit fortdauern: es sind tragisch-ironische Inschriften, und doch können vielleicht noch immer Fehler aus ihren Fehlern, Untergänge aus ihren Untergängen entstehen.

ANTONIO TABUCCHI *Der Friedhof von Genua*

Er fragte den Wärter, ob er ein Grabmal mit einem Engel und einer Eule kenne; der Wärter sah den Besucher an und tat, als würde er nachdenken, aber man sah ihm deutlich an, daß er verwirrt war; trotzdem sagte er, es müsse sich im Laubengang West befinden, gewiß wollte er sich nicht blamieren, und zum Ausgleich legte er eine Sachkenntnis an den Tag, die niemand von ihm verlangt hatte. »Es muß eines der ersten Gräber sein«, sagte er, »in der Romantik war die Eule sehr in Mode.« Als Spino bereits in Richtung des ausgestreckten Armes davonging, erinnerte er ihn schließlich noch daran, daß der Friedhof um fünf geschlossen werde und daß er achtgeben solle, daß er nicht eingeschlossen werde. »Irgendeiner bleibt immer drinnen, wissen Sie«, fügte er hinzu, als wolle er seine Warnung weniger streng erscheinen lassen.

Er machte eine zustimmende Geste und ging die Asphaltstraße entlang, die quer durch die zentralen Quadrate führt. Der Friedhof war fast menschenleer, vielleicht weil es schon spät war und ein scharfer Wind wehte. Zwischen den Quadraten waren ein paar alte, schwarzgekleidete Frauen damit beschäftigt, die Gräber zu richten. Seltsam, daß man das Leben in einer Stadt verbringen kann, ohne einen ihrer berühmtesten Orte zu kennen. Er hatte den Monumentalfriedhof, der in allen Reiseführern beschrieben wird, noch nie betreten. Er hatte stets gedacht, um einen Friedhof zu kennen, müsse man eigene Tote dort haben, und seine Toten lagen weder hier noch woanders, und jetzt besuchte er den Friedhof, weil er einen Toten erworben hatte, der nicht der seine war, der aber auch nicht hier lag und mit dem ihn nicht einmal die Erinnerung an eine gemeinsame Vergangenheit verband.

Er begann zwischen den Gräbern auf und ab zu gehen, wobei er zerstreut die Inschriften auf den frischen Gräbern las; dann führte ihn die Neugier zur Treppe des häßlichen klassizistischen Tempels, in dem sich die Urnen einiger bedeutender Männer des Risorgimento befinden und auf dessen Fassade eine lateinische Inschrift einen unangemessenen Zusammenhang zwischen Gott und Vaterland herstellt. Er durchquerte ein Segment des Sektors Ost, wo sich neben strengen neugotischen Gebäuden Gräber in einem bizarren Coppedè-Stil befinden, die ganz aus Türmchen und Zinnen bestehen, und er konnte nicht umhin festzustellen, daß sich hier in einer bestimmten Zeit alle Würdenträger der Stadt versammelt hatten: Aristokraten, Senatoren des Königreiches, Admiräle, Bischöfe, dann Familien, bei denen der Adel des Vermögens anstelle des Adels der

Herkunft getreten war: Reeder, Kaufleute, die ersten Industriellen. Von der Vorhalle des Tempels aus kann man die ursprüngliche Anordnung des Friedhofes erkennen, die durch spätere Eingriffe grundlegend verändert worden ist. Aber das Konzept, das ihr zugrunde lag, ist noch immer dasselbe: im Süden und Osten die Viertel der Aristokratie, im Norden und Westen die Monumentalgräber der Handelsaristokratie, in den zentralen Quadraten, am Boden, die Sozialbauten. Darüber hinaus gibt es noch einige Sektoren mit nicht genau definierbaren Klassen, mit Heimatlosen: neben der Treppe des Tempels entdeckte er einen ganzen Bogengang mit Philanthropen: Wohltäter, Männer der Wissenschaft, Intellektuelle verschiedenen Grades. Eigenartig, wie das Italien des neunzehnten Jahrhunderts die im Leben gültigen Klassenunterschiede für die Choreographie des Todes getreulich reproduzierte. Er zündete eine Zigarette an und setzte sich ans obere Ende der Treppe, in Gedanken versunken. Es fiel ihm der *Panzerkreuzer Potemkin* ein, wie immer, wenn er eine große weiße Treppe sah, und dann noch ein Film, der zur Zeit des Faschismus spielte und der ihm wegen der Bauten gefallen hatte. Einen Augenblick lang kam es ihm so vor, als ob auch er zu einer Filmszene gehörte und unten ein Regisseur stünde, hinter einer unsichtbaren Filmkamera, und aufnähme, wie er dasaß und nachdachte. Er sah auf die Uhr und stellte fest, daß es erst Viertel nach vier war und er somit noch fünfzehn Minuten Zeit bis zur Verabredung hatte. Er ging den Bogengang Ost entlang, wobei er hin und wieder stehenblieb, um ein Grabmal zu betrachten und eine Inschrift zu lesen. Etwas länger blieb er vor der Haselnußverkäuferin stehen und betrachtete sie aufmerksam. Die realistische Darstellung ihres Gesichts kennt keine Nachsicht mit den Zügen einer plebejischen Physiognomie. Es ist offenkundig, daß die Alte in ihrem Sonntagskleid für den Bildhauer posierte: das Leibchen aus Spitze lugt unter einem Schal hervor, wie ihn einfache Frauen aus dem Volk tragen, ein eleganter Rock bedeckt die schweren Falten eines anderen Rockes, die Füße stecken in Pantoffeln. Um die Arme trägt sie die Kränze aus Haselnüssen, die sie ein Leben lang verkauft hat, unbeweglich an einer Straßenecke stehend, um sich schließlich diese lebensgroße Statue modellieren zu lassen, die jetzt den Besucher stolz anblickt. Ein Stück weiter vorne erinnert eine Grabinschrift auf einem Basrelief, das recht und schlecht den Ludovisi-Thron imitiert, daran, daß Matilde Giappichelli Romanengo, eine tugendhafte und hochherzige Frau, kaum hatte sie das dreißigste Lebensjahr erreicht, den Gatten und die Töchter Lucrezia und Federiga in tiefer Trauer zurückließ. Dies hatte sich am 2. September 1886 zugetragen, und neben den beiden Töchtern, die pietätvoll das Leichentuch halten, von dem aus die Signora Matilde in den Himmel fliegt, befindet sich die Inschrift: Ach, liebe Mama, was können wir dir schenken außer Blumen und Gebeten?

Er ging langsam durch den Bogengang, bis er das Grab mit dem Engel und der Eule gefunden hatte. Er sah, wie eine einsame Möwe, die vielleicht der Libeccio [Südwestwind] hierhergetrieben hatte, im Gleitflug über den Quadraten schwebte, als wolle sie landen. An Tagen wie diesem, wenn ein heftiger Libeccio weht, sieht man die Möwen des öfteren auch in den inneren Teilen der Stadt: in Schwärmen fliegen sie den mit Abfällen übersäten Kanal entlang, und dann treiben sie sich auf dem Festland umher auf der Suche nach Nahrung. Inzwischen war es genau halb fünf, Spino setzte sich auf das Mäuerchen des Bogengangs, mit dem Rücken zum Grab, und zündete noch eine Zigarette an. Unterhalb des Bogengangs war niemand mehr zu sehen, und die alten Frauen zwischen den Quadraten waren großenteils verschwunden. Auf der anderen Seite der Quadrate, in einem Winkel neben den Zypressen, erblickte er einen Mann, der vor einem Kreuz Andacht zu halten schien, und er begann ihn zu beobachten. Die Minuten verstrichen langsam, ohne daß der Mann sich bewegte, dann stand er hastig auf und ging in Richtung Ausgang. Spino blickte sich um, sah aber niemanden. Auf seiner Uhr war es jetzt Viertel vor fünf, und er begriff, daß zu dieser seltsamen Verabredung niemand mehr kommen würde. Oder vielleicht sollte auch niemand kommen: man wollte einfach wissen, ob er kommen würde, und vielleicht beobachtete ihn jetzt jemand, der für ihn unsichtbar war, und stellte fest, daß er tatsächlich verfügbar war. Es war eine Art Probe, der man ihn unterzogen hatte.

Die Möwe landete behende einige Meter von ihm entfernt und begann tolpatschig zwischen den Gräbern auf und ab zu gehen, mit neugierigem, ruhigem Blick wie ein Haustier. Er kramte in seiner Tasche und warf ihr ein Bonbon hin, das das Tier sofort verschluckte, wobei es mit dem Kopf wackelte und zufrieden das Gefieder aufplusterte. Dann hob sie zu einem kurzen Flug an, beinahe zu einem Sprung, ließ sich auf der Schulter eines kleinen Soldaten aus dem ersten Weltkrieg nieder und blickte ihn gelassen an. »Wer bist du?« fragte Spino sie leise. »Wer schickt dich? Auch im Hafen hast du mich bespitzelt, was willst du?«

Es fehlten noch zwei Minuten bis fünf. Spino stand schnell auf, und die brüske Bewegung erschreckte die Möwe, die blindlings aufflog und über einem anderen Quadrat zu kreisen begann, nahe der Treppe. Bevor Spino aufbrach, warf er noch einen Blick auf das Grab mit dem Engel und der Eule und las die Inschrift, die er vor erwartungsvoller Aufregung übersehen hatte. Erst jetzt glaubte er zu verstehen, daß jemand einfach den Wunsch hatte, er möge diese Grabinschrift lesen, daß darin die Verabredung bestand, daß dies die

Botschaft war. Unter einem ausländischen Namen befand sich ein Basrelief mit einer Schriftrolle, und darauf stand ein griechischer Spruch mit der italienischen Übersetzung daneben: *Es stirbt der Leib des Menschen, die Tugend stirbt nie.*

Er begann zu laufen, und seine Schritte hallten laut unter dem Gewölbe wider. Als er den Ausgang erreichte, zog der Wärter bereits das Gittertor über eine kleine Schiene, und er verabschiedete sich hastig. »Eine Möwe ist noch drinnen«, sagte er zu ihm. »Ich glaube, sie hat die Absicht, hier zu übernachten.« Der Mann gab keine Antwort, nahm die Schirmmütze ab und strich sich die Haare auf dem beinahe kahlen Schädel zurecht.

ANTONIO PORTA *Schrift an der Wand*

Nichts Apokalyptisches habe ich nahegelegt,
es ist die Normalität
Auf den Mauern von heute, 21. April 1976, steht:
Juden in den Ofen
was nur ein kleiner Pickel ist,
wie ich euch nahegelegt habe
denn ich bin lästig und sag's euch noch einmal,
daß sich die Grundsätze nicht
gewandelt haben und jeder zu einem andern sagen kann: Jude!
Was können sie tun, wenn auch der letzte Nazi
als Leiche im Gefängnis liegt und die draußen
so ohne Alibi zurückbleiben
in Leinhosen, ohne Nazis mit Originaletikett
die man verurteilen oder aufhängen oder in Zoos halten kann,
und gleich fragt der kindliche Dichter:
werden sie sich selbst aufhängen?
Die Antwort ist: nein, alle Verträge sind zu ihren Gunsten,
sie haben die Gesetze ja geschrieben

PIER PAOLO PASOLINI

Brief an den jungen Neapolitaner Genariello über Bologna

Bologna ist keine »typisch« italienische Stadt. Sie ist ein Einzelfall. Aber gleichzeitig ist sie der exemplarische »Probefall« einer möglichen, wenn auch eher unwahrscheinlichen, italienischen Zukunftsstadt. Ihre Anomalität beruht auf der Tatsache, daß sie sich in den letzten Jahren entsprechend den inzwischen geradezu sakralen Regeln des konsumistischen Wirtschaftswachstums entwickelt hat, aber gleichzeitig eine kommunistische Stadt ist. Daher war die kommunistische Stadtverwaltung gezwungen, sich Problemen zu stellen, die aus der kapitalistischen Entwicklung der Stadt erwuchsen... Du wohnst in Neapel, und all das kommt Dir natürlich mehr oder weniger unbegreiflich vor. In Neapel ist die armselige und chaotische Entwicklung des Konsumismus ganz in Händen einer Verwaltung, die mit ihm gemeinsame Sache macht. Und so sieht es in fast allen italienischen Städten aus. (Daher sind für Dich die Regional- und Provinzverwaltungen nichts anderes als die alten korrupten, miesen Vizekönige. Der jeweilige »König« sitzt irgendwo anders, wo sich Lebensformen und Lebensweise zu eben der Zeit radikal verändern. Die Vizekönige ahnen das, aber bis in ihr dumpfes Bewußtsein dringt das nicht vor. Was den Veränderungsprozeß jedoch betrifft, so verhalten sie sich einwandfrei: In ihrem Aussehen und ihrer Mentalität sind sie zurückgeblieben, sie sind aber sehr fortschrittlich, wenn es darum geht, voll Zynismus den neuen Machtkurs, d. h. im Grunde einfach die neuen Produktionsformen zu akzeptieren...)

Zu Dir sagt Bologna: »Lieber Genariello, bewundere mich! Ich bin eine dicke und fette Stadt in Norditalien, die das Wirtschaftswachstum noch dicker und fetter gemacht hat. So dick und fett, daß ich eine deutsche oder französische Stadt sein könnte. Solltest du hierher emigrieren, so müßtest du einfach ständig geblendet sein von dieser Tatsache. Außerdem: Wir sind hier Kommunisten und daher saubere und ehrenhafte Leute. Auch das ist ein Privileg, verglichen mit der Welt, aus der du kommst. Solltest du hierher ziehen, so müßtest du einfach kommunistisch wählen. Die beiden »Segnungen« – unser Reichtum und die kommunistische Stadtverwaltung – schaffen eine Atmosphäre von demokratischem Optimismus, der dich ekstatisch niederknien läßt und dich dann zu einem neuen Glaubensbruder macht – einem übrigens nicht allzu fanatischen...«

Zu mir sagt die Stadt Bologna: »Du vergleichst mich mit dem alten Bologna, das du vor 30 Jahren verlassen hast. Ich weiß, daß du mich bewunderst. Aber ich weiß auch, daß dich etwas an mir enttäuscht oder dir ein zwiespältiges Gefühl gibt. Es ist nicht das Heimweh nach jener Stadt von vor 30 Jahren, es ist die Erkenntnis dessen, was ich heute bin. Wenn ich dir noch etwas sagen kann, dann nur über deinen Charakter und deine Kultur. Meine objektive Wirklichkeit dagegen kann dir nichts mehr sagen. Die erste und einzige Äußerung meines Schweigens wäre: Ich bin dir fremd und unverständlich. Daß ich dir zu deinem Charakter und deiner Kultur noch etwas sagen kann, ist Verdienst der erhaltenden Funktion, die hier die kommunistische Partei gehabt hat. Deshalb reizt es dich auch, wieder hierher zu ziehen, hier zu arbeiten, vielleicht sogar im Haus in der Via Zamboni zu wohnen, wo du geboren wurdest, oder in der Via Nosadella, wo du als Knabe gelebt und deine ersten Gedichte geschrieben hast. Die Tatsache, daß ich eine separate Welt, eine Insel bin, ist ein Phänomen, das dich anzieht, zugleich aber abstößt, zurücktreibt an jene Orte, die nicht so privilegiert und saturiert sind. Die Fremdheit eines Stadtzentrums und einer das ganze Umland überwuchernden Industriezone – beide ergriffen von einem Sog zu einer Zukunft, die von Grund auf anders ist als jede dir bekannte Vergangenheit – traumatisiert dich. Samstag abends ein Getümmel zu sehen wie im Quartier Latin, Pärchen soweit das Auge reicht, Kriminalität – das dreht dir natürlich den Magen um. Das hochgepriesene demokratische Spiel mit Versammlungen, Mitspracherecht und Mitbestimmung bereitet dir nur Unbehagen. Dennoch weiß ich, was dich mehr als alles andere ängstigt, zumindest wenn du mich als Phänomen betrachtest. Es ist die Tatsache, daß ich Probleme des internationalen konsumistischen Wirtschaftswachstums einer regionalen kommunistischen Junta stelle. Sie löst sie, aber sie akzeptiert sie damit auch. Und indem sie diese Probleme akzeptiert – zumindest in der Praxis, die jedoch stets eine noch nicht formulierte Theorie ist –, akzeptiert sie auch das Universum der zweiten und endgültigen bürgerlichen Revolution. In dem Moment, wo ich gleichzeitig eine Stadt des Wirtschaftswachstums und eine kommunistische Stadt bin, werde ich zu einer Stadt, die nicht nur keine Alternativen, sondern auch keine Unterschiede mehr kennt. Ich verkörpere demnach ein mögliches Italien der Zukunft, des ›compromesso storico‹, in dem bestenfalls, d. h. im Falle einer effizienten kommunistischen Verwaltungsmacht, die Bevölkerung nur noch aus Kleinbürgern bestehen würde und die Arbeiter, anthropologisch gesehen, vom Bürgertum ausgerottet worden wären ...«

GIANNI CELATI *Junge Leute auf der Flucht*

In dem Teil der Ebene, der sich südlich des großen Flusses zu den Bergen hin ausdehnt, gab es vor nicht allzu langer Zeit ein riesiges Tanzlokal mit einer Leuchtschrift auf dem Dach, die man weithin über das Land sehen konnte. Aus der nahen Stadt der Fliesen und der Platten, die nur aus schnurgeraden Straßen, Fabriken und Vierteln mit Wohnblöcken auf wüstem Gelände besteht, kamen jeden Abend Tausende von Autos, die den großen freien Platz gegenüber füllten. Am Wochenende kamen von überallher, von den drei nahen Städten, vom Land ringsum und aus den entferntesten Dörfchen in der Flußniederung, motorisierte einzelne und drängten sich in das Lokal, das mehr Leute anlockte als jedes andere Tanzlokal in der Gegend.

Oft schickten die Besitzer anderer Lokale Banden dorthin, die alles kurz und klein schlagen und Krawall machen sollten, damit es Verletzte und Verwundete gab und das Lokal geschlossen wurde. Aus diesem Grund hatte der Besitzer des riesigen Tanzlokals Polizisten eingestellt, die eingreifen mußten, sowie einer stritt, handgreiflich wurde oder das Messer hervorzog.

Den brachten dann die Polizisten in eine Abstellkammer und schlugen ihm so lange mit dem Knüppel auf den Kopf, bis ihm alle Lust vergangen war, jemals wieder an diesen Ort zurückzukehren, danach warfen sie ihn mit Fußtritten durch eine Hintertür hinaus.

Die Polizisten in der Abstellkammer schlugen lange und auf eine besondere Art und Weise zu, die keine Spuren hinterließ. Sie durften nämlich von Rechts wegen niemanden verhaften und noch viel weniger schlagen, da sie in dem Lokal außerdienstlich arbeiteten, um sich ein zweites Gehalt zu verdienen; freilich ließ der Besitzer auch den Vorgesetzten der Polizisten ein Gehalt zukommen, da sie im Notfall immer bereit waren zu erklären, ihre Leute seien im Dienst gewesen.

Bei einer Rauferei schleppten die Polizisten mit dem Knüppel nun einen Jungen weg und schlugen ihm den Schädel ein; und als die Freunde des Jungen in die Abstellkammer gestürzt kamen, fanden sie nur noch ihren Freund, der tot auf einem Tisch lag.

Der Besitzer des Lokals kam dazu und sagte, sie sollten sich schleunigst davonmachen, denn die Polizei sei schon im Anrücken. Da flohen die vier durch die Hintertür; ihren toten Freund nahmen sie mit.

Sie rasten durch die Nacht auf die Stadt der Fliesen und der Platten zu. Nach einer Kurve bemerkten sie eine Straßensperre der Carabinieri und bogen im letzten Moment in einen Feldweg ein, während ein Carabiniere eine Maschinengewehrsalve abfeuerte und den Motor des einen Autos durchlöcherte.

Die vier ließen das angeschossene Auto stehen und flohen mit dem anderen, ohne die Scheinwerfer einzuschalten, querfeldein; sie beschlossen, nicht nach Hause zurückzukehren, um nicht verhaftet zu werden.

Ihre Fahrt ging nordwärts, in Richtung des großen Flusses, sie verirrten sich in dem schachbrettförmigen Netz der Nebenstraßen, die hier von allen Seiten kommen. Im Morgengrauen befanden sie sich in einer gottverlassenen Gegend unter einem regnerischen Himmel nicht weit von einer auch heute noch existierenden Fabrik, die Atombunker herstellt und die sie vom Hörensagen kannten. Und als sie in eine breite, gerade Straße einbogen, auf der nur Lastwagen verkehrten, half ihnen das große Reklameschild dieser Firma, sich zu orientieren.

Unter dem großen Reklameschild begegneten sie dem arabischen Teppichverkäufer, der gerade seine Ware am Straßenrand ausbreitete: Teppiche, Pendeluhren, Feuerzeuge und Nippes aus Holz. Rundherum finstere Gebäude mit geschlossenen Türen und Fenstern, hier kam außer schnell fahrenden Lastwagen niemand vorbei.

Bei ihrer Unterredung mit dem Araber erfuhren die vier, daß man auf dieser Straße bis zum Fluß fahren mußte und dann in der Nähe der Brücke zu einem Lager für obdachlose Ausländer kam, wo Jugoslawen, Afrikaner, Zigeuner und andere Ausländer hinter einem Stacheldrahtzaun in Baracken lebten. Es handelte sich um Ausländer ohne Papiere, die hierher kamen, um zu arbeiten, und die man in dieses Lager steckte, bevor man sie wieder nach Hause schickte oder irgendwo unterbrachte. Von dem Araber erfuhren sie auch, daß praktisch jeder durch den Stacheldrahtzaun in das Lager gelangen konnte und daß nie jemand kam, um zu kontrollieren, wer in den Baracken wohnte.

Die vier fuhren weiter. Kurz darauf brach ein heftiges Gewitter los, sie verirrten sich aufs neue und überquerten den Fluß, ohne eine Ahnung zu haben, wohin sie fuhren. Sie hielten in der Nähe eines Autofriedhofs, um sich nach dem Weg zu erkundigen und sich zu orientieren. Hinter der Umzäunung bellten Schäferhunde, und als einer von den Hunden auf die Straße entwischte, um sie anzuspringen, stiegen die vier wieder ins Auto und fuhren davon.

Auf einem schmalen Instandhaltungspfad, der an einer langen grauen Mauer unter dem Damm entlangführte, kamen sie schließlich zu einer Umzäunung aus Stacheldraht. Es handelte sich allerdings um regelrechte Hecken aus Stacheldraht, hinter denen friesische Pferde weideten, ein Loch, durch das sie hätten hineinschlüpfen können, fanden sie nirgends.

Sie hörten Trillerpfeifen, Geschrei und einen Schuß, dann sahen sie, wie durch den Regen Soldaten gerannt kamen. Ohne es zu bemerken, hatten sie ein Schild überfahren, auf dem stand: ZUTRITT VERBOTEN – MILITÄRGEBIET. Also flohen sie aufs neue und fuhren zurück zur Brücke über den großen Fluß.

Am Damm des Flusses stahlen sie zwei Tage später die Plane von einem am Ufer vertäuten Motorboot und fuhren in Richtung Flußmündung weiter; ihren Freund hatten sie in die Plane gewickelt auf dem Dach des Autos.

Das Land war hier nach allen Seiten hin beinahe unbewohnt; Straßenschilder kündigten Ortschaften an, die es nicht gab, oder Orte, wo die Häuser verlassen dastanden oder eingerissen worden waren, und die Neubauten aus Beton waren menschenleer. Am Rande eines Maisfeldes sahen sie Vogelscheuchen; es waren über Stöcke gestülpte Plastikflaschen und im Winde wehende Nylontüten.

Sie standen auf einem Weg, der vom Damm abwärts führte, und blickten hinunter in die Ebene, wo sich Feldwege kreuzten; das Getreide war schon abgeerntet, und eine herumfahrende Maschine ließ das Heu in Ballen verwandelt hinter sich liegen. Von hier aus sahen sie auf der anderen Seite den großen Fluß voller Abfälle, die bewegungslos auf der Oberfläche lagen, mit weißen Blasen, als hätte man ein Gerinnungsmittel in das Wasser geschüttet, wodurch es stockte und, abgesehen von dem Weiß der Blasen, kohlschwarz geworden war.

Auf diesem Damm kam ihnen ein Scherenschleifer entgegen. Er fuhr auf einem alten Motorrad mit Beiwagen über Land, mit einem Lautsprecher machte er die Leute in den Einfamilienhäusern und Reihenhäuschen, die man jenseits der Felder sah, auf sich aufmerksam. Der Scherenschleifer blieb stehen und grüßte sie; er fing an, für sich allein zu plaudern, wobei er sehr weit ausholte, schließlich redete er im Dialekt von einer Gegend, die man die »Totenbai« nannte und die, wie er meinte, etwa dreißig Kilometer entfernt in einer Lagune lag.

Die vier kamen von weit her und verstanden die Dialekte dieser Gegenden nicht; deshalb verstanden sie auch nicht genau, wovon der Scherenschleifer redete; der Name des Ortes aber blieb ihnen im Gedächtnis.

Auf einer miserabel asphaltierten Straße, vor einer herrschaftlichen Villa mit Garten und Springbrunnen, bekamen sie Durst. Sie hatten nirgends einen öffentlichen Brunnen finden können, und in die Bars wagten sie sich nicht. Sie hatten also den Garten betreten und tranken gerade vom Strahl des Springbrunnens, als sie meinten, einen alten Mann in Unterhosen, Pantoffeln und mit einer Zeitung in der Hand zu sehen, der sich schnell hinter einer Ecke versteckte.

Sie liefen zu der Ecke, aber es war niemand dort; Blütenstaubflokken flogen durch die Luft, und aus dem Haus kam eine kreischende Stimme: »Hilfe! Einbrecher!«

Die vier begannen von Kopf bis Fuß zu zittern, stiegen wieder ins Auto und flohen, wobei sie noch etwa eine Stunde lang zitterten.

Unterwegs kamen sie zu einer Schleuse, von der endlos lange Kanäle ausgingen, die zwischen hohen Ufern mit Schilf und Sumpfgewächsen dahinflossen; ganz hinten sah man moosige Tümpel. Später zog ein leerer Fußballplatz unterhalb eines Dammes ihre Blicke an, und sie konnten sich an ihm nicht sattsehen. Seitdem sie in die Stadt der Fliesen und der Platten gezogen waren, waren sie niemals unterwegs gewesen, und allen an den Orten, zwischen denen sie nun umherirrten, erschien ihnen ungewöhnlich und eigenartig.

Sie sollten noch in derselben Nacht wieder von der Totenbai hören.

Auf einer Straße, die durch das dunkle Land lief, sahen sie auf der einen Seite die Lichter einer Methangasanlage, die schachbrettförmig angeordnet waren, als wäre es eine Stadt in den Wüsten des Mondes, und auf der anderen Seite sahen sie in der Ferne ein grünes Licht, das unentwegt an- und ausging.

Einer, der sich Mazinga nannte, hatte dort seinen Wohnwagen stehen, wo er belegte Brote, Getränke und Eis an die Wanderer verkaufte, die sich in den Lagunen verirrten. Er nannte den Ort seinen »Flughafen« und hatte auf dem Wohnwagen ein an- und ausgehendes grünes Licht installiert, wie man sie auf den Flughäfen als Signallichter verwendet.

Während die vier durch das finstere Land jagten, bemerkten sie, daß sie Hunger hatten, denn sie hatten lange Zeit nichts mehr gegessen. Dazu kam noch, daß sie seit dem Schrecken vor der herrschaftlichen Villa von Zeit zu Zeit alle vier auf einmal zu zittern anfingen, und das nahm ihnen noch vollends das Orientierungsvermögen. Um sich in der Nacht zu orientieren, folgten sie also dem an- und ausgehenden grünen Licht, bis sie schließlich in Mazingas Hafen landeten.

An seinem Wohnwagen kauften sie belegte Brote und Getränke. Der Wohnwagenmann hatte sich, nachdem er sie bedient hatte, auf einen Liegestuhl gesetzt, um in einen kleinen tragbaren Fernseher zu schauen; es war ein kleiner dicker Mann, der eine Baseballmütze auf dem Kopf hatte; auf dem Schild über seinem Wohnwagen stand geschrieben: MAZINGA OPEN DAY AND NIGHT.

Während die vier im Stehen ihre Brote aßen, fiel ihnen auf, daß der Wohnwagenmann beim Fernsehen Selbstgespräche führte. Dann fiel ihnen auf, daß es in seinem Gemurmel um sie ging. Was er da vor sich hin murmelte, waren Sätze wie: Fassen wird man sie alle, man wird es mit ihnen noch unverschämter treiben als mit den anderen, denn sie sind ja unschuldig; das Rückgrat werden sie ihnen brechen oder so brutale Bestien aus ihnen machen, wie sie selber sind; so geht es eben zu auf dieser Welt, und eine andere gibt es nicht, etwas anderes kann es nicht geben, und etwas anderes bleibt nicht zu hoffen.

Vielleicht hatte der Mann ihre Geschichte in den Zeitungen gelesen; jedenfalls wußte er alles über sie und murmelte solche Sätze vor sich hin.

Da fingen sie wieder an, von Kopf bis Fuß zu zittern, die vier Freunde; und als der jüngste von ihnen so laut mit den Zähnen klapperte, daß es in der Nacht widerhallte, drehte sich der Wohnwagenmann um und schaute, was los war. Er schüttelte den Kopf und wandte sich wieder seinem Fernseher zu.

Während er in den Fernseher schaute, sagte er, davonkommen könnte man nur, wenn man in die Totenbai ginge. »Nur in der Totenbai ist man in Sicherheit.« Dann erklärte er, wo dieser Ort zu finden war, machte das Fernsehen aus und ging, ohne sie anzusehen, ins Bett.

Am nächsten Tag machten die vier, nachdem sie richtungslos durch die Gegend des Deltas gefahren waren, gegen Mittag in einem Dörfchen halt, weil sie nach Straßenkarten suchten. Sie wollten den Ort finden, auf den sie der Wohnwagenmann aufmerksam gemacht hatte.

Den Kanal entlang standen alte, unbewohnte Fischerhäuser und auf der anderen Seite der Straße neue Häuser, überall mit aufgehängter Wäsche, vor den Türen viele Mofas, Fahrräder und Autos. Männer in Unterhemden putzten die Autos oder standen plaudernd und rauchend vor den Hauseingängen; von den Fenstern kamen die langen Kantilenen der Frauen, und die Kinder, die auf den kleinen Vorplätzen spielten, schienen die einzigen, die bemerkten, daß ein Auto vorbeifuhr.

In einer Bar, in der sich lauter schwarz gekleidete Männer drängten, suchten sie jemanden, den sie hätten fragen können, wo es Autokarten zu kaufen gab. Die Bedienung an der Bar verstand ihre Worte und ihren Akzent nicht und schüttelte immer nur den Kopf, während sie andere Kunden bediente. Von den stehenden Männern zeigte kein einziger, daß er von ihrer Anwesenheit Notiz genommen hätte; sie waren alle in eine Diskussion verstrickt über ein politisches Ereignis, das in der Zeitung stand, und manche fuchtelten beim Reden den anderen mit der Zeitung vor dem Gesicht herum.

Nicht weit von der Bar hatte ein Omnibus mit Touristen gehalten, die zu den vielen Mündungen des großen Flusses geführt werden sollten. Der Fremdenführer redete mit dem Megaphon auf sie ein, und seine Stimme klang wütend.

Auf einmal fing die Stimme an zu fluchen, weil einer älteren Touristin in der prallen Sonne übel geworden war. Und als die Frau zu

Boden stürzte, wetterte die Stimme, man solle sie in den Omnibus bringen, sie hätten keine Zeit zu verlieren; andere Touristen kamen herbei, die wie verzweifelt schrien, der Omnibusfahrer hupte, weil er es eilig hatte, und auch die Jungen auf den Mofas drückten alle auf einmal auf ihre Hupen.

Die vier waren völlig außer sich, sie mußten zum Auto laufen und schnell wegfahren. Nun erschreckte sie schon beinahe alles so, daß sie von Kopf bis Fuß zitterten.

Ohne eine Straßenkarte wußten sie nicht, wohin sie fahren sollten. Während sie blindlings dahinfuhren, brachte ein Stein einen Autoreifen zum Platzen, und sie landeten im Straßengraben. Dort ließen sie das Auto stehen. Ihren toten Freund nahmen sie mit und machten sich auf in die Sümpfe, zwischen Schilf und Binsen, hinter denen nichts mehr kommt als das Meer. Als sie allmählich Hunger bekamen, fingen sie an zu weinen; sie weinten, auf der Erde sitzend, eine ganze Nacht und einen ganzen Tag.

Immer noch weinend versuchten sie Pfaden zu folgen, die es gar nicht gab, beim Gehen suchten sie nach etwas in den Lagunen, dabei versanken sie oft in Wasserlöchern oder im Fließsand. Am Abend waren sie ausgehungert und durchgefroren, sie schliefen weinend ein und weinten auch im Schlaf.

Eines Morgens erwachten sie, und es fiel ihnen auf, daß sie nicht mehr weinten und auch nicht mehr zitterten. Vor ihnen stand eine Baracke aus Wellblech mit einem Dach aus Eternit; es war der Ort, von dem Mazinga gesprochen hatte.

In der Baracke waren die Überreste eines Imbisses, den jemand vor vielen Jahren plötzlich unterbrochen haben mußte. Die Decken auf den zwei Feldbetten hatte die Zeit aufgelöst, sie waren nur noch eine Schicht Staub. Viele Stechmücken surrten durch die Baracke, und vor der Tür sah man ein Boot, das mitten im Schilf an einem Steg aus schwarzen, verfaulten Pfählen verankert war.

Mit diesem Boot fuhren sie aufs Meer hinaus und ließen ihren toten Freund ins Wasser gleiten. Danach konnten sie sich nicht entschließen, wieder zurückzufahren, und so ruderten sie weiter; sie bildeten sich ein, daß sie nur weiterzurudern brauchten, um irgendwo anzukommen.

FRANCESCO GUCCINI *Emilia*

Die Alpen, weiß man, sind eine Mauer aus Stein,
ein verworrener Wehrdamm, Tabula rasa machen sie
mit uns, die hier unten, fernab, weiter südlich zu Hause sind;
zu Hause und verwurzelt in unserem Flachland
aus einer Sonne, die Fröschen den Rachen zuknebelt,
aus einem Nebel, dick, gefährlich, geglättet, wie aus Brot,
und eine Straße so alt wie der Mensch,
ihre Ränder gezeichnet vom Schattenmuster eines Doms,
und Flüsse, falsche Abenteurer, verwandeln die Padaner in Seeleute, nicht wirklich.
Emilia, du lagerst zwischen Feldern und auf Wiesen,
Lagunen und Pirogen in der Terramara,
nordische Krieger mit kreidigem Haar...
du hast sie hier durchziehen seh'n!
Emilia, ausgestreckt zwischen Ulme und Weinberg,
hinter dir suchst du das Meer, das dir fehlt,
und der Apennin enthüllt das Geheimnis, wird zum Giganten...
auf der Straße, zwischen einer Piazza und einem Dom,
hast du diese Art Leute in die Welt gesetzt:
aufrichtig, offen, verlogen, seltsam,
verschlossen, anarchisch, Verdi-Leute...
mieser Typ, der Emilianer!
Emilia, du träumst zwischen dem Heut' und dem Morgen
vom Essen, von Motoren, vom Luxus, vom Tanz;
Emilia der Gesichter, der Schreie, der Hände,
ein großes Vergnügen wird das,
dereinst einmal, aus einer fernen Welt
hier unten einen Flecken Grün zu seh'n
und mein Herz zu spüren, das langsamer schlägt und darin vergeht...

...ein Hund geht spazieren und ein Mensch bellt in den Wind...

Jetzt nehm' ich Abschied, der Abend ist nah, es wird spät,
und man geht leben oder schlafen von Las Vegas bis Piacenza,
Scheinwerfer, kilometerweit, blenden dich beharrlich,
doch ich fühle deine Geduld: noch eine Weile wirst du uns ertragen...

PIER VITTORIO TONDELLI *Anders herum*

Ein langweiliger, versoffener Abend auf der Terrasse des BOWLING, einen Martini nach dem anderen trinken, vorher Wodka, dann Gin und das Geschwätz eines total ausgerasteten Typen anhören, dem alles nur Mögliche zugestoßen ist – als Opfer eines hellen Burberry. Wirklich ein leerer Abend, die Oliven gehen aus, der Typ schimpft und rotzt herum, es reicht ihm nicht, seine Wut an den Kegeln auszulassen, er muß einem auch noch auf den Sack gehen.

Von der Fensterfront aus betrachte ich die enge, nächtliche Stadt. Hinter der Überführung die Lichter des Bahnhofs, seitlich die kleine Karatesporthalle; ich arbeite dort jeden zweiten Nachmittag: Teilnehmerlisten der Kurse in Ordnung halten, Teppichfliesen säubern, Kacheln der Klos und der Duschen wischen, Schlösser der Spinde in den Umkleideräumen kontrollieren, hunderttausend Lire im Monat. Davor der Platz mit dem Filobus, die Wartehäuschen, die Leute, die von einem Fuß auf den andern treten.

Ich betrachte mein erschöpftes und verschwitztes Gesicht im Spiegel; gerade ist die Partie des Turniers Amatori zu Ende, ich habe um Haaresbreite (so ein Scheiß: zwei Kegel) verloren. Dann trifft Ruby an der Bar ein; man sieht sofort, daß er inmitten der Leute mein Gesicht sucht, denn kaum hat er mich bemerkt, lächelt er strahlend und sieht nicht mehr so finster aus wie beim Hereinkommen. Er kommt näher, faßt mir auf die Schulter, sagt: Ciao, und flüstert mir ins Ohr: Ich habe Lust, mit dir zusammenzusein. Ich betrachte ihn, denke: Heute nacht fehlen mir zwei starke Arme, in denen ich mich zusammenkuscheln kann; ich sage ja. Gut, daß du gekommen bist, Ruby; okay, wohin gehen wir.

Ruby ist sechsundzwanzig, an Abenden wie diesem spielt er den großen Bruder; ich kenne ihn noch nicht lange, wir haben uns auf einem Rockkonzert getroffen, man stellte ihn mir vor, ich wußte nicht, daß er schwul war, auf den ersten Blick besaß er alle Attribute eines Super-Mannes: ein zersauster Bart, der bis auf die Brust reicht, die stramme Falte im Hintern, ein Schwanz, der bei jedem Schritt die Jeans schier platzen läßt. Ich hätte das nie gedacht, ich glaubte einfach nicht, daß ein Schwuler nur Dialekt spricht und ein Krimineller ist, nein; klar, daß er gut fickt, es gefällt mir, mit ihm zusammenzusein und zu dösen, er beschützt mich, ich kuschle mich in seine verschwitzten Achseln – aber nur einmal im Monat, nicht öfter;

eigentlich ist es monoton, er bumst so dramatisch, er schauspielert und schreit, aber ohne viel Talent. Nur sein Schwanz hat Talent, heute abend, heute nacht werden wir sehen.

Er hat seinen Fiat 600 mit aufgeblendeten Scheinwerfern auf dem Platz stehenlassen, so sicher war er, mich abzuschleppen. Ich steige ein, nun, ist dir was eingefallen, wo wir hingehen können? Er erwidert, daß er mich ein wenig genießen will, wir sehen uns so selten, kurz, er hat an ein genüßliches Essen in Montericco gedacht, oberhalb von Reggio, wo es einen sehr guten offenen Chianti gibt und wo man gedünstetes Gemüse und auch sonst ganz gutes Futter bekommt. Also willige ich ein, okay, ein anständiges Essen, da sag ich nicht nein, im Gegenteil.

Wir werfen die Stereoanlage an: die kleine schwarze Kiste ist mehr wert als zehn 600er zusammen. UKW. Dann nehmen wir die Straße in Richtung Stadion und fahren am Hauptspital vorbei; geradewegs durch die Hügel und jetzt auch nach Canali, da wohnen die Millionäre und tummeln sich Leute, die ich ab und zu kennenlernte. Dann sage ich, ich habe Lust auf einen Joint, denn ich weiß, Ruby hat immer die Taschen voll davon; tatsächlich, er lacht. Ich krieg' einen Riesenschreck: er hat nicht nur einen Rammelknüppel wie für einen Gruselfilm, er hat auch einen Haufen Schneetütchen, Sauerei, wenn sie uns hier schnappen, kommen wir für den Rest des Lebens in den Knast, aus. Vor allem Ruby, der erfaßt und nur auf Bewährung draußen ist, würde ja schon wenn er ein Huhn klaut zehn Jahre kriegen – und draußen ist er ja sowieso nur wegen der Amnestie des Präsidenten, es lebe der Präsident. So wird das Muffensausen immer größer, bis zur Paranoia, aber kaum brennt der Joint – und wie gut er riecht! – verfliegt alles. Das Gras wirkt gut und sofort, es fängt bei den Beinen an und steigt und steigt, bis zum Magen, du fühlst dich wie nach einem Essen bei Muttern, dann geht es in den Kopf, und endlich rastest du aus, alles, alles ist voller Rosen – wirklich: no problem no cry.

In aller Ruhe schaue ich aus dem offenen Fenster, der Arm baumelt heraus, fast berühre ich den Boden, aber ehe ich es bemerke, ziehe ich ihn wieder hoch und basta. Ruby singt und streckt die Hand aus, mir zwischen die Beine und streichelt ihn mir; ich lasse ihn machen, denn Intimität mag ich, aber dann sag' ich, er soll sich noch ein wenig gedulden, denn ich will nicht, daß der Gauner mir einfach so einen runterholt. Der Abend ist klar und blankgeputzt, wenn man die Augen zusammenkneift, kann man in der Ferne unten bis nach Reggio mit seinen blauen und gelben Lichtern sehen, und in der entgegengesetzten Richtung erkennt man die liebliche Bergkette, wie wenn ein Hügel am andern klebte. Und auch wenn es schon Nacht ist, kann man den Gipfel des Cusna, den Ventasso und den Cavalbianco ausmachen, die ich als Kind in allen Richtungen durchstreifte, denn ich liebte die Berge und vor allem das bißchen Freiheit, das mir damals allerdings unvorstellbar groß vorkam. Ringsum scheinen die Hügel in dieser Dunkelheit ganz hell, aber es reichte der Strahl eines stärkeren Lichts, etwa vom W der Kassiopaia, und dann würde sichtbar werden, wie sie von den Spekulanten der bleihaltigen Keramik verwüstet sind – Arbeiter mit vom Krebs zerfressenen Blasen, Kinder, deren Lungen schon zerstört und verkleistert sind von den Schadstoffen, grrrh.

Inzwischen sind wir in ein kleines Sträßchen gebogen, das ein wenig höher als Albinea führt; die Karosse des 600 wird von den Serpentinen der Schotterstraße durchgeschüttelt. Es dauert nur kurz, dann knirschen unsere Reifen neorealistisch auf dem kleinen Parkplatz.

Ich öffne die Tür, der Rauch quillt heraus, wie aus einem Ballon, dem die Luft entweicht. Wir beide sind schon ganz schön dicke. Ich stürze bei dem Versuch, mich auf den Beinen zu halten, auf Ruby zu und falle ihm um den Hals; wir küssen uns, und ich spüre, wie er nach Whisky schmeckt, wie gut das tut! Herrje, Whiskylippen habe ich noch nie widerstehen können, was für eine gute Idee, mein Freund, mich aufzugabeln!

Die Gaststätte ist ein altes Bergbauernhaus. Die Armen sind nach unten gezogen, um im bleihaltigen Lehm zu arbeiten – den kennt ihr schon –, und im Stall haben sie ein Lokal eingerichtet. Es ist verflucht grob verputzt, du kannst dich nirgends anlehnen, du zerreißt dir alles. Wir setzen uns auf die Fässer, die als Sitzgelegenheiten dienen, ein weiteres fungiert als Tisch, und bestellen zu essen und zu trinken. In der Zwischenzeit leeren wir den Teller Popcorn, der als Begrüßung auf dem dritten Faß steht.

Es sind auch andere Leute da, im großen und ganzen die üblichen Lustmolche, die sich in diesen Jahren der allgemeinen Verblödung treffen, die aber auch nicht besser oder schlechter leben als alle andern. Es fehlen hier eher schon die Älteren wie in den Lokalen unten in Reggio, mit ihren fast schon zur Unkenntlichkeit verkauten Toscani, die so an den Lippen kleben, daß sie nicht einmal bei einem herzhaften Gähnen zu Boden fallen würden; bei jeder Gelegenheit erzählen sie einem Erinnerungen und singen, und wenn sie einmal angefangen haben, dann endlos. Sie sterben ebenso aus wie die niedrigen Preise, die Plastikservietten und die verrauchten Wände, von denen zwar der Putz bröckelt, an die man sich aber wenigstens anlehnen kann. Davon gibt's nur noch wenige, man trifft sie hier und da, und wenn, dann passiert so etwas wie Weitergabe von Erfahrungen, ein Moment wahrer Kommunikation: man bleibt die ganze Nacht da und erzählt sich die Jahre vorwärts und rückwärts in schöner Konfusion, aber es ist gelebte Geschichte unserer Gegenwart. Hier gibt es so was nicht, und wir trinken und schwatzen, bis schließlich ein Junge kommt und fragt, ob wir was zu Rauchen haben. Wir schauen uns an, ehe wir antworten, und reden dann gleichzeitig – ja, wir haben uns verstanden –, Ruby sagt nein, und ich sage ja. Scheiße! So starrt der Junge uns weiter an: Habt ihr nun was oder nicht? Ich sage wieder ja, und Ruby wieder nein. Ich werde laut: Ruby sei kein Frosch! Fluchend geht er das Zeug holen; ich blinzle dem Jungen zu: So macht man das.

Der Kleine heißt Lucio, hat eine krächzende Stimme und verkündet, wie sehr er Ruby schätze; er und auch seine Freunde kennen ihn gut, denn Ruby hat ihnen etliche Tütchen gratis gegeben, das heißt gegen einmal einen blasen. Er lacht schäbig und fragt, ob wir etwas dabei haben; ich sage ja – aber nur mit Schwanzlutschen kommst du da nicht weg, was glaubst du? Wenn du mit uns kommst, dann gehst du mit uns ins Bett. Da guckt er dumm; ich hab' den kleinen Gauner kaltgemacht, ich hab' ihn in der Luft zerrissen. Da sieht er hoch und sagt: Was du da sagst, ist nichts Neues für mich, also von mir aus. Danach setzt er sich wieder an seinen Tisch, und als Ruby zurückkommt, erzähle ich ihm, was für ein tolles Ding ich da gedreht habe; er wird sauer, um auf den Strich zu gehen, da brauche er mich nicht: Ich will mit dir zusammensein, was kümmert mich der da? Aber ich bin ganz versessen auf das, was man zu dritt alles an Schweinereien anstellen könnte, die Sache begeistert mich, je mehr ich trinke, um so größer wird die Lust. Ich schaue zu Lucio hinüber, der lächelt, der arme Kerl, und scharrt mit den Füßen, daß es nur schnell über die Bühne geht. Aber wir müssen noch den Hauptgang essen, mindestens noch einen Liter Chianti trinken und einen Fernet, damit wenigstens der Magen ein bißchen leichter wird. Ruby zahlt, wir gehen hinaus auf die Veranda, auf der Spitze des gegenüberliegenden Hügels erkennt man das Schloß. Lucio kommt zu uns und sagt, wo zum Teufel steht ihr? Ruby brummelt. Auf jeden Fall können wir losfahren nach unten, zum Huren.

Kaum sieht er den vergammelten 600, da jammert der Knabe und sagt, er will vorne sitzen, sonst kotzt er uns voll, 5000 Lire regelrecht für'n Arsch. Setz dich hin, wo du willst, sage ich. Mir ist es egal, mich hinten kleinzumachen, geht in Ordnung.

Ruby nimmt die ersten Serpentinen im Leerlauf, und ich fange an zu fluchen; wenn er die Bremse losläßt, dann fliegen wir geradenwegs nach unten, nach Reggio. Aber ihn kümmert das nicht, er scheißt auf meine Angst, lacht und brüllt Olé aus dem Fenster. Er nimmt eine Kurve nach der anderen: Ooooo-Ooo-Oolé! Nummer zwei! Er beugt sich über das Lenkrad, macht sich rund wie ein Lenkrad und spottet. Hör auf den Matador zu spielen, Scheiße noch mal! Endlich kommen wir in die Ebene, weit vorne leuchtet die Ampel; ich denke, jetzt wird er den Gang einlegen, zum Teufel: er wird bremsen! Aber nichts, Ruby lacht und lacht, und auch der gelockte Junge lacht. Der 600 rast mit gottverdammtem Tempo auf das Gelb zu, ich schließe die Augen und sage: Brems, zum Teufel brems! Ruby macht whooow, legt den dritten Gang ein, der Wagen bäumt sich auf, vibriert, macht einen Höllenlärm, es scheint, als würde die Karosserie jeden Moment zusammenbrechen. An der Kreuzung geht alles glatt, ich bin etwas erleichtert.

Wir haben die Stereoanlage an, volle Lautstärke, klar, und grölen die Musik mit, die gerade kommt. Mit voll aufgeblendeten Scheinwerfern fahren wir durch ein paar Ortschaften; die Leute kommen aus den Bars heraus und applaudieren, es lebe der Sängerbund! Wir toben uns aus und sind so zufrieden, daß wir uns auf die Schultern hauen. Ich umarme Ruby von hinten und mache ihm einen Knutschfleck. Als er mich Nosferatu nennt, muß ich lachen. Dann hört man so etwas, das klingt wie eine Sirene; ich drehe mich um und sehe aus dem Rückfenster ein Blaulicht: Sauerei, die Bullen! Aber Lucio sagt, es sind nur die fetten Privatpolizisten; er hat ihren Ford dreihundert Meter weiter zurück gesehen. Auch Ruby schaut in den Rückspiegel und bekommt sie genau in den Blick, flucht, zum Teufel mit diesen Faschisten, zur Hölle mit diesen Sheriffs, was geht die das für einen Scheiß an, was wollen diese heruntergekommenen Beschützer der allgemeinen Phobie; die tun doch nichts anderes, als auf den Wiesen irgendwelche Pärchen aufzustöbern und die Sadisten zu spielen und einem mit ihrem Gefrage nach den Ausweispapieren auf die Nerven zu gehen. Ich versuche, die Situation zu überblicken, brülle, die Gringos sind uns auf den Fersen, Scheiße! und, mach was um Gottes willen! Aber Ruby kann nur die Scheinwerfer ausschalten, der Unglücksrabe, ja, wenn wir das Auto von Nullnullsieben hätten, was für ein Genuß! Scrash, scrah, zwei Raketen und sie wuuumm! weg, in Luft aufgelöst, aah!

Der Lärm des Motors unter höchster Belastung und die Vibrationen sind so laut, daß wir nicht mehr miteinander reden können, und so brüllt jeder für sich, und niemand versteht einen Scheißdreck von dem, was wir da zusammenschreien. Lucio sehe ich wimmern und zittern, er hat Schiß. Ich gebe den Abstand an wie ein Beifahrer im Lancia Stratos: hundertfünfzig, hundert, achtzig, siebzig, jetzt sind sie dran! Himmelherrgott, zünde die Rakete, los! Aber Ruby hört es nicht, ich zerre Lucio und schrei ihm ins Ohr: Sperr die Ohren auf, und gib Ruby weiter, was ich dir sage, Scheiße, er kann sich nicht umdrehen, der arme Kerl, mach dich wenigstens nützlich! Aber er wird richtig sauer und fängt so zu zittern an, daß ich ihn festhalten muß. Laßt mich raus, laßt mich raus. Wo wir doch nicht einmal einen Schleudersitz haben, armer Idiot. Inzwischen sind sie fast an uns dran, der Vorsprung wird immer kleiner; ich sage, verdammt, die schreiben sich die Nummer auf, und wir werden irgendwann vorgeladen, aber Ruby beruhigt uns: Der Wagen ist geklaut, kein Problem, wir müssen sie nur abhängen. Ich kriege einen Schreck, schon sehe ich mich im Knast.

Inzwischen sind wir auf der Zielgeraden, und bald kommen wir, aus Richtung Santa Maria, nach Reggio. Wenn wir sie da abschütteln, dann ist es geschafft, aber mit unserer feuerspuckenden Kiste, da bräuchte es wenigstens Goldrake – Schneller als das Licht!!! Die hinter uns mit aufgeblendeten Scheinwerfern, die haben uns längst geblitzt, und dann: Gute Nacht! An der Ampel ist der Vorsprung fast hin, zehn, fünfzehn Meter. Die Ampel steht auf Rot. Ich atme durch. Ruby fährt blindlings über die Kreuzung, das ist die letzte Chance, das wissen wir alle drei, entweder es klappt, oder nicht, Scheiße! So nehmen wir unsern ganzen Mut zusammen, holen tief Luft und überqueren die Kreuzung, die so lang wie eine Autobahn scheint. Nichts. Das Hupen, Aufblinken und das ganze Chaos bringen eine rote Dyane wenige Meter von uns zum Stehen, vor uns huscht ein Lastwagen wie ein Schemen durch, einen Augenblick lang ist es dunkel, aber dann sind wir durch – und das Blaulicht noch immer auf der andern Seite. Ohne Licht biegen wir in ein kleines Sträßchen, nehmen Einbahnstraßen anders herum, mißachten Sperrschilder, bis wir schließlich in Sicherheit sind. Auf der anderen Seite der Stadt halten wir am Stadtrand, hinter einem Sportfeld an. Wir steigen aus. Aber wir haben keine Zeit, uns auszuruhen. Ruby fängt an, alles, was nicht niet- und nagelfest ist, auszubauen, die Stereoanlage und den ganzen Rest. Lucio und ich machen das Nummernschild ab und werfen es auf den ungepflügten Acker. Schweigend legen wir drei Kilometer zu Fuß zurück, dann erreichen wir Rubys Wohnung.

Wir schwitzen ziemlich, man sieht es unseren Gesichtern an, kaum daß wir uns aufs Bett geschmissen haben. Lucio will sofort, was man ihm versprochen hat, und sogar das Doppelte, wie soll er sonst die Angst verdauen. Ruby hat die Whiskyflasche angesetzt und antwortet nicht. Der Kleine wird lauter und weckt mich aus meinem Dösen. Ruby zieht eine Ampulle Morphium raus und sagt: Nimm das und geh mir nicht auf den Wecker; doch der Kleine brüllt, daß das was für ganz kaputte Typen sei, und daß Schnee ausgemacht war... dann begreift er, wie die Dinge liegen, schießt sich das, was da ist, rein, okay okay. Ich rücke zu Ruby, er gibt mir die Flasche; ich habe eine schreckliche Lust, jemanden zu streicheln...

...Mitten in der Nacht wache ich auf; der Uhr nach ist es viertel nach drei, ich betrachte Rubys nackten Körper, seinen schlaffen Schwanz und seinen Oberkörper. Der andere liegt auf dem Bauch, seine Schenkel gefallen mir nicht besonders, ich gehe wieder ins Bett, aber ich kann nicht einschlafen, wieder und wieder denke, drehe und wälze ich: bin ich wirklich draußen? Ich küsse Ruby auf die stachlige Wange, steige aus dem Bett, gehe pissen und zieh' mich an. Ich gehe aus dem Haus, kalt ist es, schon nach fünf; ich laufe in der menschenleeren Straße herum und atme tief durch. Auf der Piazza treffe ich einen Straßenkehrer, der mir zu rauchen und zu trinken gibt. Ich schlage die Richtung meiner Wohnung ein und hoffe auf den ersten Linienbus oder, daß mich jemand mitnimmt. Ich zünde die Zigarette an, meine Zunge ist dick, im Mund habe ich einen ekligen Geschmack, mir brennen die Augen, ich fühle mich mieser als ein Putzlappen. Das Licht wird heller, ich steige in den Autobus, Geld habe ich keins, also bettle ich bei den wenigen Fahrgästen. Ich setze mich, sehe durchs Fenster, wie sich die Stadt in den Randbezirken verliert, wie die Landschaft vorbeihuscht... Ich habe das Gefühl, als sei in mir ganz plötzlich ein riesiges Loch.

Jetzt gibt es hier 1500 Hotels und Pensionen, mehr als 200 Bars, 50 Tanzlokale, einen 15 Kilometer langen Strand. Jedes Jahr kommt eine halbe Million Menschen hierher, die Hälfte Italiener, die Hälfte Ausländer. Die Flugzeuge, die jeden Tag ankommen, bedecken den Himmel ...«

Ich bin nach Rimini zurückgekehrt. Diese Auskünfte hat mir der Sohn eines Schulkameraden gegeben. Jetzt sind es die Söhne, die sich treffen. »Meine Bauern«, sagt Titta, »haben ihr Land verlassen, um in der Barafonda vier Hotels mit Restaurant aufzustellen.« – »Hast du den Wolkenkratzer gesehen?« – »Einer von hier hat eine ganze Hotelkette aufgebaut – für Herbst und Frühling auf den Hügeln und für den Winter in den Bergen – weil er seine Sommergäste das ganze Jahr nicht mehr loslassen will.«

Was ich hier sehe, ist ein Rimini, das nicht mehr aufhört. Früher gab es rund um die Stadt viele Kilometer Dunkelheit, die Küstenbahn, eine holprige Straße. Man sah nur die gespensterhaften Umrisse von faschistischer Architektur: die Gebäude der Ferienkolonien am Meer. Im Winter, wenn man mit dem Rad nach Rivabella fuhr, hörte man den Wind durch die Fenster dieser Gebäude pfeifen, weil man die Fensterläden abgenommen hatte, um daraus Brennholz zu machen.

Jetzt ist die Dunkelheit verschwunden. Dafür gibt es fünfzehn Kilometer lang Lokale, Lichtreklamen, und jenen endlosen Zug von blitzenden Automobilen, eine Art Milchstraße, die von den Scheinwerfern gezeichnet wird. Überall Licht: die Nacht ist verschwunden; sie hat sich in den Himmel und ins Meer zurückgezogen. Auch auf dem Land, auch in Covignano, wo ein märchenhafter Nightclub eröffnet wurde, wie man ihn nicht einmal in Los Angeles, nicht einmal in Hollywood findet: er steht dort, wo einst die Tennen der Bauern standen, wo man nur Hundegebell hörte. Jetzt gibt es hier orientalische Gärten: und Musik, Jukeboxes, überall Menschen, eine Fülle von funkelnden Bildern, ein Spielzeugland, Las Vegas.

Ich habe Hotels aus Glas und Kupfer gesehen und hinter den Fenstern Leute, die tanzten, Leute, die auf Terrassen saßen. Läden, riesige, taghell erleuchtete Geschäfte, die die ganze Nacht geöffnet sind, mit Kleidern, Moden, die sich bis hierher verlaufen haben, Carnaby Street, die Gegenstände der Pop-art; nächtliche Supermärkte mit den unglaublichsten Konserven, vorgekochter Risotto alla milanese, mit Safran ...

Ich wußte nicht mehr, wo ich war. War hier nicht die Neue Kirche? Und wo ist die Via Tripoli? Sind wir noch in Rimini? Der Eindruck von damals, als ich kurz nach dem Krieg nach Rimini zurückgekehrt war, wiederholte sich. Damals hatte ich ein Meer von Trümmern gesehen. Jetzt sah ich mit demselben Schrecken ein Meer von Licht und Häusern.

Der Photograph Minghini lachte vergnügt über mein Staunen und fuhr mich in seinem Wagen, in Eile, um mir alles zu zeigen: das Aquarium, Hotels, die schöner waren als das ›Grand Hotel‹, die neuen Quartiere. Minghini sagte immer wieder: »Vor drei Monaten stand das noch nicht, und jetzt hat einer sogar ein Grundstück jenseits des Flusses gekauft. Man hat ein Projekt für vier Wolkenkratzer am Marecchia entworfen, die durch einen Betonring, in dem Garagen für 2000 Autos Platz haben, verbunden sind.« Dieser Ring um die Wolkenkratzer soll eine Art Krone werden, eine Hochpromenade mit Bäumen: eine Zeichnung von Flash Gordon, der Palast von Rebo, dem König der Marsbewohner.

Die Leute gingen mitten in der Nacht in den Läden ein und aus, sie kamen aus allen Teilen der Welt mit gelben, roten, grünen Gesichtern, beleuchtet vom Licht der Reklamen, kauften Eis in künstlichen Farben, Fisch aus Spanien, mißratene Pizza; Leute, die nie schlafen, weil sie selbst unter dem Bett eine Jukebox haben; ein fortwährendes Dröhnen von geheulten Schlagern, elektrischen Gitarren. Ohne Unterbrechung, durch die ganze Saison. Der Tag geht in die Nacht, die Nacht in den Tag über, ohne eine Pause. Ein unendlich langer Tag von vier Monaten, wie am Nordpol. Minghini sagte mit Augen, die vor Genugtuung glänzten: »Du bist nach Rom gegangen, aber hier...« Er hatte recht. Ich fühlte mich fremd, getäuscht, hintergangen. Ich nahm an einem Fest teil, zu dem ich nicht mehr gehörte. Zumindest hatte ich nicht mehr die Kraft, die Gier, daran teilzunehmen. Und es war überflüssig zu warten, bis es dunkler würde, um ein paar Winkel der Erinnerung aufzusuchen. Das lärmende Fest nahm kein Ende. Weit oben, in den obersten Geschossen der Häuser, über den Blättern der Bäume sah man erleuchtete Fenster; Grammophonmusik drang herab. An der Mole, wo es einst wirklich dunkel war und ein paar Verliebte sich hinter den Granitblöcken umarmten: auch hier gab es Musik, schwedische Gesellschaften auf den Terrassen der Fischrestaurants. Auf der andern Seite der Mole, wo einst ein paar Fischerlampen flimmerten, sah man nun eine Art Riesenschlange aus Lichtern.

Am Ende saßen wir auf der Terrasse des Stadtklubs von Rimini. Titta, der mit uns gekommen war, verhielt sich merkwürdig schweigsam. Mir kam in den Sinn, daß Titta und ich vor dem Krieg im Klub der Laienspieler die Manteltaschen der Mitglieder ausraubten. Einmal erwischten wir 73 Lire, was uns erlaubte, einen ganzen

Winter hindurch Kuchen und Schokolade zu essen. Bis wir eines Tages den Besitzer des Mantels sagen hörten: »Wenn ich die beiden erwische, die mir 73 Lire gestohlen haben, reiße ich ihnen die Eier ab.« Und wir versteckten uns, einen Schritt von ihm, hinter den Seiten der ›Illustrazione Italiana‹.

Titta, der nun das Meer von Menschen betrachtete, das die Nacht endlos bevölkerte, erwachte plötzlich und fragte mich ironisch: »Herr Fellini, Sie haben über so viel nachgedacht, können Sie mir nicht sagen, was das alles bedeutet?«

Gleich darauf wollte er zu Bett gehen, weil er am andern Morgen einen Prozeß in Venedig hatte. Minghini begleitete ihn.

Ich blieb draußen. Nur in der Altstadt war es ruhig und das Licht gedämpfter. Ich fuhr ganz langsam in meinem Wagen, sah das Unterhemd eines Mannes, der in einem kleinen Café saß und rauchte. Es war Demos Bonini, der Teilhaber der ehemaligen Firma ›Phoebos‹, der nun schöne Kupferstiche machte. Neben ihm saß Luigino Dolci, ›der Rossebezähmer Hektor‹. Beide hielten ihre Limonade zwischen den Beinen. Demos hatte offensichtlich gerade etwas Komisches gesagt, denn Luigino lachte, schüttelte den Kopf und preßte sich die Tränen mit den Fäusten aus den Augen, wie in der Schule.

Ich fuhr langsam weiter. Ich kam zwei- oder dreimal an meinem Hotel vorbei. Ich hatte keine Lust, schlafen zu gehen. Ich überließ mich einem leeren, friedlichen Widerkäuen meiner Gedanken. Ich empfand auch ein unbestimmtes Gefühl der Demütigung: etwas, was ich schon eingeordnet und archiviert hatte, war plötzlich ins Gigantische gewachsen, ohne daß ich etwas dazu gesagt oder beigetragen hatte. Vielleicht war ich auch beleidigt, wer weiß! Jetzt kam mir Rom tröstlicher, kleiner, gezähmt und vertraut vor. Es gehörte mehr zu mir. Ich war von einer komischen Form von Eifersucht ergriffen. Ich hätte all diese Leute, die Schweden, die Deutschen, fragen wollen: »Was findet ihr hier denn so besonders schön? Wofür seid ihr hergekommen?«

In diesem Augenblick machten zwei Jungen mir das Autostoppzeichen. Ich öffnete die Wagentür. Sie waren sehr gesittet, höflich, zurückhaltend. Einer hatte lange blonde Locken. Der andere Stirnfransen, die ihm bis zur Nase reichten, ein Hemd mit alten Spitzen und eine Hose aus orangefarbenem Samt.

Da sie den Mund nicht öffneten, gelang es mir nicht festzustellen, ob sie aus Stockholm oder Amsterdam kamen oder Engländer waren. Endlich fragte ich sie: »Woher seid ihr?« – »Aus Rimini«, sagten sie. Und das ist außergewöhnlich: sie sind alle gleich, sie haben alle ein gemeinsames Vaterland.

»Können wir hier aussteigen?« fragten sie auf einmal. Als ich die Wagentür öffnete, war die Musik, die man von fern gehört hatte, sehr laut geworden. Sie kam von den Wiesen, von einem Leuchtschild ›Die andere Welt‹. Die beiden Jungen bedankten sich und traten ein. Nach einem Moment der Unentschlossenheit bin auch ich ausgestiegen und eingetreten. Das Lokal, das auf einer Seite zur Straße hin offen war, erstreckte sich auf der andern Seite über einen riesigen Platz aus gestampfter Erde ins offene Land, wo sich der Geruch des Heus mit der Musik vermischte. Unter einem Zirkuszelt war ein Nightclub. Tausende von jungen Leuten tanzten.

Sie sahen mich nicht, sie sahen uns nicht, die wir heute nicht viel mehr als entlassene Garibaldi-Soldaten sind, mit unseren Problemen, die sie nicht interessieren. Während wir über den Übergang vom Neorealismus zum Realismus und über Fettleibigkeit diskutierten, sind diese jungen Leute in der Stille gewachsen, um plötzlich unter unseren Augen ihre Zelte aufzuschlagen, unerwartet, geheimnisvoll, wie ein Heer von einem andern Planeten, das von uns nichts wußte.

Ich habe mich an einen Tisch gesetzt. Neben mir liebkoste ein Junge ein Mädchen, er küßte es, rieb ihm zärtlich die Nase. Es war offensichtlich sein Mädchen. Dann kam ein anderer Junge, ein Freund, und setzte sich an seinen Platz, weil jener aufgestanden war, um sich ein Stück Wassermelone zu kaufen. Zu meiner Überraschung liebkoste auch der Freund das Mädchen auf dieselbe Weise. Als der andere zurückkam, blieb er stehen und schaute zu, wie sein Freund das Mädchen küßte, und aß dabei seine Wassermelone. Dann ging der Freund weg, verschwand unter den Tanzenden. Da näherte ich mich dem Jungen und sagte, um mir diesen offenen Verrat erklären zu lassen: »Ist das denn nicht dein Mädchen?« – »Es ist nicht *mein* Mädchen«, antwortete er. »Es ist ein Mädchen, das gern mit mir zusammen ist.« In seinen Augen war nichts als Unschuld, Klarheit, Sicherheit.

Vielleicht lag es an dem Getöse, das nach Weltende oder Verkündigung klang, vielleicht an meiner Müdigkeit oder Unkenntnis dieses vorher nie gesehenen Rimini; am Schauspiel von Tausenden von jungen Leuten, die aus den Wiesen, aus den Straßen, aus dem Meer hervorkamen: in jenem Augenblick habe ich in der Luft ein neues Lebensgefühl wahrgenommen, das wie ein Neuanfang war.

Im Sommer, beim ›Chez-Vous‹, spähten wir hinter den Hecken ins Innere des Lokals. Schon eine Frau im Abendkleid brachte uns damals zum Zittern. Jetzt sah ich, daß alle offen tanzten, der ›Kavalier‹ getrennt von seiner ›Dame‹, wie wir uns damals ausdrückten, in einem innigen Rhythmus, in einer Art Trance.

Ich war von widerstrebenden Gefühlen erfüllt. Ich war beeindruckt vom theatralischen Aspekt, vom Klang der Orchester, der zum Himmel aufstieg, von diesem geheimnisvollen neuen Geschlecht. Während der Himmel sich zum Morgengrauen öffnete und die Flugzeuge darin auftauchten, tanzten sie mit unbekannter Anmut.

Und warum bin ich gerührt? Vielleicht, weil ich spüre, daß es hier etwas gibt, was ich nie hatte in unserer gehemmten Jugend unter der Vormundschaft der Kirche, des Faschismus, des Vaters und der Mutter, die wie zwei Denkmäler verehrt wurden.

Ich möchte jetzt jung sein. Sie schauen auf die Dinge, ohne Urteile abzugeben, ohne zu versuchen, sich auf andere zu berufen. Viele unter ihnen, die nichts wissen, wenden sich dem Zen-Buddhismus zu, der versucht, einen Menschen zu verwirklichen, der fähig ist, den Augenblick sphärisch, vollständig zu leben.

Es war der Reflex einer authentischen Lebenserfahrung, jenseits jedes Versuchs, sie zu beurteilen oder einen ihnen übergeordneten Gesichtspunkt zu finden. Die Neigung zur Gewalttätigkeit ist so tief in uns verwurzelt, daß es ihr gelingt, auch ein Symbol der Freiheit, wie es diese jungen Leute mit ihren farbigen Renaissance-Kleidern sind, als hassenswert erscheinen zu lassen. Und mit wie viel ruhiger Tapferkeit treten sie jeden Tag der Lynchjustiz entgegen, die ihnen in den Blicken der Leute droht, die sie am liebsten wie die SS rasiert sähen.

An einem Nachmittag saßen einige von ihnen auf der Piazza di Spagna am Brunnenrand und hörten einer Gitarre zu, als die Polizei erschien und eine Razzia machte. Sie regten sich nicht auf, sie leisteten keinen Widerstand, sie machten keine Geste der Herausforderung oder der Anmaßung. Sie ließen sich in die Polizeiwagen laden und setzten sich ruhig mit verschränkten Armen hin. Da ich bei diesem unglaublichen Schauspiel anwesend war (es ist nicht einzusehen, warum sie eine so beliebte Zielscheibe beschämender Aktionen sein müssen), ging ich zum Unteroffizier und sagte zu ihm: »Warum verhaftet ihr sie?« – »Wir verhaften sie nicht«, antwortete der Unteroffizier, der begriff, was in mir vorging, mit Verachtung. »Wir nehmen sie fest. Das ist ein kleiner Unterschied!«

GUIDO CERONETTI *Venedig – sterben lassen*

Das außerordentliche Privileg Venedigs liegt in der Abwesenheit von Autos auf seinen Straßen. Auch in Pompeji fahren sie nicht, aber da handelt es sich um eine Stadt des Todes. Venedig besitzt neben der verwesenden Schönheit (das Verwesen der Schönheit, selbst wenn sie aus Fleisch ist, läßt neue Schönheit entstehen) das Geschenk des Lebens: Die Stadt ist ein atmender Organismus, ihr Frieden ist nicht der einer Totenstadt. Man kann unendlich staunen über ein darartiges Wunder. Man könnte Venedig wie einen Ort heiliger Mysterien durchschreiten, auch wenn es als Dirne in die Geschichte eingegangen ist. Venedig ist ein riesiger Fliegenfänger für Touristen geworden, das Touristeninsekt bedeckt in Schwärmen die Dachgesimse, die Fensterbänke, die Vorhänge, die Fußböden, die Rahmen, einfach alles. Es verschlingt alles. Es hat Hunger auf alles. Woher stammt eine derartige Gier? Warum so viel Hunger? Läßt er sich nicht woanders stillen?

Versuchen Sie sich einmal darin, Neues über Venedig zu sagen, wenn Sie nicht ein ausgezeichneter Schriftsteller sind! Es ist einfach unmöglich, da muß man zusätzlich Akrobat sein ... Alles Originelle, was man darüber sagen konnte, ist gesagt worden; wer noch einmal davon spricht, kann Gefahr laufen, abstoßend zu sein. Wenn der Herausgeber einer Zeitung den Ruf eines armen Schriftstellers ruinieren will, braucht er ihn bloß nach Venedig zu schicken: fahr hin und versuch, etwas Außergewöhnliches zu sagen ...

Das Ungewöhnliche existiert in Venedig noch immer; man kann das Gewöhnliche wiederentdecken, indem man das Außergewöhnliche daraus hervorschält; es gibt sie, die in den versunkenen Wracks begrabenen Geldschränke. Aber man ist versucht, es bleibenzulassen: Warum die Ausbeuter des Tourismus auf dumme Gedanken bringen? Es gibt dort ein Kulturamt, in dem Tag und Nacht geplant wird: der Palazzo, in dem es sich befindet, leuchtet nachts, als wäre er eine Schmiede. Dort werden die Ausstellungen, die Karnevals, die Festivals, die Revivals, die Kongresse, das Freilichttheater vorbereitet, die Bälle am Kanal, die Prähistorie der Gondel, das etruskische Venedig, Tizian und die Läuse, das Tarot der Dogen, die Köpfe von Othello (er war vielköpfig), das Präservativ als Schutz vor Geschlechtskrankheiten zur Zeit Goldonis, Gozzi und der Leistenbruch, die Giudecca und das Bauhaus, Briefe von Vivaldi an Strawinsky, die Bleikammern und die Musik, Napoleon, Thomas Mann, Ezra Pound, die Marx-Brothers ...

Ich war am Samstag und am Sonntag dort; es war noch sehr warm.

Aber das konnte man nicht *vaporetti* nennen: Menschliche Pyramiden waren das. Inder, Japaner, Afrikaner, Amerikaner; ganz Europa, der ganze Orient und der ganze Okzident. Sie standen ebenso Schlange, um in die Kirche San Marco hineinzugelangen, wie um sich zum Essen an einen Tisch zu setzen; sie wetzten alle Treppenstufen blank. Auf der Piazza San Marco gab es Musikkapellen, um sie zu betäuben, kleine Caféorchester, um ihnen mehr Geld aus der Tasche zu ziehen, und die neuen, von der verbrecherischen japanischen Lärmindustrie erfundenen Riesentransistoren. Sie ent-deckten nicht: sie be-deckten Venedig. Ein armseliger Tee aus dem Beutel, dazu Musik aus der *Lustigen Witwe*: viertausendeinhundert Lire.

Es gibt verschiedene Stufen des einfältigen Gesichtsausdrucks: Den Rekord halten die japanischen Touristen. Sie zu sehen bestürzt mich, macht mir Lust, Selbstmord zu begehen, aus einer Welt zu verschwinden, die aus dem Geburtsschmerz der Mütter Maschinenmenschen hervorzieht, die so leidenschaftlich beglückt sind, mit einer Leica hantieren zu können. Als nächstes kommen die Holländer, groß, sehr groß, lichtundurchlässig wie ihre Käselaibe, bis zur Verrohung wohlgenährt. Und ähnlich arm an Lichtblicken sind fast alle nordischen Menschen, alte und junge, außer den Engländern und einigen Franzosen aus den weniger regnerischen Departements. O Gott, welch ein Europa! Es ist für Ketten gemacht, nicht für die Freiheit! Nur die Klippen von Dover sind nicht zum Verkauf ausgeschrieben (vielleicht), der ganze Rest ist käuflich ... Diese Frauen aus dem Norden! Blonde, dreckigem Wasser entstiegene Drachen, geruchlos und doch schmutzig, bedeckt von einem unsichtbaren, unschuldigen Schmutz, der von der unerbittlichen Ausscheidung moralischer Trägheit hervorgebracht wird, von der vollständigen Abwesenheit moralischen Zweifels; die Ernährung auf Basis von Kartoffeln, Kohl, Schweinefleisch und Kohlehydraten, von Dosengerichten, in Kühlschränken gereiften exotischen Früchten, von Milch, die vom Chemiker gemolken wird, ist wie ein ständiges Unterbeschußnehmen der geistigen und seelischen Zentren, der Orte, an denen das Gewissen lebt. Wo bleibt das Schamgefühl, zum Teufel? Sie sitzen breitbeinig auf den Treppen, sie würden ihre Unterhosen als Aschenbecher benutzen, wenn es nicht die verwitterten Steine gäbe, die geistige Höhlung des Steins, der seinen Gesang vollständig aus sich herausgepreßt hat.

Venedig schwimmt nicht nur in einem aus klebriger Einfalt bestehenden Menschenmeer. Die Stadt zieht alles an, sogar das Schöne, manchmal sogar das Geistige, das Vorherbestimmte. Seine Touristenmassen wären eine unerträgliche Hölle, wenn es darin nicht wirkliche Gesichter zu entdecken gäbe, Gesichter, die nicht von der Dummheit verdammt sind. Es ist ein Felsblock mit Gold darin, wenig nur, aber doch Gold. Da sind Menschen, die sich in der Nachahmung von Verhaltensweisen verloren haben und über alles natürlich Affenartige hinaus zum Affen verkommen sind: Es reicht zu sehen, wie sie alle gemeinsam, auch ohne ein Kommando, die Augen auf die Sehenswürdigkeiten richten oder auf die elendige kleine Maschine drücken. Aber wie viele Einzelgänger es auch gibt! Die am häufigsten anzutreffende Gruppe in Venedig ist das Paar: eins plus eins, fünfhunderttausendfach wiederholte Verluste und Erfüllungen, wo eine beseelte Stirn wie eine Fata Morgana in einem ausgedehnten Salzlager ist.

Warum zieht Venedig sie an? Weil sie, ohne es zu wissen, in unbewohnbaren Städten oder in heruntergekommenen Landstrichen leben. Sie kommen, um das Wunder der Wunder zu sehen: die Abwesenheit des Automobils. Sie gehen spazieren und lachen... Unglaublich ist die Industrie für den Magen. Venedig verkauft fast ohne Unterlaß Nahrung an Leute, denen es wenigstens für einige Stunden genügen sollte, mit leerem Magen herumzustreunen, was schon eine Art ist, sich zu füllen. Für die Verdauung bleibt kein Platz. Normalerweise frühstücken sie um neun im Hotel; um halb eins sind sie im Restaurant; um vier verzehren sie Eis, Kaffee, Torten, kleine Kuchen, Salzgebäck und andere Schweinereien aus den Bars; um halb acht tost in den Restaurants erneut der Lärm von den Stimmen der Kauenden, die große Polka der Unterkiefer geht weiter; um zehn sind sie wieder in den Cafés, saufen Alkohol und essen Obst, Süßigkeiten, geröstete Erdnüsse, Kokosnüsse und noch einmal Eis, das sie am Kiosk gekauft haben. Macht Venedig hungrig? Auch das ist merkwürdig. Vielleicht machen die Ferien den Magen schneller leer? Will der Magen etwa zum Ausgleich für den wahnwitzigen geistigen Durchfall um so mehr gefüllt werden? Um Mitternacht sieht man sie immer noch essen... Erschöpft holen sie Brötchen aus dem Rucksack und lassen Bierdosen im Kanal schwimmen, während sie auf den Nachtzug warten.

Überall in Venedig wird gegessen, und zwar sehr schlecht. Vielleicht halten nur noch einige wenige Restaurants den Massen stand und mit knapper Not die Qualität; die anderen sind ein Elend. Die Dummheit der Touristen verrät sich sofort und unfehlbar durch ihre unkritische Allesfresserei, von der die Händler der vollen Teller erbarmungslos profitieren. Dem Japaner, der frischen Fisch aus der Adria zu essen glaubt, wird Tiefgekühltes angeboten, von Hochseefischern in seinen Breitengraden gefischt und nach dem Fang an Bord sofort mit Kobalt behandelt – aber an der Rialto-Brücke! In der Frezzeria San Marco! In der Calle Specchieri! In San Moisé! In Cannaregio! Den sympathischen Pärchen, wenn ich welche an den Tischen sitzen sehe, wie sie treuherzig die verlogene Karte studieren

(Siebzigjährige, die zum hundertsten Mal nach Venedig zuzückgekommen sind, verliebte junge Leute, in denen noch ein Lächeln lebt und die sich ohne Langeweile ansehen), würde ich mich gerne nähern, sie warnen, paßt auf, ihr Lieben, fallt nicht darauf rein, ihr verderbt euch die Seele, fastet einen Tag lang, und ihr werdet Venedig mit klareren Augen anschauen können, ich beschwöre euch, trinkt diesen entsetzlichen Wein nicht, er wird euer inneres Licht ersticken, und das ist schon jetzt nicht mehr als ein schwacher Schein ... Nein, ich kann es nicht tun, sie würden es nicht verstehen, vielleicht würden sie mir, auch wenn sie noch so sympathisch aussehen, als Antwort einen Faustschlag auf die Nase versetzen, die doch so leicht blutet, oder sie würden mich mit einem Geldangebot entwürdigen, im Glauben, daß ich mich auf ihren Platz setzen und verwerfliche Spaghetti alla Carbonara bestellen möchte. Um Mißverständnisse und Schmerzen zu vermeiden, muß man sofort vergessen, daß man eine gute Tat im Sinn hatte.

Venedig gelingt es auf irgendeine Weise, die Massen an Rohlingen, von denen es passiv vergewaltigt wird, in eine fast anständige Menschheit zu verwandeln. Die Szenerie, die städtische Ausstattung läutern sie. Aber es ist doch eine Täuschung: Die Rohlinge, deren Gesichter am Tempel der Salute-Kirche weniger roh erscheinen, kommen als um so größere Rohlinge wieder zum Vorschein, sobald sie an ihren Autos oder bei den Bussen angelangt sind, die am Piazzale Roma auf sie warten – ein Name, der Barbareien ankündigt. Und doch werden Rohlinge, Einfältige, Unwürdige, Schurken, erschöpfte Besucher aus dem Norden, dem Süden, dem ganzen verkommenen Orient, den vielen smogbedeckten Ruhrgebieten einen Augenblick lang erlöst – und zwar durch genau den engelgleichen Zauber, der von einer angefressenen, mit Kot beschmutzten, zutiefst verfallenen Schönheit ausgeht; erlöst auch durch die Macht des Wunders, das auf geheimnisvolle Weise noch immer aus all der Mühe hervorstrahlt, die Plejaden von geduldigen Schöpfern im Hinblick auf eine hochmütige einzigartige Kultur erbracht haben, auf daß diese den Tod durch die Hingabe jedes Augenblicks an die Lebensfreude hintergehe, auch unter einer so grausamen Regierung wie der chinesischen oder der türkischen, und immer die Pest im Hinterhalt; sie werden erlöst, indem Venedig sie im wirbelnden Kaleidoskop des nie Gleichbleibenden, das sie ergreift und von einer Brücke an ein Ufer, von einem Hauptgesims in einen Laubengang wirft, sogar vergessen läßt, daß der Tod kommen wird.

Eine derart unbeständige und theatralische Erlösung ist zwar nicht viel wert, aber das Schicksal Venedigs macht mich neugierig. Über die Metamorphose einer berühmten mediterranen Republik in eine Art festlichen Sündenbock der universalen Sünde systematischer

Zerstörung der Schönheit der Welt muß gründlich nachgedacht werden. Venedig entlastet seine Besucher von großen Übeln und unbewußten Übelkeiten und belädt sich damit selbst bis zum Bersten. Es wird sich nie davon läutern können. Es wird nicht überleben.

Es ist augenfällig, daß man Venedig sterben lassen muß. Ein gerettetes, restauriertes Venedig würde seine kathartische Macht verlieren: und dann grundlos überleben.

Der Gedanke macht dennoch schwermütig, daß die letzte Station von soviel menschlicher Mühe, die in dieses Rätsel belagerter und mittlerweile untergehender Schönheit eingegangen ist, ein wimmelndes Krankenhaus für nervöse Leiden ist, groß wie das ganze Lagunenbecken, ein Zufluchtsort für eine Unzahl von Halbverrückten, für Menschenmassen, die dort nicht geheilt werden, sondern deren stumpfe Gesichter durch den Widerschein des venezianischen Feuers zum Leuchten gebracht werden.

Ich vergaß, daß auch der Einwohner, der Bürger Venedigs existiert. Nur ihm allein ist es gegeben, sich in Venedig des Sterbens zu entsinnen, den Schmerz des Lebens zu kennen, das Leben dort ohne Illusionen zu verbringen und an einem anderen Ort nach etwas zu suchen, was nicht von dieser Welt ist.

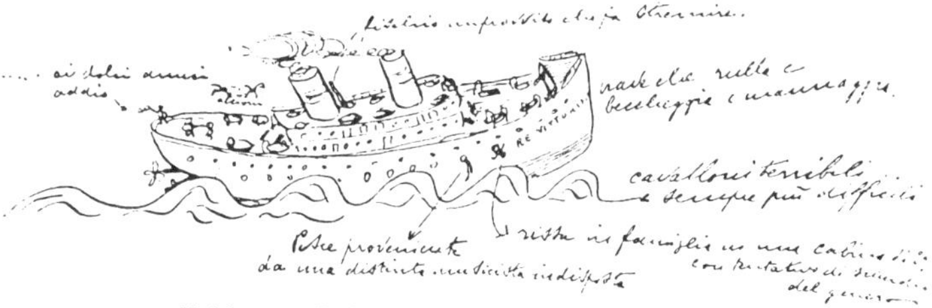

Zeichnung: Carlo Emilio Gadda (aus einem Brief)

EUGENIO MONTALE *Brief*

Venedig 19..

Der alte Kavallerieoberst bot dir Negroni an,
Bacardi oder Roederer Brut mit dem
roten Etikett. Er nannte seinen Namen,
fügte aber hinzu, es sei müßig, ihn zu behalten.
Er kümmerte sich nicht um den deinen; um den meinen schon gar nicht.
Die Habitués des Hotels waren alle Freunde,
auch ohne sich zu kennen: freilich nur Ende
September. Jemand hatte uns mit anderen verwechselt,
umarmte uns, ohne sich auch nur zu entschuldigen,
voll des Eigenlobs gar über den glücklichen Irrtum.
Aus dem Dunkel tauchten die Großen, die Vergessenen auf,
die Witwe Respighi, die Erbinnen von Toscanini,
ein Totengräber der Tetrazzini, ein Namensvetter von
Malphighi, Ramerrez-Martinelli,
silberne Wolke, und Tullio Carminati, ein Ruhmesblatt
für irgendeinen eingeweihten Hinterbliebenen.
(Über allen der illustre Schlüsselbewahrer, überzeugt,
wir seien die letzten echten Gerechten, avant le déluge,
eine Sintflut, die dann nicht kam oder doch nur in Gestalt
von etwas mehr Flutwasser).
Zwischen einem Bourbon und einem Martini wiederholte
der alte Kavallerist immer wieder, daß kein Steeplechase
ihn je bei den Verlierern sah. Schließlich sprach er
vom Rheuma, das ihm die Flügel stutzte.
So lebte man unter Gleichen; zu verschieden,
um sich zu hassen, aber doch nur allzu ähnlich in der
Kunst, über Wasser zu bleiben. Der unbesiegte Plaggeist
ist vor einigen Jahren gestorben, vielleicht vor dir.
Mit ihm ist dein letzter Verehrer dahingegangen.
Jetzt treffen im Hotel nur noch Gesellschaften ein.
Nicht mehr der Meister der Mohnlakritze.
Nichts mehr in jenem Kanalabfluß.
Nicht einmal mehr das kleine Orchester,
das mir aufspielte, wenn ich von der Brücke
hereintrat: das Potpourri des Gastes
hinter dem Paravent, der Graf von
Luxemburg.

Der illustre Schlüsselbewahrer war der Portier Vicari, heute verstorben, ein Verlust für ganz Venedig, ein bedeutender, unersetzbarer Mann. In der Rolle des Banditen Ramerrez *(La fanciulla del West)* feierte der Tenor Martinelli große Erfolge. Mohnlakritze gehörte (oder gehört vielleicht heute noch) zu den Bestandteilen der Bonbons Re Sole.

GIORGIO MANGANELLI *Florenz*

In den letzten Wochen bin ich zweimal nach Florenz gefahren: einmal von Mailand aus und das andere Mal von Rom. Immer mit dem Zug. Und wer mit dem Zug ankommt, dem bietet sich stets dasselbe Schauspiel: die rauhe, kahle Apsis von Santa Maria Novella, ein symbolisches Bild von Florenz. Wer von Mailand kommt, dem erscheint Florenz als eine geschlossene, widerborstige Stadt, nichts von der geschmeidigen Großzügigkeit der leistungsfähigen, unpersönlichen Mailänder Straßen; wer von Rom, dieser in Stücke zerfallenden, unzusammenhängenden Stadt, kommt, dem erscheint Florenz schier monströs auf eine Mitte konzentriert; und wer aus einer Großstadt kommt, kann sich auf keinen Fall dem Druck entziehen, den dieses dichte, folgerichtige und konfliktgeladene Geflecht von »Orten« ausübt, das es so in keiner anderen italienischen Stadt gibt und das vielleicht auf der ganzen Welt seinesgleichen sucht. In Florenz hat alles, was ich eben »Orte« genannt habe – und das können Gebäude, Teile von Gebäuden, Statuen, Gemälde, Straßen und Gärten sein –, eine geradezu anormale mythologische Dichte, ist Phantasie, Bedeutung, Indiz, Anspielung, Enthüllung und Rätsel; und es ist vor allem geballte Kraft. Ich möchte von einigen solcher Orte sprechen, die ich als besonders dicht, bedeutungsschwer und zugleich als reinen zeichnerischen Entwurf empfunden habe. Zuallererst von Santa Maria Novella; nicht von der ganzen Kirche, einer dichtgedrängten Ansammlung von »Orten«, sondern nur von der Fassade, die mir Andacht einflößt als aus der Rolle fallender und seiner delikaten Einsamkeit wunderlich froher Ort.

Die Fassade von Santa Maria Novella fasziniert mich nicht wegen ihrer Grazie, ihrer Freiheit, des Einfallsreichstums ihrer Verzierungen, sondern vielmehr, weil ihre Grazie zu vollgepfropft ist, ihre Freiheit durch die unverhohlene Lust, das sinnliche Wohlgefallen an den bewegten Linien Lügen gestraft wird, und hinter dem bizarren Einfallsreichtum unschuldiger Leichtsinn lauert. Die Fassade von Santa Maria Novella fasziniert nicht deshalb, weil sie auf irgendeine Weise vollkommen wäre, sondern weil sie ganz offenkundig und auf erlesene Weise nicht stimmt, sich einen Exzeß erlaubt, den es in Florenz sonst nicht gibt, wenn man von ein paar barocken »Orten« absieht, wo aber ein eindeutig gebildeter Stilbruch am Werk ist. Diese Fassade ist nicht gebildet, sie ist schlau. Man sehe nur, welch heitere Unruhe von den Bögen ganz unten ausgeht, die durch die unerwartete, vertikale Bewegung der beiden Türen und des laut dröhnenden Hauptportals unterbrochen werden; und man kann nicht umhin, sich gewissermaßen als Komplize daran zu freuen, wenn sich Rechtecke und Halbkreise aufs neue verbünden, wenn possenhaft und ordentlich über dem ersten Gesims eine Reihe von Quadraten erscheint und sich zwei große, reich verzierte Voluten darüber ringeln, die auf ein irgendwie prälatenhaftes Tympanon zusteuern. An dieser zauberhaft maßlosen Fassade, die ohnehin schon vollgepfropft ist wie die gute Stube eines wohlhabenden und selig plebejischen Hauses, hat man noch weitere Spiele getrieben; denn nur als Spielerei brachte man im unteren Teil zwei astronomische Geräte aus dem 16. Jahrhundert an: eine Armillarsphäre, die plastisch die Bahnen der Planeten darstellt, und ein Gnomon, den Stab, nach dem man den Schatten auf den Sonnenuhren mißt. Die höchste List aber und das eigentliche Spiel dieser Fassade ist gewiß dem Eingriff des Leon Battista Alberti zu danken, dem es glückte, seine magere, aber gefügige Mathematik in dieses erstaunliche Spiel zu bringen, wo auf einer ganzen Oberfläche jeglicher Fleck beweglich geworden ist und tanzt. Zwei Halbsäulen, zwei Pilaster, ein Bogen und eine Lünette, und in den vier Kapitellen die ganze Geduld und Gelehrsamkeit eines Zitats, das zu purer Grazie wird und nichts Einschüchterndes mehr hat; das ist das Portal Albertis, ein Ort im Ort, der auf die sublimste Weise äußert, daß alles, was uns als Spiel und seliges Schwelgen im Bilde erscheint, die hurtige, leichte Wissenschaft, die unauslotbare, glückliche Weisheit des luftigen Engelsvolkes ist und seiner irdischen Komplizen. Wenn man das Bild dieser Fassade neben die Fassade von San Miniato al Monte hält – der Kirche nämlich, die sich, um der Vergewaltigung durch das Baptistentum zu entgehen, über den Stadtrand hinaus geflüchtet hat –, dann weiß man sofort, auf welcher Seite die glückliche Fassade von Santa Maria Novella in der großen »geometrischen Rauferei« von Florenz steht.

Unweit von Santa Maria Novella erhebt sich ein System von Orten, das zu den dichtesten und eigenwilligsten von ganz Florenz gehört: San Lorenzo. San Lorenzo – eine Kirche, der es versagt blieb, in einer Fassade Frieden zu finden – ist ein Ort, der stark widerstreitende Orte in sich versammelt, ein wahres Schlachtfeld des Geistes. Das Innere der Kirche ist eine Labsal aus Luft und Stein, wie sie Brunelleschi zu schaffen verstand, die extremsten, entscheidenden Punkte des Systems aber liegen anderswo: ich meine die Alte Sakristei von Brunelleschi, die Fürstenkapelle und die Neue Sakristei von Michelangiolo. San Lorenzo ist eine Art fürstlicher und höfischer Friedhof der Medici, von Cosimo aus dem 15. Jahrhundert, dem »Vater des Vaterlandes« und reichsten Bankier Europas, bis zu dem weichlichen und verschrobenen Gian Gastone, Großherzog und »Postremus«, dem letzten der Dynastie, in die sich die ehrgeizige, wohlhabende Familie verwandelt hatte, nachdem sie mittlerweile vom harten, trutzigen Palazzo Medici in den berückenden, subtilen, verlockenden Palazzo Pitti übergesiedelt war. Trotzdem ist San Lorenzo kein Mausoleum, die Alte Sakristei entspricht genau unseren Erwartungen von Brunelleschi, dem Mann, der sich auch Santo Spirito und die Kapelle der Pazzi ausgedacht hat. Die Wände haben kein Gewicht, die Kuppel zieht unwiderstehlich nach oben. Ein leichtes Gefühl der Kühle und der Keuschheit, eine unmögliche Mischung aus Abstraktion und Grazie hält diesen kleinen, exakten »Ort« aufrecht und zusammen, in dem der Schauder der absoluten Verschwiegenheit herrscht.

Außerhalb der Kirche von San Lorenzo erhebt sich der Bau, zu dem die Krypta der Medici – jene auf zarte Weise tragischen Gräber der in der Wiege verstorbenen Fürstenkinder –, die Fürstenkapelle und die Neue Sakristei gehören. Die Kapelle soll das größte Bauwerk aus hartem Stein sein, das es auf der Welt gibt; und hier befinden sich die riesigen Sarkophage, Statuen, Wappen, Wahlsprüche, das grandiose, aber unvollendete Mausoleum der Medici. Der Mythos des großen Mausoleums hatte lange Zeit in den Köpfen der Großherzöge herumgespukt; Francesco I., ein extravaganter, feinsinniger Mann, war beim Sammeln der Steine zur Hand gegangen, und Ferdinand I., dessen Bruder und Nachfolger, hatte nach den Plänen von Don Giovanni, eines anderen Medici, selbst Hand an das Werk gelegt. Die Kapelle spiegelt somit etwa das Bild, das die Medici von sich selbst als einem Volk toter Herrscher hinterlassen wollten. Hier drinnen gibt es Luxus, etwas, das sonst der geistigen Verfassung von Florenz fremd ist. Die Medici hatten als bewußte Emporkömmlinge eine reich geschmückte, prunkvolle, exhibitionistische Vorstellung ihrer Ewigkeit. Dieser Prunk soll nicht den Ruhm einer der eigenartigsten Familien Europas feiern, sondern er ist eher als Dekor ihres Ablebens gedacht, als Dekor des Todes, des Endes, des stillen Staubes: einst die Medici von Florenz.

Die Kapelle ist durch einen kleinen Gang, den zwei monströse, rätselhafte, aber durchaus in den Rahmen passende Statuen zieren, mit der Neuen Sakristei des Michelangiolo verbunden, die sich gleich nebenan auftut. Es ist ganz offensichtlich, daß diese Sakristei seit eh und je mit der anderen auf Kriegsfuß steht, soweit man einem ausweichenden und sich entziehenden Entwurf von Brunelleschi überhaupt den Krieg erklären kann. Das Weiß und Schwarz der Mauern nimmt jegliche Illusion; nach Luft streben diese Mauern nicht. Die mächtigen Statuen, fleischiger Marmor – der Tag und die Nacht, die Abend- und die Morgendämmerung und die beiden Fürstenbildnisse –, wachen über eine reglose Katastrophe, eine in Stein gemimte Tötung. Wenn man die Kuppel betrachtet, sieht man sofort, wo der geheime mathematische Punkt der Herausforderung liegt. Diese Kassettenkuppel ist das genaue Gegenteil von Brunelleschis Kuppel; hier wird die Luft weder umarmt noch angelockt, sondern zurückgewiesen, allenfalls eingefangen und in Stein verwandelt, denn an diesem Ort laufen alle Verwandlungen auf eine Niederlage hinaus. Michelangiolo baut, stellt im Raum auf und definiert; seine Wucht entsteht durch das Nebeneinander von Tyrannei und Niederlage in einem Raum; ein Theologe des Steins, erfindet er Gräber, Allegorien des Unterliegens, reglose Niederlagen, fern vom Schlachtenlärm. Der Mythos des Baptisteriums konnte in der geometrischen Rauferei von Florenz nicht über diese mit Beweisstücken versehene Katastrophe hinausgehen, der – nur ein paar Meter entfernt – in der Alten Sakristei die sanfte, luftige Fahnenflucht der anderen Geometrie gegenübersteht. Von keinem anderen Bauwerk in Florenz werden die grausame Wildheit, die Größe und die unerbittliche Logik des Konfliktes mit solcher Deutlichkeit erzählt, eines Konflikts, der rings um ein Volk prunkvollster Gespenster ausgetragen wird.

Florenz ist eine buchstäblich sakrale Stadt, völlig im Bannkreis des christlichen Mythos; und ich zweifle nicht daran, daß man diese unmögliche Stadt auch streng theologisch deuten könnte; vielleicht wußte Florenz selbst davon, denn in einem Codex aus dem 15. Jahrhundert, der uns »De civitate Dei« des Augustinus überliefert, zeigt eine Miniatur die Merkmale der Stadt Gottes: ein Bild von Florenz. Das sakrale Wesen, der Geschmack des Ewigen, des Endgültigen färbt auch auf die Profanbauten ab.

MARIO LUZI *Der Monte Amiata*

Von Siena her gesehen, ist der Monte Amiata eine gewaltige und zarte, aschgraue Form, die in die leeren und windzerzausten Räume einsinkt, die die Stadt umgeben. Die Mädchen in den Internaten, die Schüler in den Klassenzimmern der Schulen, die fast alle an den äußersten Rändern des Wohngebietes liegen, treten oft ans Fenster, lehnen die Stirn an die Scheiben und verweilen, um ihn zu betrachten. Manche sind von dort, und für sie wimmelt seine ferne, massige Gestalt, einsam im Blau der tiefen Region, von alten Dorfgeschichten; für andere ist er ein Geheimnis. Nicht umsonst liegt dazwischen das riesige und unwirkliche Orcia-Tal mit seinem urbar gemachten Lehmboden, den weiten Saatfeldern, dem Brachland, mit der ständigen Bewegung der Anhöhen, die den Himmel einnehmen und freigeben: während die Farbe der Erde von allerfeinstem, verbranntem bläulichen Grau ist, so daß das nicht absorbierte Licht sich in violetten Schwingungen darauf ausbreitet, die sich jenseits der letzten, fernen Silhouetten verlieren und das Gefühl von Weite und Einsamkeit verstärken. Eine Erde, die wirkt wie der tiefe Grund des Gedächtnisses oder ein Ort des Traums, wo ein dunkel erregter Sinn den Schauer eines geheimnisvollen Lufthauchs verspürt.

Doch der Monte Amiata ist ein viel irdischeres Reich: sein überaus hoher Kegel, dicht bestanden mit Buchen und ganz unten mit Kastanien, läuft aus in sanften und steil gekrümmten Abhängen, die in ihrer Bewegung Mulden und enge, tiefe kleine Täler formen, wo sich, bei Wasserreichtum, dichte, frisch sprießende Pflanzungen einschleichen, oder, bei Trockenheit, Weinstöcke und Olivenhaine gedeihen; im Süden läuft er in unfruchtbare Wälle aus, die die Maremma überblicken, und dort herrscht die große Eiche vor, zwischen Fleckchen bescheidenerer Kastanienhaine, und auch wieder der Olivenbaum, der Weinberg, und in den schattigen Erdfalten der Gemüseanbau. Dort wo der Blick begrenzt ist, kann man nichts Lieblicheres finden: die vollkommene Frische des grünen Gewirrs von kleinen Tälern, wo der Landmann die Pergola richtet, Selleriestauden und Salatköpfe gießt mit dem Wasser des Brunnens oder der primitiven Wasserleitung, während weiter oben der große mediterrane Sommer auf den Steilhang der ganz mit einem Gespinst aus Sonnen- und Schattenflecken überzogenen Straße brennt, nimmt deutlich Sinne und Seele gefangen und erneuert das uralte Thema von Seligkeit und ländlichem Müßiggang. Wo der Horizont offener ist, und der Blick sich in den blauen Breiten des Sieneser Landes verliert, oder auf der anderen Seite in den trostlosen, so weit wie das

Auge reichenden Ausläufern zur Maremma, zwischen denen sich die mageren Gebirgsbäche Albegna und Fiora schlängeln, da ruft die bedrohliche Nähe von soviel Raum eine gewisse Schwermut in der Seele wach.

Es gibt nur wenige Bauernhäuser dort; selten ist das wenige bebaubare Land, im allgemeinen den Kastanien oder den Eichenwäldern abgerungen, in Höfe aufgeteilt. Öfter handelt es sich um kleine Stücke, denn da, wo es fruchtbar ist, möchte jeder ein eigenes haben und es mit Sorgfalt und großer Liebe bebauen, mit dem Gefallen an Eigentum und der Leidenschaft für Land, die Leuten eigen ist, denen es an Land mangelt. Sie wohnen alle in den Dörfern, die auf sechs- bis achthundert Metern Höhe den Berg wie einen Ring umschließen oder auf seinen äußersten Hängen in vorderster Front stehen: manche haben auch einen Beruf, sie sind Schuster, Schneider oder Barbier, doch wenn es Zeit ist für die Landarbeit, kommen auch sie, rittlings auf dem Esel sitzend, zu ihrem winzigen Grundstück herunter und kehren bei Anbruch der Nacht mit Körben und Grasbüscheln beladen zurück. Dann hallt das Pflaster der alten Dörfer vom Hufgetrappel wider, während wenige schroffe Grußworte ausgetauscht werden, wie unter Leuten, die der gleichen Familie angehören und demselben Schicksal unterworfen sind. Erst später, beim abendlichen Treffen in den großen verräucherten Küchen, oder auf dem Dorfplatz, oder in der Schenke wird die Unterhaltung reger, in jener klaren und starken Sprache, die dennoch in ihrer rituellen Weise den Ausdruck eines lebhaften und scharfsinnigen Geistes gestattet, der ebenfalls rituell ist, mehr dem Volksstamm als dem einzelnen eigen. Aus ihren Unterhaltungen entsteht das Dorf wie ein Universum im dichten Netz seiner Verwandtschaften, in der Tiefe der Generationen, die in seinen grauen Häusern aufeinander gefolgt sind, in der Geschichte der Besitztümer, in den Schwankungen des Glücks der Familien, in den Krankheiten, den Geburten, den Toden, seinen sagenhaften Greisen; und alles wird als Ritus betrachtet, als Tribut, der dem Leben und der Zeit zusteht. Und wieviel bedeutet zum Beispiel die Pflege der Kranken, die Totenwache, wenn alle, die Gevatterinnen, die Männer und sogar die Kinder die richtigen Worte des Ritus zu finden wissen, die rituell mit jenem innigen Mitleid trösten, das nicht aus dem Herzen kommt, sondern aus der uralten und kummervollen Religion der Gattung.

Am Morgen oder um die Mittagsstunde herrscht großes Schweigen, nur unterbrochen vom Hämmern des Schmiedes, vom Kreischen des Sägewerkes, vom Gesang einer Frau; im dichten Schatten, den das unverputzte Haus aus nachgedunkeltem Stein wirft, oder der Kastanienbaum oder die darüberliegende kleine Anhöhe aus jener mit Pflaumenbäumen und jungen Eichen dichtbestandenen roten Erde, könnt ihr die Alte am Spinnrad sehen, und daneben den an den Ring oder den Pflock gebundenen Esel, während der Brunnen beständig Wasser speit: in der Sonne die Roste mit den zum Trocknen ausgelegten Feigen, die Gefäße mit den Konserven, die Maiskolben auf der Matte oder dem Leinentuch.

Der in der Stadt aufgewachsene Junge ist bezaubert in dieser Welt, wo ihm nichts fremd ist, wo ihm alle Häuser gleichermaßen offenstehen; und er sieht, daß die Taten des Menschen einen Sinn, klar und umrissen eine Ursache und ein Ende haben zwischen wenigen atavistischen Gegenständen und Bildern, zwischen wenigen wesentlichen Leidenschaften, die stets lebendig bleiben: und er möchte gar nicht mehr fort: nie zuvor schien ihm die Erde so wahrhaftig Erde, der Wein Wein, die Freundschaft, die Verwandtschaft so wahrhaft Freundschaft und Verwandtschaft in der gemeinsamen Bescheidenheit aller, wo sogar Armut ohne Bitterkeit sein kann. Der Junge aus dem Dorf dagegen träumt davon, in die Stadt zu entkommen, wie es schon viele vor ihm getan haben, manchmal mit einem gewissen Gewinn; doch auf jeden Fall wird er sich nicht wirklich lösen können, er wird auch weiterhin Teil der lebendigen Gemeinschaft sein, wird sie in seinen Gedanken tragen, wird im ununterbrochenen Gedächtnis des Dorfes bleiben, das alles überliefert, ohne irgend etwas zu verlieren. Bis jetzt erleben der eine wie der andere ihre vollkommene Erdverbundenheit: sie erforschen die Steilhänge, verbergen sich im Laub des Unterholzes oder schlüpfen durch winzige Holztore in den Weinberg, in das Gärtchen, wo das Wasserbecken unter den grünen Zweigen hervorlugt und Früchte sie zur Mahlzeit verlocken. Wenn dann die tiefen Schatten in Bewegung gekommen und dunkelblau geworden sind, kehren sie zurück und machen auf dem Platz halt, reihen auch sie sich ein in den Kreis um die feierlichen Alten, die, unter dem noch entflammten Himmel auf dem Mäuerchen oder auf den Stufen der Freitreppe sitzend, Geschichten aus anderen Zeiten erzählen und die alte und ewige Weisheit des Menschengeschlechtes weitergeben.

Seit einigen Tagen kam dorthin, wo eine anmutige und ausgelassene Gruppe von Jungen mit Sprüngen, Gerenne und Geschrei Fußball spielte, ein etwa zehnjähriger Knabe, allein: am Rand des Spielfelds sitzend, beobachtete er, während jene mit Inbrunst in ihr Spiel vertieft waren, was sie taten.

Klein, geduckt in der schmächtigen Gestalt, trug er eine große schwarze Sonnenbrille, die den größten Teil seines blassen Gesichts verdeckte.

In ihrem Spiel fortfahrend, schienen die Jungen ihn nicht einmal wahrzunehmen, bis er unbemerkt wieder wegging.

Doch eines Tages, während jene wie gewöhnlich lärmten und spielten, erschien der Knabe mit dem blassen und zum größten Teil von der schwarzen Brille bedeckten Gesicht auf einen Stock gestützt, bewegte sich vorwärts mit schleppendem Gang, müde in der Art eines Alten.

Während der Pause trat einer von jenen zu ihm:

»Und wer bist du?«

Durch die große schwarze Brille starrte der Knabe den Kameraden an, ohne ihm zu antworten.

»Wie heißt du?«

»Emilio.«

»Tun dir die Augen weh?«

»Nein.«

»Warum trägst du denn die Brille?«

»Die ist vom Großvater.«

»Bist du krank?«

»Nein.«

»Aber du hinkst doch.«

»Nein.«

»Warum gehst du denn am Stock?«

»Es ist der, den der Großvater benutzte.«

»Aber wo ist dein Großvater denn?«

Er senkte den Kopf, denn ein Knoten schnürte ihm die Kehle zu und hinderte ihn zu antworten.

»Ist er tot?«

»Ja«, nickte er.

»War er alt?«

»Ja«, hauchte er.

»Wozu kommst du hierher? Willst du mit uns spielen?«

Der Knabe gab keine Antwort.

In der Pause eines anderen Spiels traten andere Jungen zu ihm.

»Ich kenne ihn, es ist der, der immer mit einem alten Mann herumlief.«

»War der dein Großvater?«

»Ja«, hauchte der Knabe wieder.

»Und deine Mama, dein Papa, wo sind die?«

»Sie sind im Auto gestorben, als ich zwei Jahre alt war.«

Er sprach so leise, daß man ihn kaum hören konnte.

»Ja, ja, das weiß ich auch, seine Mama und sein Papa sind bei einem Autounfall ums Leben gekommen.«

»Und du warst nicht in dem Auto?«

»Nein, ich war mit dem Großvater zu Hause geblieben.«

»Und bei wem bist du jetzt?«

»Ich war beim Großvater.«

»Ich habe es oft gesehen, sie gingen immer zusammen, er und der Alte.«

»Machte es dir Spaß, mit dem Alten zu gehen?«

»Ja.«

»Aber wie konntest du denn mit einem Alten spielen?«

Über das blasse Gesicht flackerte ein verschwommenes Lächeln.

»Willst du mit uns spielen kommen?«

Der Knabe gab keine Antwort.

»Wie soll er denn spielen können? Wenn er eine Brille trägt und einen Stock, bedeutet es, daß er alt ist.«

»Na, wenn du alt bist, wirst du sterben wie dein Großvater.«

»Und wir werden dir das Begräbnis richten«, fügte ein anderer hinzu, das Wort hinwerfend wie den Funken, der einen Brand entfachen wird.

Sie sahen einander an, die Jungen, deren Gruppe gewachsen war und immer noch wuchs.

»Kommt, kommt alle her, dieser arme Alte ist gestorben, und wir müssen ihn begraben.«

Auf den Stock gestützt erhob sich der Knabe und bot sich dar.

Und die Jungen ergriffen ihn, immer erhitzter im neuen Spiel, an Schultern und Beinen, während andere herbeiliefen mit einem Brett, Stöcken und Blechschrott, leeren Konservendosen, die sie auf einem nahen Abfallhaufen gefunden hatten; und nachdem sie ihn auf das Brett gelegt hatten, setzten sie sich in Bewegung, im Schritt und im Rhythmus eines Leichenzugs, und begleiteten sich dabei im Takt mit Stockschlägen auf Blechstücke und die leeren Konservendosen; schrien aus vollem Hals einen improvisierten Trauermarsch. Und immer lauter schrien sie, und immer heftiger trommelten sie rundum und hinter ihrer Bahre, auf der mit geschlossenen Augen der Knabe ausgestreckt lag.

Sie trugen ihn dorthin, wo eine Bodensenkung einen Graben bildete, und wie man einen Toten hinabläßt, legten sie ihn hinein, während sie begannen, im Kreis Händevoll Erde auf ihn zu werfen, mit immer größerem Schwung, je mehr sie ihn bedeckten.

Ein Mann, der dort in der Nähe auf seinem Feld arbeitete, war, angelockt von soviel Getöse und mißtrauisch geworden, hinter die Hecke getreten, die seinen Landbesitz abteilte, und zum rechten Zeitpunkt sprang er aus seinem Beobachtungsposten hervor, wild mit der Hacke fuchtelnd, die er in der Hand hielt, und lief auf jene zu: wie Vögel auffliegen bei einem Flintenschuß schlug er sie in die Flucht.

»Räuber, Schurken und Diebe! ...«

Der Größte war frech genug, stehenzubleiben, sich umzudrehen und zu antworten:

»Er war alt, er ist gestorben, wir mußten ihn begraben«, dann rannte er sogleich weiter.

»Wenn ihr euch noch einmal in die Nähe wagt, werdet ihr sehen, was ich tue: Gauner, Nichtsnutze und Diebe! ... Gestern seid ihr auch in mein Feld eingedrungen, um Trauben zu stehlen.«

Nachdem er sich der Grube genähert hatte, wo der Knabe fast zur Gänze begraben lag, begann er, seinen Körper freizulegen von der Erde, die ihn bedeckte, und ihn aufzuheben:

»Und du, warum läßt du dich so zurichten von diesen Verbrechern?«

Wie einer, der aus tiefem Schlaf erwacht, wartete der Knabe lange mit der Antwort, dann sagte er im Tonfall eines Träumers:

»Mit dem Großvater haben sie es auch so gemacht.«

TOMMASO LANDOLFI *Der erste Hase*

Es gibt bei Tolstoi (falls ich es nicht geträumt habe) den Jungen, der auf der Jagd heimlich betet: »Einen Hasen, nur einen kleinen Hasen!« So beteten wir zu jener Zeit. Der erste Hase ist wahrlich eine wichtige Angelegenheit im Leben eines Mannes; der alte Pfarrer sagte zu mir: »Man weiß ja bei euch, was eure glühendsten Wünsche sind: die erste Frau, der erste Hase und der Tod des Vaters«; auch kann man nicht behaupten, dieser von alter Weisheit diktierte Ausspruch sei gänzlich üble Nachrede. Jedenfalls gewiß nicht, was den zweiten Punkt anlangte.

Doch bevor ich auf meinen ersten Hasen zu sprechen komme, würde ich gerne etwas von den Freuden der Jagd im allgemeinen ins Gedächtnis zurückrufen, zurückrufen können; denn sie bestehen ja keineswegs in der Tötung sanfter, wehrloser Geschöpfe, obgleich es traurigerweise darauf hinausläuft. Was mich betrifft, zumindest, ich konnte nicht ohne Bestürzung den grausamen Ausdruck von Triumph mitansehen, der sich unter bestimmten Umständen auf dem Gesicht jenes blonden Cousins abzeichnete. »Stehengeblieben!« rief er sogar einmal einem im Sprung von ihm getroffenen Hasen zu, als der den tödlichen Luftsprung machte; und ich erzitterte dabei, ohne mich deshalb wie ein Ausbund an Heuchelei zu fühlen.

Nein, die wahren Freuden der Jagd sind hochherzig und unblutig. Man bricht früh auf, nicht bei Sonnenaufgang, sondern weit vor Sonnenaufgang, um bei Tagesanbruch an Ort und Stelle zu sein; man schreitet aus beim Licht der Sterne oder des abnehmenden Mondes; der Horizont ist wolkenlos, es wird ein eisiger und schöner Tag werden, gerade so, wie es sein soll; die Hunde zerren an der Leine und schütteln den Kopf wie junge Pferde beim Zureiten, man muß aufpassen, wenn man mit den Nagelschuhen nicht ausrutschen will bei ihrem heftigen Gezerre... Vom Dorf aus muß man, um den Weg in die Berge zu nehmen, erst in ein kleines Tal hinabsteigen; das ist der Augenblick, in dem man sich fragt: Habe ich auch alles dabei? das Frühstück (bestehend aus Brot, Käse und Mandeln oder Oliven), die Zigaretten, den Jagdschein, das Messer, den Auswerfer, ein zusätzliches Taschentuch, ein Stück Schnur, eine alte Zeitung (zu welchem Gebrauch auch immer)? ist das Gewehr in Ordnung, die Patronentasche voll, sind die Patronen mit Vogeldunst dabei und die mit grobem Schrot? ... Oh, welche Lust, sich unabhängig zu fühlen, mit allem versehen, was man unter Umständen braucht, und zugleich zu erkennen, daß es so wenig ist, was man braucht, kaum mehr als das, was Diogenes brauchte (eines Tages, auf dem Gipfel eines

Berges, benötigte ich dringend einen Kamm: ich schnitzte mir einen, indem ich mit dem Messer einen Holzspan einkerbte) ... Dann nimmt man die Steigung in Angriff, und von Schritt zu Schritt erwärmt man sich, und man spürt, man sieht fast, wie der schlechte Atem verfliegt und mit ihm die Schwere der Niederung, die Befangenheit, die Verworrenheit einer Existenz, die die unsere nicht sein kann, nicht sein darf... Doch nach vielleicht zwei Stunden selbstversunkenen Gehens, da sind wir oben: der Osten beginnt sich aufzuhellen; das Dorf unten befreit sich langsam von nächtlichen Nebeln, oder besser, es taucht aus jenem Meer hervor, und bald wird es facettenreich und fern, in einem eigenen, matten Glanz erstrahlen. Rasch übrigens wird es uns verborgen sein, und wir werden es auch nicht wie Diamant in den ersten Sonnenstrahlen erglühen sehen: ade Dorf, ade geschwätzige und schmachvolle Welt.

Auf einer dieser kahlen Bergkuppen steht eine vertrocknete und vieler ihrer Äste beraubte Eiche; auf die ab und an, die Luft zerteilend, ein paar Ringeltauben oder majestätisch ein einsamer Rabe zufliegen. Doch es ist sinnlos, zu versuchen, sich ihnen zu nähern, es sind wilde und einsame Leute: sie machen extra dort halt, weil sie rundum alles erspähen können und weil jemand, der sich nähern wollte, nichts hätte, um sich zu verbergen; dann fliegen die einen plötzlich wieder los, oder der andere bleibt, ebenso ungestört, um vom höchsten Zweig Ausschau nach Wasser zu halten. Zum Ausgleich ist der Ort wunderbar düster: man kann sich vorstellen, man sei auf der Schatzinsel; wenn man von jener Eiche aus, wer weiß, fünfzig Schritte abzählt, sich dann zur rechten Seite wendet und weitere sieben Schritte zählt... Vielleicht ruht an ihrem Fuße, noch mit Fetzen des goldbetreßten Überrocks bekleidet, am Gürtel noch das Messer des Piraten, ein Skelett, in dessen Augenhöhlen die Wiesenraute blüht; oder vielleicht hat der Stamm einmal, vom Blitz getroffen, einen Goldstrom auf die dürre Erde gegossen: das Gold, das einst in alten Zeiten von den Räubern in einer seiner geheimen Höhlungen verborgen worden war...

Jedenfalls ist dies nicht der Weg, auf dem unsere Treibjagd stattfinden soll: auf welchem also, oder auf welchen? Weiß der Teufel! und das ist das Schöne; obgleich verachtet von den Berufsjägern, von denen, die die technischen und systematischen Methoden aus dem alles kontrollierenden Flachland am liebsten bis hier herauf verlegen wollten, ist die zufällige oder »Begegnungs«-Jagd, wenn nicht die ertragreichste, so doch die an privaten Wonnen fruchtbarste. Ich kannte einen Jäger, der, wenn nach der Verteilung der Anstände wieder ursprüngliches Schweigen über den Bergrücken eingekehrt war, nur unterbrochen vom kurzen, hohen Kläffen der Hunde, die das Unterholz durchwühlten, und ihm dann ein geschwätziger und kaum genießbarer Eichelhäher in die Schußlinie kam, der dann nicht zögerte, ihn zu seiner Beute zu machen, womit er die allgemeine Mißbilligung herausforderte bzw. auf sich zog (da der Schuß eine wichtigere Beute erschreckt und verscheucht haben konnte); nun gut, dieser Jäger hatte trotz allem recht.

Unsere Hunde, von uns selbst abgerichtet, sind nicht so engstirnig rational: sie sind, wie man zu sagen pflegt, abgerichtet auf Pelzgetier, auf Federwild und werfen sich aufs Wasser; andererseits stehen sie uns nur zufällig und aus Herablassung bei, während sie es im allgemeinen vorziehen, auf der Suche nach einem rachitischen Vogelbeerbaum oder Apfelbaum davonzugaloppieren, deren heruntergefallene Früchte sie fressen und gleich wieder ausspucken; so daß wir weiter auf du und du mit der unsichtbaren, problematischen Fauna der Orte bleiben.

Schauen wir also einmal: in dieser von Schlehen und Brombeergestrüpp überwucherten Schlucht könnte ein Waldschnepfenpaar nisten... doch könnte auch, und es wäre nicht das erste Mal, ein außergewöhnlicher, königlicher Vogel aus anderen Ländern hier Unterschlupf gefunden haben, den es aus wer weiß welchen Umständen, Winden und Stürmen, hierher verschlagen hat... oder vielleicht der Wolf persönlich? (beim Wirbel unserer Lippen fliegt ein Steinschmätzer oder etwas Derartiges auf, jedenfalls ein Geschöpfchen, dem niemand eine Schrotladung verpassen möchte); auf diesem heidebestandenen Abhang könnte sich eine Schar Rebhühner aufhalten, die vielleicht gerade jetzt heraufstolzieren, rasch den Kopf von einer Seite zur anderen werfend, von den Kleinen gefolgt, bereit, sich mit dem Lärm eines Erdrutsches zu erheben... doch es könnte ihn auch vorsichtig, von Busch zu Busch sich vortastend, ein geheimnisvoller, verspäteter Dachs erklimmen; und dann, oh, nein: ein unerhörtes Reptil, der Wurm, groß wie ein Kind, von dem die Legenden erzählen; und ebensowenig: ein Lemur, ein Hyänenhund, ein indischer Tapir, glücklich zu uns herübergeschwommen, um irgendeiner Naturkatastrophe zu entfliehen (der Abhang bleibt still, nichts rührt sich, verstehen wir uns recht, verschlafen liegt er in der Sonne)...

Ah, was zählen sie schon, solche Einschübe, die uns auf eine im voraus feststehende Realität verweisen! immer neue Eindrücke eröffnen sich unseren Sinnen, unserer Phantasie, die hier nicht schmachtet, wie angesichts des öden, weißen Papiers; was zählt es schon, wenn wir abends heimkehren werden, ohne einen Schuß abgegeben zu haben, oder wenn wir zwar geschossen (mit Patronen unserer bescheidenen Wahl und oft, auf die Wunder des linken Laufs vertrauend, aus unvorstellbarer Entfernung), dem vom Glück begünstigten Wild aber nur »das Fell geglättet« haben! Ebenso bedauere ich jene schon erwähnten Leute, die mit dröhnenden Autos herauffahren, mit eisernen Vorstehhunden, mit automatischen Gewehren mit – seht nur, welche Verirrung – übereinandergelagerten Läufen; wenn sie nicht Jagdgründe wählen, wo man so eng beieinandersteht wie in der Stadt.

Das Pferd des heiligen Franziskus war unser Auto, und als Gewehre hatten wir vertraute und bescheidene Doppelflinten, die aber nicht gleich, stieß man einmal gegen einen Stein, die Form verloren, und was die Hunde angeht, so habe ich ja bereits auf sie hingewiesen. Übrigens haben, nebenbei gesagt, auch wir unsere Beute eingesackt, und auch uns ist es vorgekommen, daß wir, bei Dämmerung wieder den Dorfplatz überquerend und um den Blick der Müßiggänger zu schärfen, mit demonstrativer Zerstreuung manch edles Wild, Standwild oder auch nicht, zu Boden gleiten ließen (worauf die Müßiggänger hinstürzten und es uns bewundernd aufhoben).

Noch etwas: man darf nicht glauben, daß unser Reich dort oben nur öde und von Wild bevölkert gewesen sei; es konnte uns passieren, einem überaus zivilisierten Wesen zu begegnen. Überaus zivilisiert: einem Hirten, so zivilisiert, daß er nichts von Gewerkschaften wußte, auch seine Rechte, angenommen er würde sie erahnen, waren ihm ganz gleichgültig. Welchem Stamm er auch angehörte, er sprach eine bewundernswerte Sprache (»uns neu, weil man sie hier nicht findet«), durchsetzt mit Sprichwörtern über das Wetter, die Jagd, die Moral, mit vorsintflutlichen Ausdrücken; und überraschten uns Schnee oder Regen, bot er uns Schutz in seiner Hütte, ließ uns teilhaben am guten frischen Käse seiner Schafe, bevor er sich wieder daranmachte, »Weidenkörbe zu flechten neben seiner Herde«.

Doch genug: es ist klar, daß ich, will ich nicht stehenden Fußes in einen bestimmten Gesang von Tasso verfallen, nunmehr zu meinem ersten Hasen zurückkehren muß. Und außerdem würde, wer keine Erfahrung hat in diesen Dingen, sie auch nicht verstehen, wenn ich noch eine ganze Weile darin fortführe.

Aus all dem, was ich bisher gesagt habe, geht insgesamt klar hervor, daß ich den Hasen, wollte ich ihn wirklich, im Sprung erwischen mußte. Eines Tages nun hatte das unbesonnenste dieser sanften Tierchen, vielleicht von den äpfeljagenden Hunden aufgeschreckt, die unglückliche Idee, aus dem Wald herauszukommen, vor dem ich lauerte, und den Waldrand entlang hinaufzulaufen. Da war es, bebend und in fliegender Hast, wenige Schritte von mir entfernt; zweifellos hätte ich es sich beträchtlich entfernen lassen müssen, um es nicht gänzlich zu zerschmettern; doch jeden Augenblick konnte es sich wieder in den Wald stürzen, und im übrigen war meine Aufregung und meine Furcht, es zu verfehlen, so groß, daß ich, um es kurz zu machen, sofort schoß. Und es fiel, und ich lief hin.

Die Schrotladung, ganz geballt aus dieser kurzen Entfernung, hatte ihm wortwörtlich einen ganzen Schenkel mit dazugehörigem Pfötchen und einen Teil der Flanke in der Luft zerrissen, heute würde man sagen: atomisiert. Seiner einzigen Verteidigungswaffe (seiner Sieben-Meilen-Beine) beraubt, machte es selbst noch, seine roten, zuckenden, inneren Organe zeigend, Fluchtbewegungen; und sah mich an... Doch was nützt es, auf einer solchen Szene des Grauens und der unverzeihlichen Schuld zu beharren? ... Schließlich erlosch es, seine Augen trübten sich.

Ja nun, das war mein erster Hase; und die Geschichte kann, sei es auch barsch, hier enden. In Wirklichkeit gibt es nicht viel hinzuzufügen, außer vielleicht einer Bemerkung und einer Mitteilung zur Erbauung des Lesers, die dann doch nur ein einfacher Zusatz ist.

Die Bemerkung: daß für manche die Dinge sich erschöpfen, fast bevor sie begonnen haben, welchen Grund man auch immer dafür anführen mag. Und zur Mitteilung, beziehungsweise dem Zusatz übergehend, daß ich wohl weitere zwanzig Jahre fortfahren könnte, mich flintenschwingend auf den Bergen herumzuschleppen (wenn ich dabei auch immer weniger Schaden anrichtete), doch schon von jener ersten Zeit an, zu Recht oder zu Unrecht vom Herzen gegen jeden uralten Instinkt geleitet, reifte in mir ein fester Vorsatz. Der Vorsatz ist nun längst schon in die Tat umgesetzt, und ich will ihn (zitierlustig wie wir sind) mit den folgenden beiden Versen wiedergeben: »Ich sagte: hängen wir die Rüstungen (man lese: die Doppelflinte) in die Vorhalle unserer Häuser«.

Caramanna Antonio, zu Diensten. Freikarten gibt es keine mehr, der Präsident ist fort, keiner weiß, wann er zurückkommt.«

»Danke«, sage ich, »aber ich wollte gar keine Freikarte. Ich bin hergekommen, um Informationen über die neapolitanischen Fußballfans zu sammeln, und da mir gesagt wurde, daß Sie diesbezüglich eine lange Erfahrung haben, möchte ich Sie bitten, falls Sie ein halbes Stündchen erübrigen können, mir etwas über den Fußballclub Napoli zu erzählen.«

»Lange Erfahrung, sagen Sie? Mein lieber Herr, der Unterzeichnete hat die Ehre, dem neapolitanischen Fußball seit den Zeiten der Arenaccia zu Diensten zu sein: Sentimenti, Pretto und Berra, Milano, Fabbro und Gramaglia, Busani, Cappellini, Barrera, Quario und Rosellini. Dann, nach dem Krieg sind wir umgezogen vom Vomero, ins Stadio della Liberazione, das heute Stadio Collana heißt, und schließlich, wie Sie sehen, ins San Paolo, wo ich die Funktionen des Verantwortlichen für den Ordnungsdienst gegen Schwarzbesucher, Gauner und Halbstarke ausübe.«

»Gibt es viele Schwarzbesucher?«

»Bei den wirklich wichtigen Spielen kommen wir auf bis zu elftausend Zuschauer, die nicht bezahlen. Selbstverständlich zähle ich bei dieser Rechnung sowohl die echten Schwarzbesucher mit, also die, die eine illegale Möglichkeit finden, sich einzuschmuggeln, als auch die Inhaber von Ausweisen oder Freikarten. Wie auch immer, wenn es Sie interessiert: Sie müssen davon ausgehen, daß es bei jedem Fußballspiel viertausend Zuschauer mit Freikarten und verschiedenen Ausweisen gibt, dreitausend mit gefälschten Eintrittskarten und viertausend, die über die Zäune klettern.

»Aber warum gebt ihr so viele Freikarten aus?«

»Weil in Neapel die Freikarte eine Auszeichnung ist, ein Zeichen, daß man einer höheren Rasse angehört. Wenn ein Neapolitaner zu Ihnen sagt: ›Ich habe beim Fußballspiel noch nie Eintritt gezahlt‹, dann ist es, als würde er sagen, was weiß ich: ›Meine Vorfahren waren bei den Kreuzzügen dabei‹. Also, anders gesagt, wenn in Neapel einer gezwungen ist, die Eintrittskarte zu kaufen, bedeutet das, daß er gescheitert ist, daß er wirklich keine Beziehungen hat und überhaupt nicht zählt.«

»Und die echten Schwarzbesucher?«

»Naja, die müssen wir in zwei Kategorien aufteilen: es gibt die, die sich mit Gewalt Zutritt verschaffen, und die, die es mit Geschick versuchen. Die ersteren sind eigentlich die, die uns am wenigsten

Sorgen machen: man braucht bloß die Ordnungskräfte gut zu verteilen. Die mit Geschick eindringen, die sind dagegen die gefährlichsten; einen Trick wenden sie an, und hundert andere haben sie schon im Hinterkopf. Wenn Sie nächsten Sonntag zum Fußballspiel kommen, stelle ich Ihnen einen vor, der hundert aufwiegt: Zorro.«

»Zorro?«

»Jawohl, mein Herr, so heißt er, weil es ihm immer gelingt, umsonst reinzukommen, und wenn das Spiel dann zu Ende geht, kommt er zu mir, und mit geballter Faust und der anderen Hand auf dem Unterarm macht er mir, vornehm ausgedrückt, das Zeichen des Zorro.«

»Und wie kommt er rein?« frage ich lachend.

»Immer anders, Herr Doktor. Meiner Meinung nach verbringt Zorro die ganze Woche damit, auszutüfteln, wie er es anstellen muß, um sonntags umsonst reinzukommen. Er sagt, wenn Papillon der König der Ausbrecher sei, dann sei er der König der Einbrecher.«

»Erzählen Sie mir doch ein paar Episoden.«

»Es liegt Zorro im Blut. Der Vater machte das neapolitanische Publikum in aufsehenerregender Weise auf sich aufmerksam, anläßlich eines dramatischen Spiels: Napoli–Bologna, drei zu drei, im Stadio della Liberazione. Der Platz wird gestürmt, das Spiel am grünen Tisch als zwei zu null verloren gegeben. Napoli hatte alles beherrscht, nur den Schiedsrichter nicht, der war aus Mailand geschickt mit dem eindeutigen Ziel, Napoli verlieren zu lassen, denn Sie müssen wissen, daß ich wirklich objektiv bin, aber alle italienischen Schiedsrichter haben der Mannschaft Napolis immer geschadet, und darum hat Napoli nie die Meisterschaft gewonnen, hoffen wir auf nächstes Jahr, also, wo war ich stehengeblieben, der Schiedsrichter verhängt plötzlich am Schluß einen Elfmeter gegen Napoli. Montevergine verwandelt ihn. Der Platz wird gestürmt, eine Riesenschlägerei, das Spielfeld fast völlig verwüstet. Der Schiedsrichter und die beiden Linienrichter ergriffen eilends die Flucht und schlossen sich in den Umkleidekabinen ein, wacker verteidigt von der Polizei und dem Ordnungsdienst. Die Menge der Fans wurde immer bedrohlicher und rottete sich vor den Umkleidekabinen zusammen, schreiend und dem Schiedsrichtertrio den Tod wünschend. In diesem Moment taucht Zorros Vater auf: er mischt sich unter die Ordnungskräfte, wehrt einige Angriffe wildgewordener Fans ab, besänftigt die erregtesten Gemüter mit edlen Worten und wiederholten Aufforderungen zur Ruhe, gewinnt das Vertrauen des Ordnungsdienstes, betritt die Umkleideräume und – ohrfeigt den Schiedsrichter. Für drei Spieltage verloren wir das Heimrecht und mußten fünfhunderttausend Lire Strafe zahlen.«

»Und Zorro, was macht denn Zorro?«

»Was soll ich Ihnen sagen, wertester Doktor. Zorro ist das Kreuz meiner Tage. Vor dem Spiel gehe ich immer alle Durchlässe ab, um die Eingänge zu kontrollieren, und denke dabei: Wer weiß, wo der gerissene Hund wieder steckt! Einmal machte er ein Loch in die Umgrenzungsmauer, indem er einige Tuffsteine herausnahm, und ließ das Publikum Eintritt zahlen: fünfhundert Lire die Erwachsenen und hundert Lire die Kinder, am Schluß tat er dann die Steine wieder an ihren Platz, um das Unternehmen bei den nächsten Spielen wiederholen zu können. Wenn er zum Fußballspiel kommt, sehen er und seine Bande wie eine mittelalterliche Streitmacht aus: Leitern, Seile, Haken und verschiedenes Werkzeug, um Eisenstangen auseinanderzubiegen und Stacheldraht durchzuschneiden.«

»Und was für Kniffe hat er sich noch ausgedacht?«

»Alle, Herr Doktor, alle. Einmal zum Beispiel, als wir Gelähmten freien Eintritt gewährten, kam er im Rollstuhl herein, geschickt verkleidet mit Bart und Schnurrbart, und bei jener Gelegenheit vermietete er auch noch für tausend Lire pro Stück etwa zwanzig Rollstühle an Scheingelähmte. Ein anderes Mal holte er den Schiedsrichter vom Bahnhof ab und betrat das Stadion als offizieller Begleiter des Schiedsrichtertrios, und er wurde auch schon wütend, weil man ihn nicht auf die Ehrentribüne lassen wollte. Kurz, Herr Doktor, was soll ich Ihnen sagen? Sie sehen einen Krankenwagen, der mit heulenden Sirenen ins Stadion rein- und wieder rausfährt? Sie denken, es handle sich um irgendeinen Verletzten? Nein, mein Herr, es ist Zorro, der seine Familie ins Stadion bringt.«

»Wenn ich recht verstanden habe, wackrer Mann, geben Sie sich also geschlagen.«

»Das niemals, Herr Doktor! Jetzt zum Beispiel ist mir zu Ohren gekommen, daß zwölf Polizeiuniformen gestohlen wurden. Sie können sicher sein, daß Zorro da seine Hand im Spiel hat. Aber ich warte hier auf ihn. Caramanna Antonio gibt nicht auf. Kommen Sie am Sonntag zum Spiel, und vielleicht werde ich Ihnen diese Genugtuung verschaffen können. A propos, Doktor, da fällt mir gerade ein, ich habe noch eine Freikarte, nehmen Sie sie, denn das Spiel am Sonntag ist sehr wichtig. Fiorentina kommt, aber wir sind ganz ruhig, denn der Cheftrainer hat uns gesagt: ›Dieses Jahr spielt Napoli den besten Fußball von ganz Italien.‹ Vorwärts Napoli, Herr Doktor!«

FABRIZIA RAMONDINO *Nach dem Erdbeben*

Nach dem Erdbeben von 1980 herrschte allerdings keine Fröhlichkeit in Neapel. Die ersten Monate, die darauf folgten, waren wie ein ewiges '43, ohne Ende noch Anfang, wie die schicksalhaften Erdbeben und die »logischen Kriege«.

Die Bomben kamen vom Himmel, und man flüchtete sich vor ihnen unter die Erde. Die Beben kam aus den Tiefen der Erde, und man flüchtete sich davor ins Freie. Es gab aber keinen freien, luftigen Raum in der Mausefalle der Gassen im alten griechischen und höfischen Neapel. Und man blickte zum Himmel auf, der ebenfalls furchterregend war, nicht um Milde zu erflehen, sondern um die Tragkraft der Gesimse, die Tiefe der Risse, die Verschiebung der Winkel abzuschätzen und die Schäden zu entziffern, die wie ein modernes Diagramm oder eine antike unlesbare Hieroglyphe auf die Fassaden der hohen Palazzi geschrieben waren.

Ja, auch der Himmel war im Begriff, auf uns niederzustürzen, wie während des Krieges; und kleinmütig schätzten wir ab, wie lange er wohl noch hielt; und die Erde hatte uns verraten, uns weit von sich gestoßen aus den tiefsten mütterlichen Falten; nicht nur alle himmlischen Götter, sondern auch die der Unterwelt waren erzürnt; und vor allem die Göttin Mutter, die in Neapel unter verschiedenen Namen stets so häufig angerufen wird.

Wir liefen alle viel herum in jenen Monaten, um Behördengänge zu erledigen, Hausrat zu transportieren, die Häuser zu meiden, vor allem das eigene, in dem das Gespenst der »Sache« wohnte; als wollten wir den frenetischen Schritt des Erdbebens nachahmen und womöglich den Lauf seiner Gedanken verfolgen; vielleicht aber auch nur, um ihm beschwörend den Weg zu vertreten; oder um die Bewegung in der Erde homöopathisch mit Bewegung zu kurieren.

Während jener Art vergeblicher *circumambulatio* begleiteten mich stets zwei sehr süße und zugleich grauenvolle Bilder wehrloser Opfer, in mir aufgestiegen aus kindlichem Mitgefühl, denn in der Kindheit fühlt man anders als die Erwachsenen, so daß man statt von Mitgefühl eher von Mit-Leiden, das heißt von völliger Identifikation mit der grundsätzlich leidenden Natur sprechen könnte. Das eine Bild war das vom »Hund der Solfatara«, den geldgierige Fremdenführer dem Wissensdurst und dem Sadismus wohlhabender Touristen opferten, während diese ungläubig wie der heilige Thomas zusahen; der Tod des armen Tieres in den am Boden hängenden Schwefeldämpfen, die nicht bis zu den Atemwegen der höheren Menschenwesen aufstiegen. Das andere war jenes vom Abdruck des

Wachhundes der Villa di Orfeo, der angebunden vom Ausbruch des Jahres 79 überrascht worden war: der armseligste Abdruck Pompejis. Vergeblich versuchte er, die Kette zu zerreißen und sich einen Weg nach draußen zu bahnen, indem er, nachdem das Dach eingestürzt war, auf die Haufen von Sand und Lavabrocken stieg, bis er von weiterem Sand begraben und erdrückt wurde; er ist ganz verkrümmt, unnatürlich zusammengekauert wie ein Embryo, mit zwei angezogenen und zwei ausgestreckten Pfötchen, das Maul aufgerissen in einem letzten Winseln.

Wie hatte ich, wie hatten wir alle so viele Jahre lang vergessen können, daß die Führer des Touring-Clubs von Neapel, von Pompeji und von den Phlegräischen Feldern und selbst der Abschnitt, der in Goethes *Italienischer Reise* Neapel gewidmet ist, nicht mit einer Beschreibung der Landschaft beginnen, sondern mit der Beschaffenheit des Untergrunds?

Daß der Capo di Posillipo der Rand eines Kraters ist; daß Nisida noch rauchte zu der Zeit, als Brutus dort die Verschwörung gegen Cäsar anzettelte; daß San Gennaro im Osten der Stadt gegen den Vesuv hin Wache hält und im Westen gegen die Phlegräischen Vulkane; daß die Etymologie von Averno *a-ornitos*, ohne Vögel, lautet, weil diese, wenn sie die Wasser des Sees überflogen, an den Schwefeldämpfen erstickten; daß der Obelisk auf der Piazza Riario Sforza zum Zeichen des Dankes errichtet wurde, weil die Lava im Jahre 1631 nicht bis in die Stadt gekommen war; daß es keine Kirche und keinen Palazzo gibt, der bei den verschiedenen Erdbeben nicht beschädigt und dann in einem anderen Stil wiederaufgebaut und umgestaltet worden wäre, bis wegen einer vergleichsweisen Stabilität der Erde und einer Übereinstimmung jenes Stils mit Seele und Sinn der Neapolitaner das Barock in Neapel beherrschend wurde?

Und die Erzählungen der Eltern und Alten: vom gelähmten Großvater, der vor 1914 von seinem Sohn auf dem Arm unter den Bogen des Haustors getragen wurde; von der Überprüfung der Stützbalken und tragenden Mauern, wenn man in eine neue Wohnung zog, für alle Fälle...; von den Verwandten Benedetto Croces, die bei dem Erdbeben in Casamicciola umgekommen waren; vom Monte Nuovo, der in drei Tagen und drei Nächten entstanden war; von den verschütteten Villen am Capo Posillipo und in Baiae; vom Kegel des Vesuvs, der bei einem Ausbruch fortgerissen wurde und seitdem nur noch auf Kupferstichen zu sehen ist. Von dem Ausbruch im Jahre 1944 und dem Erdbeben von 1962, die ich doch beide selbst miterlebt hatte...?

Alles war, nachdem es in Bewegung gekommen war, ineinandergeschoben und verdrängt worden, als sollte derselbe gebirgsbildende Rhythmus eingehalten werden.

Andererseits war uns von den Eltern, den Fremdenführern, den Lehrern, den Baedekern eingepaukt worden, daß sich *dank* des Ausbruchs im Jahre 79 das vollendetste Denkmal des Altertums erhalten hatte, im Winterschlaf, unter meterhohem Sand und Lavabröckchen gelegen, um sich uns nach Jahrtausenden zu schenken: zwei ganze Städte mit ihren Häusern, ihren Villen, ihren Tempeln und Märkten und den Arbeitsgeräten, den Kunstwerken, den Ornamenten, sogar den Leichnamen ihrer Bewohner. Die Geschichte nährte sich nicht wie Saturn von ihren Kindern, sondern von jenen Abdrücken und Kostbarkeiten; und jene Menschen, so wurde uns gesagt, wären sowieso gestorben, hätten aber, wäre nicht der Ausbruch gewesen, nicht das Privileg gehabt, unversehrt auf uns zu kommen, überrascht bei ihrer Arbeit oder ihrem Müßiggang, die sich jäh in verzweifelte Flucht verwandelten – in Zeit eben und in Geschichte, um bis auf uns zu kommen und in unseren Museen ihren Platz einzunehmen.

IGNAZIO BUTTITTA *Die Kapitale*

Rom ist die Kapitale,
Sizilien die Kolonie
unterm *Stiefel*
so sagts die Geschichte.
Aber Garibaldi, der Held,
der legendäre Held,
hier ging er an Land, brachte die Freiheit,
stürzte den Kalender.
Den Bauern versprach er
Schulen, Boden, Freiheit;
doch was man uns gab,
waren Gefängnis und Kugeln.
Und von da bis heute
blieb die Kolonie des *Stiefels*
arm und Knecht
immer gleicher Regierungen.
Regierungen hat Sizilien
zwei, doch nur eine Hand:
eine Hand und ein Messer,
tief in der Brust!
Sizilien hat einen Zug
einen Zug ohne Licht
der transportiert kein Vieh,
aber Menschen wie Maulesel.
Und in Rom sitzt eine Regierung,
die verkauft sie ohne Sattel,
ohne Sattel und nach Lebendgewicht
dem nächstbesten Metzger.
Eine Mafia hat Sizilien,
eine Banditen-Sekte;
deren Häupter aber sitzen in Rom,
in Rom ist schließlich die Zentrale.
Da gibt's die Zentrale und den Gesalbten,
den Papst und den Vatikan:
eine Macht und zwei Regierungen
im Staate Italien.
Da gibt's den Papst, na sicher!
Da gibt's die weltliche Macht
und das süße süße Leben
von Fellini ... um so besser um so besser!

TOMMASO DI CIAULA *Die Bäume und die Arbeiter*

Die Fabrik, in der ich arbeite, ist 6 Kilometer von Bari entfernt. Es ist eine Fabrik, die vor 15 Jahren auf einem der schönsten Flecken der Modugneser Gegend, in der Contrada, dem Landkreis Paradiso, aus dem Boden gewachsen ist. Luftlinie ist es gar nicht weit zum Meer, du kannst es sehen, wenn du auf das Blechdach der Werkhalle steigst. Es ist ein blaues, kraftvolles, mächtiges Meer. Wenn es bewegt ist, kann man auch die schäumenden Wellen sehen; es ist ein Meer, das einen fröhlich stimmt. Aber wenn du näher rangehst, merkst du sofort, daß es ein totes Meer ist; Teer und Abfälle und Rohöl bringen es Tag für Tag um, es gibt keinen Fisch mehr, selbst die Krebse und Schleimfische nicht, die wir immer gefangen haben, als es noch sauber war. Mit meinen Altersgenossen radelte ich damals hinaus, oft gingen wir auch zu Fuß, und ich weiß noch, wie einer mal die Ziege mitnahm, die er auf die Weide hätte bringen sollen.

Als ich noch auf dem Land bei den Großeltern wohnte, mußte ich keine Ziegen weiden, sondern bei der täglichen Arbeit helfen. Es war schon lange dunkel, und wir arbeiteten immer noch; das Ende der Arbeit bestimmte der Großvater, indem er das Vieh in den Stall neben dem Haus trieb. Beim Ruf des Käuzchens war es dann Zeit, Tür und Tor zu verriegeln, man schloß die Fenster, drinnen bekam man fast keine Luft von dem schweren Aroma des reifen Obstes in den Säcken, der Duft der Birnen hing am stärksten über allem. Die Petroleumflamme zitterte unter wer weiß welchem geheimnisvollen Luftzug, die Nachtfalter fielen zu Hunderten in den gläsernden Schlund der Lampe und verbrutzelten dort: Am nächsten Tag mußte man den Zylinder von all den festgeklebten Flügeln und zierlichen Gliedmaßen reinigen. In ihrem Eisenbett schnarchten die Großeltern; der Großvater, der mit bedeckten Armen schlief, schrak im Traum hoch und stieß mit den Fäusten an das blecherne Kopfteil des Bettes, da waren Blümchen draufgemalt und Vögelchen, mittlerweile schon ganz schwarz vom vielen Fliegenschiß.

Ich arbeite nun schon an die 14 Jahre hier, mit dem Emblem CATENA-SUD auf Hose, Hemd, Jacke, überall CATENA-SUD. Da hatte es mein Großvater besser, als Bauer mit geflicktem Hosenboden, ein Flicken über dem anderen, aber ohne Aufschrift. Bei den Großeltern war alles geflickt: die Kleider, die Laken, die Bettdecke, die Vorhänge, die Olivenplane, die Säcke, einfach alles! Zur Sonntagsmesse ging mein Großvater im guten Gewand, das war ein schwarzer Anzug, der ihm um seine paar Knochen schlotterte, ein weißes Hemd mit abgewetztem Kragen und ein Schlips, der nach allem anderen aussah, nur nicht nach Schlips. Die Hemdkragenzipfel standen immer hoch wie Antennen.

Ich habe zum erstenmal wieder meinen Arbeitskittel angezogen. Es ist immerhin Oktober und schon ziemlich kalt. Gestern abend fiel der Regen in dichten Strömen. Die Bauern im rötlichen Lichtschein der Häuser (auch die Trauben auf dem Feld röten sich zusehends) sind besonders nervös und gereizt durch das Ereignis; sie rennen Stühle, Katzen, Kinder und Pfannen über den Haufen und fluchen bei allen Heiligen. Seit Juni hat es nicht geregnet. Ich muß mir was einfallen lassen, wie ich zur Arbeit komme; zwischen meinem Dorf und dem Arbeitsplatz gibt es nämlich keine Fahrverbindung, auch Agnelli hat es nicht geschafft, mir eine von seinen Blechkisten anzudrehen, und das läßt er mich jetzt büßen. Die Leute im Dorf wissen, daß ich keinen Führerschein habe und gucken mich an wie einen Schwerbeschädigten: na so was, der kann nicht mal Auto fahren.

Meine Drehbank, eine Schaublin, ein schnelles und leichtes Ding, kann man gar nicht anfassen vor lauter Kälte. Die Werkhalle aus Wellblech ist ein übler Beschiß, im Sommer geht sie einem auf den Sack, wenn sich das Blech überhitzt, und im Winter ist es nicht besser, weil es die ganze Kälte durchläßt. Nun ja, versuchen wir mal, uns ein bißchen aufzuwärmen, da liegen ja noch die tausend Stück Teflon von gestern rum. Tausend sind so viel auch wieder nicht, wenn man bedenkt, daß es manchmal auch zehntausend sind, die so daherkommen, alle gleich, alle schön und sauber, und so klein, daß man sie allesamt in die Hosentasche stecken könnte. Sie nehmen kein Ende, sie scheinen sich zu vermehren, sie sprießen wie die Pilze, je mehr du pflückst, desto mehr wachsen nach. »Und ich beweg' mich doch« (frei nach Galilei), ich komm mir vor wie besessen. Ich weiß nicht, wie ich's anstellen könnte, daß ich die Dinger nicht sehen muß. Sieht fast so aus, als wollten sie mich auslachen in ihrer roten Plastikbox. Zehntausend Stück! Ich versuch's mal mit einem Blatt Papier, das ich auf die Schachtelöffnung lege, wo ich ein Loch hineinmache und dann meine Hand reintauche, um sie herauszufischen, diese Biester; so brauche ich sie wenigstens nicht anzuschauen, und sie nagen mir nicht an der Seele.

Vielleicht arbeite ich auch zuwenig und phantasiere zuviel. Aber ich muß an das denken, was draußen passiert, an einen Spaziergang auf dem Land mit einem schönen Mädchen im Arm. Klar, wenn man den Chef reden hört, dann arbeite ich immer zuwenig: der Gewinn, wo bleibt er bloß, der Gewinn? Da kommt er zunächst ganz brav und kleinlaut wie ein Mönch angezottelt, verwandelt sich dann aber urplötzlich in ein widerliches Aas, während das Gespräch langsam, aber sicher auf die Frage nach dem Gewinn zusteuert. Ich sage ihm, daß hier drin überhaupt nichts funktioniert, aber auch draußen nicht, wenn er nur einen Blick über die Grenzen der Catena-sud hinauswerfen würde, sähe er ja selbst, daß ganz Italien eine einzige Funktionsstörung sei, die einem Arbeitenden den »Geschmack« am Gewinn gründlich verderbe.

Worauf warten wir noch, warum stellen wir keine Affen an die Maschinen? Das würde ich Agnelli vorschlagen: die Affen in die Fabrik und die Arbeiter auf die Bäume. Manchmal kommt es mir so vor, als wären wir noch blöder als die Affen.

Fragst du, wem dieser Bauernhof gehört, gibt man dir zur Antwort, dem Schwager in Amerika, und der andere dort drüben gehört dem Bruder, ebenfalls in Amerika, und das Stück Land hier, auch das gehört dem Vetter in Amerika. Gehst du in die andere Richtung und fragst mal eben nach, so gehören wiederum die besten Grundstücke den Verwandten in Amerika. Wenn sie ihn wenigstens genießen würden, ihren Besitz! Aber nein, in diesen Häusern auf diesen Grundstücken kriechen die Schlangen, tanzen die Gespenster, schreien Frosch und Uhu, während die Besitzer in New York rumfurzen oder in Toronto rumwichsen.

Läufst du auf den Straßen des Südens, um die halbverfallenen und armseligen Dörfchen herum, hinter die indischen Feigenstauden, jenseits der bröckelnden Umfriedungen, kannst du manchmal noch Unerwartetes entdecken, unglaubliche Dinge, wie eine Fata Morgana in der Wüste. Von wegen armer Süden! Da entdeckst du Reitbahnen mit Pferden, die fröhlich und wohlgenährt umherspringen, herrliche Swimming-pools, exotische Gewächse, beleuchteten und gut gesprengten Rasen ... und das alles den Arbeitern, dem ausgedörrten und elenden Süden zum Trotz. Da stehst du mit der Nase im Laubwerk und betrachtest baß erstaunt diesen unermeßlichen Reichtum, und kaum drehst du den Kopf um, befindest du dich schlagartig im anderen Süden, in dem der armen Schlucker, im vertrockneten, verdursteten, zornigen Süden.

Warum ich ausgerechnet Mechaniker geworden bin, weiß ich wirklich nicht, damals gab es einen regelrechten Boom in der Mechanikerbranche, wie Pilze schossen die Angebote zu Dreher-, Reparatur- und Kfz-Mechanikerlehrgängen aus dem Boden. Einen dieser Lehrgänge besuchte ich rein zufällig, und mein Vater erkundigte sich und sagte, Dreher wäre ein guter Beruf, auch gut bezahlt und in

Italien sowie im Ausland sehr gefragt. Jetzt sitze ich hier in der Contrada Paradiso, aus der sie inzwischen ein Inferno gemacht haben, mitten in der Industriezone. Wo wir früher Elstern jagten und hinter den Obstkarren herliefen, wo ich mit den Spielgefährten Obst stahl und mit der Steinschleuder auf Jagd ging, ist heute Industriegelände. Die kleinen Pfade, die zum Trullo, zum Schuppen, oder zum schwarzen Maulbeerbaum führten, sind längst nicht mehr, Lastwagen fahren hin und her, Motorräder, Autos, Fabriken stehen da, große, kleine, Schwindelfirmen, Einfahrtsgitter, Kräne, Wellblechdächer, Aluminium, Plastik. Aber alles ist nur eine Illusion; viele dieser Fabriken schließen, nach einer Weile machen sie wieder auf, vielleicht etwas weiter drüben, in einem anderen Gebiet, aber sie machen wieder auf, um später wieder zuzumachen.

Auf der Strecke nach Palese hat man für Mutter Fiat verschiedene artesische Brunnen angelegt; für die Landwirtschaft wäre das nicht möglich gewesen. Wir befinden uns hier in einer Situation, wo wir einfach nicht mehr wissen, wer oder was wir sind: Maschinenmenschen, Halbmenschen, Halbmaschinen, das Land weiß von nichts und liegt zerstört am Boden, die Menschen werden zornig und beißen um sich.

Zeichnung: Dario Fo

LEONARDO SCIASCIA *Das weinfarbene Meer*

Der Zug, der im Sommer um 20.50 von Rom abfährt – *Schnellzug nach Reggio Calabria und Sizilien*, tönt aus dem Lautsprecher eine Frauenstimme –, führt einen Wagen erster Klasse Rom–Agrigent mit: Ein unerhörtes Privileg, auf Drängen von drei oder vier Abgeordneten aus Westsizilien eingerichtet und beibehalten. Von den Zügen nach Süden ist dieser eigentlich am wenigsten voll: In der zweiten Klasse finden nur wenige Reisende keinen Sitzplatz; und in der ersten, besonders in dem Wagen nach Agrigent, kann man sogar ein Abteil ganz für sich allein haben – es genügt, das Licht zu löschen, die Vorhänge zuzuziehen und Gepäck und Zeitungen auf den Sitzen zu verteilen: Mindestens bis Neapel, und wenn ihr umsichtig vorgeht, bis Salerno. Hinter Salerno könnt ihr euch schlafen legen. Aber für diese Bequemlichkeit bezüglich der Plätze büßt man im Übermaß, was die Fahrzeiten angeht: Darum ziehen die Sizilianer den D-Zug vor, der zwei Stunden früher abfährt und in Agrigent, der letzten Station, wenigstens sieben Stunden vor dem Schnellzug eintrifft.

Doch dem Ingenieur Bianchi, der zum ersten Mal eine Reise nach Sizilien antreten wollte – nach Gela, genauer gesagt, und nicht zum Vergnügen – und keinen Platz im Flugzeug mehr hatte bekommen können, riet man zum Schnellzug und dem Wagen Rom–Agrigent: Und einen Platz zu reservieren, da sonst Gefahr bestünde, daß er eine Nacht auf dem Gang verbringen müsse. Ratschläge, von denen einer schlechter war als der andere, insbesondere der der Reservierung: Denn in einem Abteil mit reservierten Plätzen findet man stets so viele Leute vor wie Plätze, während in anderen Abteilen ohne Reservierung größte Aussicht besteht, allein zu bleiben. Wie es eben so ist, gerade dank der Ratschläge hatte der Ingenieur Bianchi eine unbequeme Reise: In Gesellschaft von fünf Personen, drei Erwachsenen und zwei Kindern; die Erwachsenen überaus redselig, die Kinder ungezogen.

Von den drei Erwachsenen waren zwei Vater und Mutter der ungezogenen Kinder; und der kleinen Familie angeschlossen hatte sich, aufgrund von Verwandtschaft, Freundschaft oder zufälliger Bekanntschaft, ein Mädchen von etwa zwanzig Jahren, auf den ersten Blick farblos und in mönchisches, weißgesäumtes Schwarz gekleidet. Die Kinder hingen an ihr: Der Größere lehnte sich wie schlaftrunken an sie, der Kleinere kletterte an ihr hoch, bis er die Arme um ihren Hals legen und ihr die Haare ausreißen konnte, dann krabbelte er wieder hinunter auf den Boden, um sich hinzusetzen, er war ständig in Bewegung. Der Große hieß Lulú und der Kleine Nenè: Abkürzungen, wie Ingenieur Bianchi, kurz bevor sie Formia erreichten, erfuhr, von Luigi und Emanuele. Doch bevor sie Formia erreichten, wußte der Ingenieur fast alles über die vier Familienmitglieder und über das Mädchen, das mit ihnen reiste. Sie stammten aus Nisima, einem Dorf in der Provinz Agrigent: Einem großen Bauerndorf, reich an Land und mit reichen Gutsbesitzern; luftig; von den Sozialisten und Kommunisten verwaltet; Heimat eines großen Tiers des faschistischen Regimes; ohne Bahnhof, mit einer alten Burg. Mann und Frau unterrichteten an der Grundschule; und auch das Mädchen, aber noch nicht verbeamtet, sondern vertretungshalber. Die Familie war nach Rom gekommen, weil ein Bruder der Ehefrau, Verteidigungsministerium, Gruppe A, ein Machtfaktor im Pensionsbereich, eine aus Rom geheiratet hatte: Ernsthaftes Mädchen aus bester Familie, der Vater Kultusministerium, Gruppe A; die Braut promovierte Literaturwissenschaftlerin, Lehrerin an einer Privatschule; schönes Mädchen, groß, blond. Sie hatten gerade an diesem Tag geheiratet, in San Lorenzo in Lucina: Schöne Kirche; nicht so schön wie die von Sant' Ignazio, aber schön. Trauzeugen Gruppe A. Das Mädchen hingegen, das ihnen für die Rückreise anvertraut worden war – von einem Bruder, Justizministerium, Gruppe A –, war nach Rom gekommen, um sich zu zerstreuen: Sie hatte eine schwere Krankheit überstanden, das schwarze, weißgesäumte Kleid trug sie wegen eines Gelübdes zum heiligen Calogero, der Schutzpatron von Nisima war, ein ganz besonders wundertätiger Heiliger. In Rom, wo es doch so viele Kirchen gab, war keine einzige dem heiligen Calogero gewidmet: »Wie ist das bloß möglich?« fragte die Frau, »nicht eine Kirche, nicht ein Altar.« Und er war doch wirklich ein großer Heiliger.

Der Ehemann lächelte leicht skeptisch über den heiligen Calogero. Das Mädchen sagte, daß sie sich als Kind vor dem heiligen Calogero gefürchtet hatte: Schwarz das Gesicht, schwarz der Bart, schwarz der Mantel; und, um die Wahrheit zu sagen, das Gelübde für den Heiligen hatte nicht sie abgelegt, sondern ihre Mutter; es war jedoch, als hätte sie es getan: Noch einen Monat lang, und zwar den sechsten nun, mußte sie das schwarze, weißgesäumte Kleid tragen.

»Ausgerechnet im Schmelztiegel des Jahres: Diese Hitze schmilzt ja Steine«, sagte der Mann.

»Was für ein Gelübde wäre es denn sonst?« empörte sich die Frau. »Kein Gelübde ohne ein bißchen Leiden.«

Das Mädchen schnitt eine leicht höhnische Fratze. Und mit einem Schlag sah der Ingenieur sie anders. Sie hatte einen schönen Busen unter dem düsteren Kleid, einen schönen Körper. Und leuchtende Augen.

»Ich erlöse mich von einem Gelübde«, sagte das kleinere Kind, während es sich die Schuhe aufband und strampelte, um sie in die Luft zu werfen. Ein Schuh blieb dran, der andere traf den Ingenieur an der Brust.

»Nenè!« heulten Vater und Mutter warnend und drohend auf. Sie baten den Ingenieur um Entschuldigung, und dieser sagte, den Schuh zurückgebend: »Macht doch nichts, so sind Kinder eben, man weiß ja...«, und es war wirklich nichts gewesen, er wußte noch nicht, was Nenè und Lulú ihm auf der langen Reise noch alles bieten würden: Von Neapel, wo sie endgültig jede Hemmung fallen ließen, bis Canicattí.

»Sie sind nicht verheiratet«, bemerkte die Signora nach einem raschen Blick auf die linke Hand des Ingenieurs.

»Leute, die ihren Kopf gebrauchen, heiraten nicht«, scherzte der Mann.

»Das ist wahr, wenn man dich ansieht«, sagte die Frau.

»Ich hingegen denke«, sagte der Ingenieur, »daß die Leute, die ihren Kopf gebrauchen, früher oder später heiraten: Ich werde es etwas später tun, aber ich tue es.«

»Hörst du das?« sagte die Frau vorwurfsvoll zu ihrem Mann. »So reden vernünftige Leute.«

»Ich mache doch nur Spaß... Aber ernsthaft – im allgemeinen, objektiv gesehen, ist die Ehe ein Fehler... Subjektiv, persönlich, habe ich keinen Grund zur Klage: Meine Frau, ich sage das nicht nur so, oder weil sie anwesend ist, ist wirklich ein Engel«, die Signora neigte, plötzlich strahlend, den Kopf, »und dann sind da diese beiden Engelchen...« Er streichelte Nenè, der neben ihm saß, den Kopf.

»Ich will Mortadella«, sagte Nenè.

»Sag noch einmal Mortadella, und es kommt der Wachtmeister und nimmt dich fest«, drohte der Vater.

»Ich sag' es nicht: ich will welche«, sagte Nenè, schlagfertig das Verbot umgehend.

»Er ist intelligent wie der Teufel«, sagte der Vater stolz.

»Ich will welche«, bekräftigte Nenè.

»Nein, nein und noch mal nein«, sagte der Vater.

»Wenn wir zu Hause sind«, sagte Nenè, »werde ich gleich Tante Teresina erzählen, daß ihr mit Onkel Totò schlecht über sie geredet habt.«

»Wir haben schlecht über sie geredet?« sagte die Mutter und legte sich dabei die Hand auf die Brust, sorgenvoll und betrübt.

»Du und Papa: ihr habt zu Onkel Totò gesagt, daß die Tante geizig ist, daß sie sich nicht wäscht und daß sie bösartige Sachen macht...«, präzisierte Nenè mit eisernem Gedächtnis.

»Ich geb' ihm die Mortadella«, sagte der Vater.

»Gib sie ihm«, stimmte die Mutter zu, »und wenn er dann vor Nesselfieber ganz rot ist und es ihn überall juckt, dann wird er zur Tante Teresina gehen, um sich kratzen zu lassen.«

»Ich kratze mich an der Wand«, sagte Nenè, während er siegreich nach der Mortadella griff, die der Vater ihm reichte.

Im Schleier stummer Sorge, der sich über Nenès Eltern breitete, sah der Ingenieur das Gesicht von Tante Teresina vor sich, spitz und beweglich wie das eines Frettchens. Um sie von dem Kummer abzulenken, sagte er: »Wir sind schon in Neapel.«

Die Ankündigung schreckte Lulú auf, der wie im Halbschlaf schmachtend an die Seite des Mädchens gelehnt war: Er schrie, daß er Limonade wolle.

Während der Zug den Bahnsteig entlangglitt, erregte der Schrei »Sfogliate, Sfogliate« Nenès Neugierde. Der Vater erklärte ihm, daß es sich um kleine Kuchen aus Blätterteig mit Cremefüllung handle. Mit Begeisterung, und mit der gewohnten Liebenswürdigkeit, bettelte er um einen solchen Kuchen. Der Ingenieur kaufte Lulú die Limonade und Nenè die Sfogliata. Soviel Freundlichkeit den Kindern gegenüber löste eine Welle von Danksagungen und eine förmliche Vorstellung aus: Professor Miccichè, Ingenieur Bianchi.

Nenè, der schon beim ersten Bissen unüberwindlichen Ekel gezeigt hatte, warf, wie beim Stapellauf eines Schiffes, die Flasche Champagner, zur Feier der Vorstellung die Sfogliata: Offensichtlich zielte er dabei auf den Kopf seines Vaters und verfehlte ihn nur kaum.

»Flegel«, sagten Vater und Mutter zugleich.

»Das ist eine Schweinerei«, sagte Nenè, »ich will ein Cannolo« [sizilianisches Gebäck].

»Ein Cannolo?« sagte Professor Miccichè. »Und wo soll ich am Bahnhof von Neapel ein Cannolo herkriegen?«

»Das ist mir scheißegal: Ich will ein Cannolo«, sagte Nenè, wobei er eine Neigung zu starken Ausdrücken an den Tag legte, von der der Ingenieur bis zu jenem Augenblick nichts geahnt hatte.

Das Mädchen lachte. Professor Miccichè und Frau tobten vor Verzweiflung, drohten mit der augenblicklichen Ankunft des Wachtmeisters mit Peitsche und Ketten und baten den Ingenieur, im Gang nachzusehen: Denn der Wachtmeister, aufmerksam geworden durch Nenès schmutzige Ausdrücke, sei gewiß schon unterwegs. Der Ingenieur sah auf den Gang hinaus und bestätigte die Anwesenheit des Wachtmeisters.

»Der Wachtmeister ist ein verdammter Hahnrei«, sagte Nenè leise: Er hatte Angst, wollte aber nicht nachgeben.

Ein Streit entbrannte zwischen Mann und Frau, wo und von wem

Nenè die Schimpfwörter aufgeschnappt habe. Der Klub, wohin der Vater ihn gewöhnlich nachmittags mitnahm, war der Signora zufolge ein Höllenpfuhl an Unflätigkeit; und ein gewisser Calogero Mancuso und ein gewisser Luigi Finisterra waren die direkt Verantwortlichen für die sprachliche Verderbtheit von Nenè: Junge Leute, die nichts zu tun hatten, und sich zum Zeitvertreib an der Unschuld eines Kindes vergriffen. »Sie können sich gar nicht vorstellen«, sagte die Signora zum Ingenieur gewandt, »was für Sachen sie ihm beibringen: Über die Hölle, sogar über die Heiligen, sogar über den Papst... Zum Glück vergißt das Kind sie wieder.«

Doch nach Meinung des Professors lagen die Dinge ganz anders: Nicht dem Klub, Schule edler Gefühle und keuscher Redeweise, seien die lebhaften Ausdrücke Nenès zu verdanken, sondern dem Hof, von zotigen Leuten bewohnt, auf den ein Balkon ihrer Wohnung hinausging: und es sei Schuld der Signora, wenn Nenè stundenlang auf diesem Balkon herumlungere.

Nenè verkündete, um dem Streit ein Ende zu setzen, ganz lapidar: »Im Klub«. Der Professor sank in sich zusammen, aber die Signora mißbrauchte den Triumph nicht: Sie wechselte einfach das Thema; da der Zug wieder anfuhr, stürzte sie sich in Erinnerungen an ihre Hochzeitsreise, deren zweite Station, nach Taormina, Neapel gewesen war.

Es war schon Mitternacht. Aus dem Schlafen wird hier nichts, dachte der Ingenieur, und: ob er nicht das Abteil wechseln sollte, da es welche gab, die fast leer waren. Doch eigentlich war er nicht müde: die Gereiztheit darüber, unter Leute von so unbändiger Redseligkeit geraten zu sein, und dann noch zusätzlich mit zwei so schrecklichen Kindern, hatte der Belustigung Platz gemacht und nun, da er drauf und dran war, das Abteil zu verlassen, etwas Vagem und Undefinierbarem, das man nicht Zuneigung nennen konnte, das aber der Zuneigung glich. Nie hatte er vertrauten Umgang mit Kindern gehabt, und immer hatte er geglaubt, er könne ihre Gesellschaft nicht ertragen, stets hatte er es sich bei Reisen zur Regel gemacht, nicht in Abteilen mit Kindern Platz zu nehmen; aber Nenè gefiel ihm entschieden. Und ihm gefiel das Mädchen: Bei jeder Geste, die sie machte, bei jedem Wort, das sie sagte, wurde sie lebendiger und begehrenswerter. »Es ist so«, dachte der Ingenieur, »daß jede Reise eine gedrängte Darstellung des Lebens ist, gerafft in Raum und Zeit; kurz, ein wenig wie Theater: auf einem unmerklich fiktiven Hintergrund stellen sich in intensiver Weise alle Elemente, Gründe und Beziehungen unseres Lebens wieder her.« Er beschloß, dem Professor seine Absicht mitzuteilen, in ein anderes Abteil umzuziehen: Um ihnen mehr Freiheit zu lassen, sagte er, um den Kindern etwas mehr Raum zu geben.

»Auf gar keinen Fall«, sagte der Professor, »bemühen Sie sich nicht! Wenn überhaupt jemand geht, dann wir.«

Sie tauschten Komplimente und überhöfliche Proteste aus: Und schließlich beschlossen sie, niemand werde das Abteil verlassen.

Lulú sagte, er sei müde; und er wolle das Licht aus haben.

»Das Licht bleibt an: Ich muß mich vor dem Wachtmeister in acht nehmen«, sagte Nenè, der kein reines Gewissen hatte.

»Macht das Licht aus!« schrie Lulú. »Ich will schlafen.«

Blitzartig schritt Nenè, um es in der Sprache des Wachtmeisters zu sagen, zur Tat: Er rutschte von seinem Platz, stürzte sich auf Lulú und biß ihn oberhalb des Knies. Lulú brüllte, wütend krallte er sich in den Haaren des Bruders fest. Sie trennten sie, indem sie Nenè die Nase zuhielten, damit er den Biß lockern mußte, und Lulú einen nach dem anderen die Finger aufbogen. Nenè erhielt vom Vater eine leichte Ohrfeige und Lulú einen leichten Verweis.

»Du kommst in die Hölle«, schrie Lulú auf Nenè ein.

»In die Hölle kommen die Wachtmeister«, sagte Nenè.

Alle lachten, auch seine Mutter.

»Teufel, ein Teufel bist du«, sagte sein Vater, ihn sanft liebkosend. Und zum Ingenieur gewandt, mit vor Stolz strahlenden Augen: »Haben Sie das gehört? Ist Ihnen je so ein Kind begegnet?«

Der Ingenieur antwortete: »Noch nie«. Und das war die reine Wahrheit.

Das Licht wurde gelöscht, das Fenster ein paar Zentimeter geöffnet und die Vorhänge zugezogen. »Hoffentlich können wir ein wenig schlafen, wir haben ja noch fünfzehn Stunden Reise vor uns: gute Nacht«, sagte Professor Miccichè. Alle sagten gute Nacht, auch Lulú, schon schlaftrunken. Es war zwei Uhr.

Der Ingenieur hatte das Mädchen neben sich, und neben dem Mädchen saß auf der anderen Seite Lulú; die Plätze gegenüber wurden vom Professor, von Nenè und der Signora eingenommen. Nenè schlief unruhig, vielleicht erschien der Wachtmeister peitschenschwingend und mit Handschellen klappernd auf der Schwelle seines Schlafes. Er war nicht eigentlich ein schönes Kind, zweifellos war Lulú schöner; aber er war ein außergewöhnliches Kind, er öffnete eine Dimension von Zuneigungen, Gedanken, Beziehungen, die der Ingenieur noch nie bedacht hatte. Das Leben, auch sein Leben als Techniker, vor allem sein Leben als Techniker, bestand letztendlich aus der Tatsache, daß Nenè vier Jahre alt war und er achtunddreißig. Man kann nicht an die Technik glauben, so dachte er, ohne an das Leben zu glauben: Man kann nicht im Weltraum um die Erde fliegen, außer weil es Kinder gibt. Doch unsere Gesellschaft beginnt, die Kinder nur noch als Problem zu sehen, wie in den Vereinigten Staaten schon üblich, mit all dem Studium der Pädagogik und der Medizin, das bezüglich der Frage ihrer Freiheit betrieben wird. Faktum ist: Die Kinder sind kein Problem. Eine Gesellschaft, die sie zum Problem macht, löst sie von sich ab, zerstört die Kontinuität. Lulú und Nenè sind keine Probleme für Professor Micciché und seine Frau: Und die sind doch Lehrer, und haben bei ihrer Bewerbung vermutlich alle Theorien, von Amerikanern und Schweizern, über Erziehung aufgesagt. Es gibt keine Regeln, Techniken, Gewohnheiten der Erziehung; es gibt Zuneigungen: und sie glauben, die Griechen, die Sizilianer, daß es kein Problem im Leben gebe, das Zuneigung nicht lösen könne. So lösen sie auch das Problem des Todes, dachte er, während leise Schlafwellen seinen Geist durchzogen.

Die Hitze weckte ihn. Im Schlaf war der Kopf des Mädchens von der Lehne auf seine Brust gerutscht: Sie schlief einen tiefen Schlaf, ihr Atem war nicht zu hören. Der Ingenieur empfand Zärtlichkeit, undefinierbare Freude: Wegen jener Haare, die fast seinen Mund streiften, wegen des Busens, der auf seinen Handrücken drückte. Sein Körper, nun vom Schlaf entspannt, lauschte.

Alle schliefen, der Professor schnarchte sogar. Sie waren schon in Kalabrien; wenn der Zug hielt und sich unvermutet die nächtliche Stille ausbreitete, hörte man Sätze im Dialekt. Einmal hielt der Zug am Meeresufer, das Geräusch des Meeres wurde zum Bild, wie bei den Vorgaukelungen im Kino, eine jener Überblendungen, bei denen sich menschliche Figuren in herannahenden Wellen auflösen; der Ingenieur fühlte sich davon durchdrungen, aufgelöst: Und das war, unergründet, sein Gefühl des Einklangs mit der Welt, mit der Natur, mit der Liebe.

Als der Zug anfuhr, hörte der Ingenieur, wie Lulú sich regte: Ein paar Augenblicke später sah er ihn plötzlich vor sich. Das Kind sah ihn mit stummer Verwunderung vorwurfsvoll an: dann nahm es das Gesicht des Mädchens zwischen die Hände, hob es mit Anstrengung auf und rückte es gerade gegen die Lehne. »Er ist eifersüchtig«, dachte der Ingenieur, »er ist eifersüchtig: Er hat sich an das Mädchen gehängt wie ein Verliebter; deshalb war er so ruhig, immer neben ihr.« Das Mädchen erwachte, begriff: »Entschuldigen Sie«, sagte sie zum Ingenieur, und zu Lulú: »Schlaf weiter, Liebling, es ist noch Nacht; ich gebe dir meinen Platz, dann kannst du dich ausstrecken und ruhig schlafen.«

Sie rückte ihn auf den beiden Plätzen zurecht, strich ihm übers Haar. Lulú sprach nicht: er sah sie gekränkt und zugleich flehentlich an, vielleicht gequält von namenlosem Schmerz. Das Mädchen ging auf den Gang hinaus.

Bevor er ihr folgte, wartete der Ingenieur, bis Lulú wieder eingeschlafen war. Sie stand am Ende des Gangs, das Gesicht im Profil ans

Fenster gepreßt, als wäre sie noch dem Spiegel des Schlafes hingegeben. Der Ingenieur näherte sich ihr mit den Worten: »Er ist wieder eingeschlafen«, und dann, nach einer langen Pause: »Er ist eifersüchtig.«

»Er hat mich gern«, sagte das Mädchen.

»Er ist nicht wie Nenè: Er ist verschlossener, schwermütiger ... Nenè ist außerordentlich«, sagte der Ingenieur.

»Schrecklich ist Nenè: Sie haben noch nicht all das gesehen, wozu er fähig ist ... Die arme Lucia wird ganz verrückt darüber.«

»Die Signora heißt Lucia? Mir scheint, ihr Mann nennt sie anders.«

»Er nennt sie Etta, Lucietta ... Ich heiße Gerlanda, aber sie nennen mich Dina, Gerlandina ... In Sizilien gibt es niemanden, der mit seinem richtigen Namen gerufen würde, selbst wenn es ein schöner Name ist.«

»Gerlanda ist ein schöner Name.«

»Es ist kein schöner Name: er ist schwerfällig, es steckt eine *gerla* [kiepe] drin ...«

»Ich habe ihn noch nie in anderen Teilen Italiens gehört.«

»Man findet ihn nur in der Provinz Agrigent: Der heilige Gerlando ist der Schirmherr der Stadt, der erste Bischof.«

»War der heilige Calogero auch Bischof?«

»Nein, der heilige Calogero war Einsiedler ... Es waren sieben Brüder, sagt die Legende, alle sieben hießen Calogero: Einer ist aufs Land von Nisima gekommen. Sieben schöne alte Männer: Calogero bedeutet auf griechisch schöner alter Mann. Aber ich kann kein Griechisch. Und Sie?«

»Ich habe es gelernt, aber ich kann nicht behaupten, daß ich es beherrsche.«

»Ich hätte es gern gelernt: Aber ein Mädchen, das aufs Gymnasium geht, sagten meine Eltern, muß dann auf die Universität gehen; und wie kann man ein Mädchen allein losschicken, in eine Stadt wie Palermo?«

»Denken in Sizilien alle Familien so?«

»O nein, nicht alle.«

»Ist Ihre eine besonders strenge Familie?«

»Nicht besonders: Es gibt in Sizilien noch viele Familien, die das Leben auf gewisse Art sehen, die mißtrauisch sind ...«

»Weswegen?«

»Der Welt gegenüber, sich selbst gegenüber ... Und sie haben ja nicht ganz Unrecht ... Vor der Krankheit war ich unduldsam, ungeduldiger. Ich hätte mich am liebsten für das Festland beworben, um weggehen zu können ... Jetzt sehe ich die Dinge etwas anders: Mir scheint, als habe das Leben an Ernsthaftigkeit verloren, als sei jeder bereit, die anderen zu verraten, alle anderen zu verraten... Ich kann mich nicht recht ausdrücken, stimmt's?«

»Sie haben sich bestens ausgedrückt.«

»In Rom, in Ostia, als ich im Café saß und einen Strom von Leuten an mir vorüberfließen sah, habe ich gedacht, daß keiner mit anderen zusammen war, auch wenn sie sprachen, scherzten, Arm in Arm gingen: Hinter dem Leben her wie hinter einem Leichenwagen, jeder denkt: ›Ich bin lebendig, es hat den anderen getroffen, ich sterbe nicht‹, und daß alle anderen, und die Welt selbst, vor ihm sterben würden... Waren Sie je auf einer Beerdigung?«

»Gelegentlich.«

»Ich ein paar Mal... Also verstehen Sie, was ich meine, auch wenn ich es verworren sage: Man läuft der Freude nach, so...«

»Sie sagen sehr wahre Dinge.«

»Vielleicht sind es einfache Gedanken, von einer, die gerade eine Krankheit hinter sich hat. Aber scheint es Ihnen nicht auch, als habe das Leben an Ernsthaftigkeit verloren?«

»Nicht überall auf der Welt«, sagte der Ingenieur.

»O nein, nicht überall auf der Welt: Ich glaube, daß das Leben in meinem Dorf noch ernst ist... Aber äußerlich gesehen wirkt es beschränkt, unerträglich... Aber Sie denken wohl, daß ich auch beschränkt bin, altmodisch, und dann noch in diesem Kleid...«

»Nein, nein«, protestierte der Ingenieur, »das denke ich überhaupt nicht.«

»Mir gefällt das Leben: Mir gefallen schöne Dinge, schöne Kleider... Und ich würde mir gern die Lippen rot schminken und zu rauchen versuchen.«

»Sie sind das zauberhafteste Mädchen, das mir je begegnet ist: Auch so, nach dem Gelübde zum heiligen Calogero gekleidet und ohne rotgeschminkte Lippen.«

Sie schlug die Augen nieder, begann den Zeigefinger auf dem Zugfenster zu bewegen, als würde sie schreiben. »Schreiben Sie etwas?« fragte der Ingenieur.

»Wie?«

»Ich meine, auf die Scheibe: Mir schien, als schrieben Sie etwas.«

»O ja, meinen Namen: Wenn ich in Verwirrung bin, schreibe ich unwillkürlich meinen Namen.«

»Sie müssen sich nicht verwirrt fühlen, wenn ich Ihnen sage, daß Sie ein schönes Mädchen sind, und daß ich gern mit Ihnen spreche: Denn es ist die Wahrheit.«

»O«, sagte das Mädchen. Und sie faltete die Hände, als wolle sie sich daran hindern, erneut ihren Namen auf die Scheibe zu schreiben.

»Vielleicht ist es nicht weise, zu versuchen, eine Begegnung wie die unsere über das Reiseziel hinaus zu verlängern, aber ich will Ihnen sagen, daß ich Sie gern wiedersehen würde.«

Der Kopf von Professor Miccichè kam auf dem Gang zum Vorschein: Zwischen den gekreuzten Vorhängen schien er vom Rumpf abgetrennt, tropfte, wie jener des Täufers von Blut, von Schlaf und Mißtrauen. »Warum seid ihr denn weggegangen?« fragte er mit einem gewissen Unmut.

Das Mädchen sagte zum Ingenieur »Ich auch«, schlicht und einfach; und machte sich auf, das Mißtrauen des Professors zu zerstreuen.

Der Zug fuhr in den Bahnhof von Paola ein: Und kaum hatte das Kreischen der Bremsen aufgehört, erhoben sich die Schreie »Erdbeeren, Erdbeeren!«, auf die Professor Miccichè mit sechshundert Lire in der Hand wartete: einen Becher Erdbeeren für jeden, den Ingenieur eingeschlossen.

Die Kinder wachten auf: Mit noch geschlossenen Augen streckten sie die Hände nach den Erdbeeren aus.

»Du und deine Erdbeeren!« sagte die Sognora. »Du hast sie aufgeweckt.«

»Ich war's nicht: Sie sind von den Schreien der Verkäufer aufgewacht«, entschuldigte sich der Professor.

»Du bist vor den Schreien aufgestanden«, sagte die Signora.

»Ich bin aufgestanden«, erklärte der Professor, »weil...«

Er unterbrach sich, verwirrt: Und mit den Augen blinzelte er, unmerklich, zu dem Mädchen und dem Ingenieur hinüber. Doch in ihr regte sich, statt der bevormundenden Sorge ihres Mannes, die Berufung jeder verheirateten Frau, andere Frauen der Ehe zuzuführen: in diesem besonderen Fall noch genährt durch die romanhaften Umstände einer Zugreise, eines Ingenieurs vom Festland, eines braven Dorfmädchens.

Nenè, der mit seinen Erdbeeren gerade erst angefangen hatte, sagte: »Ich will noch mehr Erdbeeren.«

»Du kannst meine haben, ich esse sie nicht«, sagte die Signora.

»Ist er ungezogen oder nicht?« fragte der Professor, allerseits Zustimmung heischend.

»Er wird nicht mal seinen Becher aufessen; er redet, weil er einen Mund hat wie du«, sagte die Signora: Und wollte damit ihrem Mann den kleinen Fauxpas vorwerfen, der ihm einen Augenblick zuvor unterlaufen war, als er sich unterbrochen hatte.

»Ich werde meinen und deinen essen: Und noch zehn, noch hundert Becher Erdbeeren«, sagte Nenè.

»Ich werde hundert Becher Erdbeeren essen!« äffte Lulú ihn nach.

»Zweihundert, tausend«, beharrte Nenè: Doch, schon lustlos,

kam er kaum auf den Grund seines eigenen Bechers. Einen Augenblick später reichte er ihn der Mutter und sagte: »Ich esse sie später.«

»Uh, uh, uh«, spottete Lulú.

»Geh mir nicht auf den Wecker«, warnte Nenè.

»Er redet nicht, weil er einen Mund hat«, hielt sich der Professor schadlos. »Er redet, weil er ein Flegel ist...«

Sie erreichten Villa San Giovanni, nachdem sie verschiedentlich die Lebhaftigkeit Nenès kommentiert und ein paar jählings zwischen Nenè und Lulú aufgeflammte Raufereien geschlichtet hatten: Und zur Erinnerung an die friedensstiftenden Eingriffe waren die Hemden des Professors und des Ingenieurs nun erdbeerfarben gesprenkelt.

Euphorisch schlug der Professor vor, man solle geschlossen an Deck gehen, auf dem Fährschiff, um einen Kaffee zu nehmen.

»Und die Koffer?« fragte die Signora.

»Ach ja, die Koffer...«, sagte der Professor bestürzt. Und mit der dem Sizilianer eigenen Lust an Selbstbezichtigung erklärte er dem Ingenieur, daß es, näherte man sich Sizilien, guten Grund gebe, die Koffer nie unbewacht zu lassen: Denn es sei etwas ganz anderes als im Norden, wo sich die Koffer, so glaubte der Professor, wie Hunde nur mit ihren gesetzlichen Eigentümern bewegen.

Die Signora, die einen eigenen Plan im Kopf hatte, schlug eine Lösung vor: Erst sollten Diana und der Ingenieur hinaufgehen, und dann, bei ihrer Rückkehr, aber sie sollten sich nur gemütlich Zeit lassen, würden sie und ihr Mann mit den Kindern hinaufgehen zum Kaffeetrinken.

Die Proteste der Kinder, die ungeduldig waren, an Deck zu gelangen, wurden gebieterisch unterdrückt. Der Professor schien nicht überzeugt: Er war zerrissen zwischen der Verantwortung, die er dem Bruder des Mädchens gegenüber übernommen hatte, und dem Vergnügen, einer Idylle Vorschub zu leisten. Aber die Entschlossenheit der Signora riß ihn mit...

So fanden sie sich allein wieder, das Mädchen und der Ingenieur, im Angesicht der in der ersten Sonne funkelnden Meerenge von Messina. Sie tranken rasch einen Kaffee und setzten sich dann schweigend hin – vor sich Messina: blendendweiß und klar.

Von der schlaflosen Nacht ins Morgenlicht über dem Meer, ihre Gedanken waren wie geblendet. Als sich die Fähre in Gang setzte, sagte das Mädchen: »Gehen wir hinunter: Die Kinder werden ungeduldig sein, sie wollen hinauf.«

Sie waren mehr als ungeduldig. Lulú wimmerte, und Nenè lag, in stummem Protest, auf dem Boden des Wagens.

Der Professor machte ihn vor dem Mädchen und dem Ingenieur zum Gespött: »Schaut ihn an: Besteht ein Unterschied zwischen ihm und einem Hund?«, aber Nenè war schon hinausgesprungen, gefolgt von Lulú und der Signora.

Der Professor stand schon fast auf dem Gang, als ihn der Gedanke durchfuhr, daß er im Begriff war, das Mädchen mit einem Mann in einem fast menschenleeren Waggon alleinzulassen. Er kehrte um und fragte, um sein Gewissen, wenn nicht seine Sorge zu erleichtern, das Mädchen, ob sie in ihrer Gesellschaft nochmals hinaufgehen wolle. Das Mädchen sagte nein, sie sei müde.

»Der Professor ist mißtrauisch«, sagte der Ingenieur.

»Er möchte mich wohlbehalten nach Hause bringen«, lächelte das Mädchen.

»Ich hoffe, das gelingt ihm nicht«, sagte der Ingenieur, »ich hoffe, daß Sie...« Er fand keine Worte mehr.

»Ja«, sagte das Mädchen errötend.

Sie sprachen nicht mehr. Daß er sie bei seiner Rückkehr so schweigsam vorfand, stürzte den Professor in Zweifel: Entweder war der Ingenieur ein solcher Gentleman, daß er es während des Professors Abwesenheit nicht einmal gewagt hatte, zu sprechen; oder er war es, ganz im Gegenteil, so wenig, daß er etwas versucht hatte und zurückgewiesen worden war. Mit der stummen Sprache der Augen, der Lider, erlöste ihn die Signora daraus: die Idylle ging weiter, aber über die Maßen korrekt, man brauchte den beiden nur ins Gesicht zu sehen.

Der Professor wurde wieder heiter: doch schien ihm, da die Signora versicherte, daß sich da eine Idylle abspiele, der Zeitpunkt gekommen, zu erfahren, mit wem er es zu tun hatte: Ingenieur, nun gut; Junggeselle, zumindest bezeichnete er sich so; Alter, über den Daumen gepeilt, fünfunddreißig; sympathisch, anscheinend von gutem Charakter... Doch man mußte etwas tiefer schürfen. Er fragte: »Sie stammen aus dem Veneto, nicht wahr?«, denn in Marostica hatte der Professor den Offizierskurs besucht.

»Vicenza«, antwortete der Ingenieur.

»Schöne Stadt, anständige Stadt«, sagte der Professor.

»Vicenza, Vincenza, Vincenzina: Tante Vincenzina«, spielte Lulú.

»Der Bisquitkuchen von Tante Vincenzina«, sagte Nenè, während er sich die Reste einer Tafel Schokolade von den Fingern leckte.

»Und Sie haben ihren Wohnsitz in Vicenza?« fuhr der Professor mit seinem Verhör fort.

»Nun, melderechtlich sozusagen; aber es kommt nur selten vor, daß ich vorbeischaue: Meine Mutter lebt dort, meine Geschwister... Ich war lange Zeit außerhalb Italiens: In Amerika, in Persien... Jetzt in Sizilien, in Gela.«

»Erdöl?«

»Erdöl.«

»Anic?*«

»Anic.«

»Dann sagen Sie mir doch im Vertrauen: gibt es nun Erdöl in Gela oder gibt es keines?« fragte der Professor, die Stimme zu einem Flüstern senkend.

»Natürlich gibt es welches.«

»Es sind nämlich, sehen Sie, Gerüchte im Umlauf, daß alles, wie soll ich sagen, nur ein Bluff sei: daß es so wenig Erdöl gebe, daß sich die Mühe gar nicht lohne.«

»Es ist kein Betrug«, versicherte der Ingenieur.

»Wenn Sie das sagen ...«, sagte der Professor, die Hände hebend, als wolle er sich ergeben. Und die Spur der Anic verlassend, kehrte er zu der unmittelbar interessanteren des Ingenieurs Bianchi zurück. »Und werden Sie lange in Gela bleiben?«

»Ich glaube schon: Wenn nicht gerade in Gela, so doch in Sizilien ... In Troina, in Gagliano ...«

»Gefällt Ihnen Sizilien?«

»Ich glaube, daß es mir sehr gut gefallen wird: Ich bin aber noch nie dort gewesen«, sagte der Ingenieur und schaute dabei das Mädchen an.

»Hört ihr das?« sagte der Professor, zu seiner Frau und dem Mädchen gewandt. »Er ist um die halbe Welt gefahren und kennt Sizilien nicht! Herrgott, alle gleich, diese Leute vom Festland!«

»Aber ich habe mir immer gewünscht, eine Reise nach Sizilien zu machen«, entschuldigte sich der Ingenieur.

»Gewiß, gewiß: das Land, wo im dunklen Laub die Goldorangen glühn«, zitierte der Professor mit Ironie, mit Bitterkeit.

»So geht es immer«, sagte die Signora, um dem Ingenieur zu Hilfe zu kommen und das Ressentiment ihres Mannes zu dämpfen, »man verschiebt es von einem Jahr aufs andere, und die Dinge, die wir am liebsten sehen möchten, sehen wir schließlich nie, oder nur durch Zufall ... Wir zum Beispiel waren noch nie in Piazza Armerina: Und seit wir verheiratet sind, sagt mein Mann schon, wir müßten unbedingt hinfahren.«

»Das ist wahr«, pflichtete der Mann bei, »so geht es immer. Aber ich, wenn ich höre, daß einer, im Alter des Ingenieurs ... Entschuldigen Sie, wie alt sind Sie? ...«, denn er verlor nicht das Ziel aus den Augen, so viel wie möglich über seinen Reisegefährten zu erfahren.

»Achtunddreißig.«

»... daß einer mit achtunddreißig Jahren Sizilien nicht kennt: nun gut, ich mache es nicht absichtlich, aber ich bekomme eine ge-

* Anic = Azienda nazionale idrogenazione combustibili; staatliche Gesellschaft für Brennstoffhydrierung. (A. d. Ü.)

wisse Wut... Denn dann (ich spreche selbstverständlich im allgemeinen), ohne sich auszukennen, ohne zu wissen, von der Höhe ihres Bum oder wie das heißt, ihres Wirtschaftswunders eben, zerschneiden und rösten sie dieses arme Sizilien, wie es ihnen gerade paßt... Und da sage ich: Bum, von wegen, diesen Bum, den macht ihr auf unsere Kosten, ihr bratet uns in unserem eigenen Öl... Um Gottes Willen, wechseln wir das Thema.«

Lulú und Nenè taten so, als hielten sie eine Waffe im Anschlag und beschossen sich gegenseitig heftig mit bum, bum, bum. »Er war Separatist«, sagte die Signora, um die Leidenschaft ihres Mannes zu erklären.

»Unabhängigkeitsverfechter«, berichtigte der Professor, »und ich bin es immer noch.«

»Jetzt habt ihr das Erdöl«, sagte der Ingenieur, um ihn zu trösten.

»Das Erdöl? ...Glauben Sie mir: sie saugen es auf«, sagte der Professor, »sie saugen es auf... Ein langes Rohr von Mailand nach Gela, und sie saugen es auf...«

»Aber wenn das geschieht, oder geschehen wird, glauben Sie nicht, daß die Sizilianer dann auch daran schuld sind?«

»Gewiß: So sind wir, wir warten, bis die Frucht uns vom Baum in den Mund fällt, wenn sie reif ist.«

»Aber, entschuldigen Sie, wenn ihr so seid, sehe ich nicht, was ihr zu gewinnen habt, wenn ihr's allein macht.«

»Wir sind nicht so«, sagte das Mädchen. »Es gefällt uns bloß, die schlimmsten Dinge von uns glauben zu machen: Wie die Leute, die sich einbilden, alle Krankheiten zu haben, und Erleichterung spüren, wenn sie davon sprechen.«

»Das ist wahr«, sagte der Professor, leicht niedergeschlagen. Doch gleich begeisterte er sich wieder angesichts des Meeres von Taormina. »Welch ein Meer! Wo gibt es sonst so ein Meer?«

»Es sieht aus wie Wein«, sagte Nenè.

»Wein?« sagte der Professor perplex. »Ich weiß nicht, wie dieses Kind die Farben sieht: Als würde er sie noch nicht kennen. Sieht es für euch weinfarben aus, dieses Meer?«

»Ich weiß nicht: Aber mir scheint, als sei es ein wenig rötlich durchzogen«, sagte das Mädchen.

»Das habe ich schon gehört, oder ich hab's irgendwo gelesen: Das weinfarbene Meer«, sagte der Ingenieur.

»Irgendein Dichter mag das vielleicht geschrieben haben, aber ich, ich hab' noch nie ein weinfarbenes Meer gesehen«, sagte der Professor; und Nenè erklärte er: »Siehst du: Hier unten, an den Klippen, ist das Meer grün, weiter weg ist es blau, dunkelblau.«

»Für mich sieht es aus wie Wein«, sagte das Kind mit Bestimmtheit.

»Er ist farbenblind«, beschloß der Professor.

»Ach was, farbenblind!« begehrte die Signora auf. »Starrköpfig ist er.«

Sie versuchte ebenfalls, ihn vom Grün und vom Blau des Meeres zu überzeugen.

»Es ist Wein«, sagte Nenè.

»Siehst du, wie starrköpfig er ist?« sagte die Mutter. »Jetzt behauptet er sogar, es sei Wein.«

»Einen Augenblick«, sagte der Professor. Er zog aus dem Gepäcknetz seine Krawatte hervor, grün mit schwarzen Streifen, zeigte auf sie und fragte das Kind: »Welche Farben hat diese Krawatte?«

»Wie Wein«, sagte Nenè unerbittlich: und lächelte boshaft.

Der Professor warf die Krawatte in die Luft.

»Lassen wir's besser: er ist starrköpfig«, sagte die Signora.

»Vielleicht ist er auch farbenblind«, beharrte ihr Mann, aber nunmehr ohne Überzeugung.

Der Zug fuhr am wundervollsten Meer entlang, das er je gesehen hatte: Für Augenblicke schien es die Neigung eines abhebenden Flugzeugs einzunehmen, die Landschaft auf der einen Seite gekippt, in Flugrichtung.

»Ist es schön oder nicht?« fragte der Professor, der immer extreme Alternativen aufzustellen pflegte: Und er wies auf die Küste und das Meer von Aci wie auf ein Bild, das er soeben vollendet hatte.

»Wunderschön«, stimmten alle zu. Außer Nenè, beschäftigt wie er war, aus den Sitzen die großen Nadeln herauszuziehen, mit denen die weißen Stoffstreifen festgemacht sind, die als Kopfstütze dienen.

»Liegt Nisima am Meer?« fragte der Ingenieur.

»O nein!« sagte der Professor melancholisch. »Inneres Sizilien, dürres Sizilien... Aber verstehen wir uns recht, es hat auch seine Schönheit: Nicht wie diese, die einem den Atem nimmt; eine Schönheit, die dich langsam ergreift, oder mehr noch, wenn man weit weg ist, in der Erinnerung... Hier braucht es wenig, um zu sagen, daß es schön ist, auch ein Trottel ist sofort davon geblendet; in Nisima dagegen braucht es Zeit, Einsicht... Es ist einfach etwas anderes.«

»Gibt es Mafia?« fragte der Ingenieur.

»Mafia?« machte der Professor, erstaunt, als wäre er gefragt worden, ob man in seinem Dorf Polenta esse und Grappa trinke. »Was für eine Mafia? Quatsch!«

»Und das hier?« fragte der Ingenieur und wies in der Zeitung vom Vortag auf eine vierspaltige Überschrift, die besagte: *Die Mafia will die Staudämme nicht.*

»Quatsch«, sagte der Professor, wiederum kurz angebunden.

Der Ingenieur dachte: »Ein gebildeter, höflicher Mann, ein guter Familienvater: Und will nicht von der Mafia reden, wundert sich sogar, daß man davon spricht, als erhielte, wenn man davon spricht, eine geringfügige Sache Gewicht; Kindereien, Quatsch. Ich fange an, die Mafia zu verstehen.«

Sie waren im Bahnhof von Catania. »Catania«, verkündete der Professor. »Für diesen Zug ein Grab: er fährt nicht weiter.«

»Ich steige aus: Ich muß mir die Beine vertreten«, sagte Nenè.

»Jetzt verschieben sie den Wagen auf ein anderes Gleis, gerade jetzt solltest du nicht aussteigen«, sagte der Vater.

»Ich will eine Granita: Granita und Kekse«, sagte Nenè.

»Ich auch: Granita und Hörnchen«, sagte Lulú.

Sie bekamen Granita, Kekse und Hörnchen.

»Was ist das denn für eine Granita?« sagte Nenè angeekelt: aber erst nachdem er den letzten zerlaufenen Schluck geleert hatte, zum Teil auf seine Kleider. »Die echte Granita ist die von Don Pasqualino: Sowie ich in Nisima ankomme, werde ich eine ganze Schüssel voll essen.«

»Die hier ist besser als die von Don Pasqualino«, sagte Lulú, um ihm zu widersprechen, aber ohne Überzeugung.

»Du kapierst überhaupt nichts: Die hier ist aus Wasser, Zitronenpulver und Zucker; Don Pasqualino dagegen macht sie mit Zitrone und tut auch Eiweiß hinein«, erklärte Nenè mit Sachverstand.

»Er weiß alles«, sagte die Mutter. »Er ist immer neugierig, fragt einen über alles aus...«

»Ich bin nicht neugierig: neugierig ist Tante Teresina.«

»Jetzt sprichst du schlecht von ihr«, triumphierte der Vater.

»Das sagst du doch immer: ›Neugierig ist sie, die alte Hexe‹.«

Der Professor, nun geschlagen, drohte ihm entsetzliche Prügel an. Keineswegs beeindruckt erklärte Nenè den beiden Uneingeweihten: »Tante Teresina ist reich, sie wird uns ihre Ländereien hinterlassen: aber mir sind ihre Ländereien sch...«

Eine Ohrfeige von der Mutter.

»Die Ländereien wird Tante Teresina mir hinterlassen«, sagte Lulú.

»Genug jetzt«, brüllte der Professor.

»Tante Teresina mit der Perücke, Tante Teresina mit dem schiefen Auge...«, sang Nenè vor sich hin.

»Unverschämter Lümmel«, sagte die Mutter.

»Tante Teresina wird dir keine süßen Kringel mehr geben«, sagte Lulú.

»Die verschimmelten Kringel: Mir wird übel, wenn ich nur daran denke«, und so perfekt ahmte er das Erbrechen nach, daß er sich eine weitere Ohrfeige einhandelte.

Um ihn zu trösten, forderte ihn das Mädchen zu einem Spaziergang auf dem Gang auf. Nenè nahm an, mit den Worten: »Ich gehe besser: hier kann man nicht vernünftig reden.«

Doch einen Augenblick später kam er allein wieder herein, im Laufschritt, und blickte sich noch mal um, als würde er verfolgt; er setzte sich auf seinen Platz und hielt sich eine Zeitung vor, ausgebreitet; es wirkte, als läse er, nur daß er die Zeitung verkehrt herum hielt. Ein Karabinieri-Wachtmeister, korpulent, riesig, mit finsterer Miene, die die Hitze und der an ihm herunterlaufende Schweiß noch wilder machten, füllte die Tür zum Abteil. Nenè schielte über die Zeitung. Der Wachtmeister fragte, ob das der richtige Wagen nach Agrigent sei, dankte, ging weiter. Nenè nahm die Zeitung herunter, kam zum Vorschein wie hinter einem Vorhang, unter dem Spott Lulús und dem Gelächter aller. Er weinte vor Beschämung, vor Wut; er biß Lulù, biß sich selber in die Hände, strampelte; dann fiel er, langsam und schluchzend, in Schlaf.

Nun entbrannte eine Unterhaltung über Kindererziehung, über die eines Kindes wie Nenè im besonderen. Vater und Mutter behaupteten, daß Nenè ungezogen sei, und gaben sich selbst die Schuld daran, gaben auch der südlichen Gesellschaft die Schuld daran: Denn auf dem Festland wüchsen die Kinder anständiger auf, wohlerzogener. Das Mädchen und der Ingenieur dagegen behaupteten, daß Nenè zwar keine erbauliche Sprache und auch heftige Reaktionen habe, aber seine Intelligenz sei zweifellos aufgeweckt und lebhaft, seine Gefühle hochherzig. Die Signora und der Professor beharrten auf ihrem Standpunkt, aber wie aus Koketterie: Und schließlich ergoß sich die Fülle ihrer Zuneigung über den schlafenden Nenè.

Während der Zug eine sonnenglühende, menschenleere Landschaft durchquerte, waren sie rund um den Schlaf des Kindes wie Krippenfiguren: Mit ihren guten Gefühlen, mit ihrem Glauben an das Leben; und daß alles, Freundschaft und Liebe, über die zufällige Begegnung, die Reise, hinaus dauern müßte. Der Ingenieur dachte, endlich das Rechte im Leben berührt zu haben und die Begegnung mit jenem heiteren, aufmerksamen Mädchen, das wenige Worte machte und von intensivem Gefühl war, fürs Leben verlängern zu müssen, unter Wahrung aller bewährten Regeln der meridionalen Familie; und daß es gelte, etwas Endgültiges zu sagen, bevor man sich trennte, sie gar ins Dorf zu begleiten, mit den Eltern zu sprechen. Doch als der Professor begann, die Koffer herunterzuholen, da sie gleich in Canicattí ankommen würden, sagte er sich: Du bist kein Junge mehr, und daß jedes Ding seine Zeit habe, und daß er seinen ersten freien Tag einer kurzen Reise nach Nisima widmen würde.

Ausgiebig verabschiedeten sie sich, noch bevor sie aus dem Zug ausstiegen; und dann erneut auf dem Bahnsteig, wo der Triebwagen nach Campobello-Licata-Gela bereitstand. Sie waren alle gerührt, außer Lulú, der alles tat, um das Mädchen von den Abschiedsgrüßen abzulenken. Nenè lud den Ingenieur ein, mit ihnen zu fahren, nach Nisima; er versprach ihm die Granita von Don Pasqualino und einen Abend im Klub. Der Ingenieur, das Mädchen anblickend, versprach ihm, daß er ihm bald einen Besuch abstatten würde. Das Kind wollte ihn umarmen. Der Professor gab ihm seine Visitenkarte.

Vom Triebwagen aus, in dem er am Fenster Platz nahm, sah der Ingenieur ihnen nach: ein Häuflein Koffer und Taschen, das sich dem Ausgang zubewegte. Bevor es verschwand, drehte sich das Mädchen um und sah ihn an.

Am Sonntag werde ich nach Nisima fahren, beschloß der Ingenieur.

Doch während der Triebwagen anfuhr, geronnen seine Gefühle, seine Schwermut und seine Liebe unvermittelt zu Schlaf. Über dem aufsteigenden Bild dessen, der ihm zu jenem Zug, zu jenem Wagen geraten hatte, einem zufriedenen, sadistischen Gesicht, verlöschte sein letzter Gedanke: Mein Gott, was für eine Reise.

LUIGI MALERBA *Das nachdenkliche Mafia-Huhn*

Ein kalabrisches Huhn beschloß, Mitglied der Mafia zu werden. Es ging zu einem Mafia-Minister, um ein Empfehlungsschreiben zu bekommen, aber dieser sagte ihm, die Mafia existiere nicht. Es ging zu einem Mafia-Richter, aber auch dieser sagte ihm, die Mafia existiere nicht. Schließlich ging es zu einem Mafia-Bürgermeister, und auch dieser sagte ihm, die Mafia existiere nicht. So kehrte das Huhn in den Hühnerhof zurück, und auf die Fragen seiner Mithühner antwortete es, die Mafia existiere nicht. Da dachten alle Hühner, es sei Mitglied der Mafia geworden, und fürchteten sich vor ihm.

GESUALDO BUFALINO
Sizilianisches Schattenmuseum

'U caliaru. *Der Kichererbsen- und Kürbiskernverkäufer.*

Noch heute, wenn auch seltener, trifft der Junge, der nicht einschlafen kann und die Vipern des Geistes lieber gehend besänftigt, wenn er in den heißesten Monaten zufällig zum Kirchplatz kommt, auf den *caliaru*, wie er gerade Unmengen von Kürbiskernen, die dann an den Kirchweihtagen verkauft werden, auf den Steinen zum Trocknen ausbreitet. Wie einst, als es bei Taufen oder Hochzeiten üblich war, Erdnüsse, Maronen, Kichererben und geröstete Saubohnen zu verteilen und ihm dieses Zeremoniell oblag. Nur daß der *caliaru* heute in Bluejeans am Lenkrad eines kleinen Lieferwagens voller Plastiksäcke daherkommt und – während er im Schatten sitzend die kostenlose Arbeit der Sonne überwacht und mit einer Stange in der einen Hand die Kerne hier und da verstreut – mit der anderen tastend im Transistorradio neben sich nach dem neuesten Geheul von Celentano sucht.

L'aqualuoru. *Der Wasserverkäufer.*

Mit seinem Wägelchen, das innen wie ein Bienenstock in Waben unterteilt und mit bauchigen Krügen vollgestopft war, verkaufte der *aqualuoro* in den weiter entfernten Bezirken das Wasser vom Brunnen des Platzes, im endlosen Hin und Her den Esel schindend, der sich fast nie störrisch zeigte. Außer wenn er, an Mittagen im Mai, von einem plötzlichen Liebesdrang erhitzt, seinem Herrn ausbrach und um die Hydranten tobte, wo er im Gewühl der Konkurrenten den durchdringenden Geruch der geliebten Eselin gerochen hatte.

Das Spektakel, das dann entstand, rief tausend Augen gierig empörter alter Jungfern hinter den Fenstern auf den Plan und ließ Packsattel, Kanister und Krüge in den Staub rollen, bis man, hatte sich das Getümmel beruhigt und das Knäuel von Karren und Körpern voneinander gelöst, einen einzigen, langgezogenen, glücklichen Eselsschrei gleich einem kriegerischen Trompetensolo erschallen hörte.

L'ammola fuoffici e cutedda.
Der Scheren- und Messerschleifer.

Von der emsigen kleinen Schneiderin und dem nachdenklichen Mörder mit Ungeduld erwartet, erschien der Scheren- und Messerschleifer in den Gassen und schob sein wackliges Gefährt, auf dem ein Schleifstein montiert war, vor sich her. Ein Pedal tretend, brachte er das Gerät nach Bedarf in Bewegung, preßte die Klinge mit aller Kraft gegen den Schleifstein, arbeitete gedankenverloren und düster, bis er sie scharf in der Sonne aufblitzen sah.

Da erprobte er dann die Schneide mit einem Haar, forderte und erhielt die abgemachte Summe, ging langsam, wie Judas, davon, ohne sich umzuwenden.

'A tincitura. *Die Färberin.*

Damals war das Schwarz der Trauer Gesetz: schwarz das Herz, schwarz das Tuch. Schwarz auch Taschentücher und Hemden. Mir gaben sie daher bei jedem Tod eines Großvaters die großen, regenbogenfarbenen, verschnürten Bündel zum Wegbringen, damit gleich um die Ecke Donna Stella, die Färberin, sie unverzüglich schwärzen möge. Ich traf sie in der Küche an, mit ihren schönen nackten Armen über einen Kessel mit Anilinfarben gebeugt, der rauchte und wie lebendig schien. Ich wußte, daß ich nicht hineinschauen durfte: ein Kochtopf voller Teufel wie jener, in dem alle Gemeinheiten der Welt brodelten und kochten... Doch hob ich die Augen, so erschreckten mich die züngelnden Schatten, die dort oben im Gewölbe zuckten, nicht minder, und auch das Geflüster der Flammen, das mich um jeden Preis überzeugen wollte, nur wußte ich nicht, von was. Eine finster dreinschauende und gütige Hexe, tröstete Donna Stella mich, indem sie mich rief, aus ihrer warmen Hesperidenhand – Hand der Eva! – wie eine Ziege die dunklen Körner eines Granatapfels zu essen.

'U gnuri. *Der Kutscher.*

Nachdem er bei der Herrschaft in Lohn gestanden hatte, als sie noch Kutschen und Dienstboten besaß, emanzipierte sich der Kutscher im Laufe der Zeit von der Abhängigkeit, und viele Jahre lang verachtete er von der Höhe seines Kutschbocks herab die Horde neidischer Fußgänger und ließ dabei die Peitsche wie ein Abzeichen seiner königlichen Würde durch die Luft sausen. Beschützer der Spieler und

Liebenden ward er mehr als eine Nacht wachend unter einem Balkon gesehen, wie er auf das Zeichen wartet, einen Pfiff, ein erst brennendes, dann verlöschendes Licht. Ein wenig überlebte er noch die Veränderungen der Zeit, ließ sich klaglos von den schwarzen Balilla, den himmelblauen Isotta Fraschini überholen und einstauben. Eines Winterabends schließlich schlief der letzte Kutscher am Bahnhof – ein leerer Zug war gerade vorbeigefahren – im Regen ein und wachte nicht mehr auf.

'U teatru. *Das Theater.*

Und doch gab es einen Abend, an dem unter den Wölbungen der stuckübersäten Decke goldene Flammen aufzuckten und Beifall rauschte; an dem Atlasschuhchen die Treppenstufen bemaßen, die jetzt die Brennessel überwuchert und zerfrißt. Sie kam, die Patti, die göttliche Adelina, die schönste Stimme des Jahrhunderts, und für acht Taler erschien sie, gemäß dem vom Marchese Ferreri gegengezeichneten Vertrag, auf der Bühne im Kreis eines großen Kristallüsters, weiß von Licht und Puder, wie ein wächserner Engel. Danach verlor sie sich im Galopp einer ratternden Kutsche für immer im Dunkeln. Lange noch sprachen sie von ihr, die Alten, wenn sie an den Sommernachmittagen auf der Schwelle saßen.

L'aeroporto »Vincenzo Magliocco«. *Der Flughafen »Vincenzo Magliocco«.*

Es begann '39, wie in einem Film von Franchot Tone oder Pat 'O Brian, mit anliegenden hellblauen Uniformen, harmlos großsprecherischen Gesichtern, Kapitänsfrauen, die beim Überqueren des Platzes eine Wolke von Kölnischwasser zurückließen, an die man sich die ganze Nacht erinnerte.

Dann lernten wir, die verschiedenen Motoren an ihrem Dröhnen zu unterscheiden, wie man einen Kuckuck oder eine launische Krähe am Ruf erkennt. Die Bauern blickten gar nicht mehr von der Furche auf, sagten, die Luft sei schon ganz verpestet, dieser höllische Lärm verstärke die Peronospora in den Blättern.

Endlich war der Krieg aus, auf der verlassenen Piste blieben nur zwei verkohlte Flugzeugrümpfe zurück, und auf dem Friedhof ein paar Kreuze mit Namen aus Düsseldorf, aus Regensburg. Lange regnete es auf gewisse Blutflecken nahe den Kratern der R. A. F.-Bomben.

Niemand dachte mehr daran, niemand konnte sich vorstellen, daß von so vielen veralteten oder zerstörten Orten von einst ausgerechnet dieser eine, der unheilvollste, frisch getüncht wiederbelebt werden sollte, um andere, noch dümmere und perfektere Mordinstrumente aufzunehmen, die – wer weiß, was das heißen soll – Cruise genannt werden.

Der Cavalier Mistretta.

Wenn es Juli wird bei uns und der Vogel, wie vom Blitz getroffen, in die schattenlosen Zisternen stürzt und die Stoppelfelder von selbst brennen; wenn die Leute die Zimmer verdunkeln, sich die Kleider herunterreißen und sich auf den Boden legen und denken, es sei besser zu sterben; nun gut, genau zu diesem Zeitpunkt wagte sich der Cavaliere Mistretta mit seinem weißen Anzug, dem Strohhut und dem Klappstühlchen unter dem Arm hinaus in das gleißende Licht.

Er fürchtete weder Pan noch die Mänaden; er spürte die Eingebungen und die Rätsel der Stunde nicht. Makellos, ruhig, ohne einen Schweißtropfen auf der Stirn stellte er seinen unzertrennlichen dreibeinigen Hocker auf, setzte sich in prekärem Gleichgewicht und vertiefte sich, nachdem er die letzte Ausgabe des *Corriere di Catania* aus der Tasche gezogen hatte, in die Lektüre.

Tante Amelia.

Das zweistöckige Haus am Stadtrand, in dem sie lange herrschte, war zugleich ein Satansschlund und ein Stückchen Paradies für junge und alte Freigeister, Ehemänner in Versuchung, Junggesellen ohne Liebe, zitternde Schüler recht jungen Alters, die mit der Hand in der Tasche nach dem gefälschten Ausweis tasteten, gerade als wären sie Spione aus dem ersten Weltkrieg. Sie nahm alle auf, segnete, tröstete. Immer fetter und zufriedener, gedachte sie längst nicht mehr der heimatlichen Nebel in der Poebene. Traurig war sie nur eine halbe Stunde am Sonntag, wenn sie bei der Nachmittagsmesse in der Kirche die Leere sichtlich um sich wachsen fühlte und sich ihr schmerzhaft zwei Dornen in den Nacken bohrten: Die tiefschwarzen Pupillen einer eifersüchtigen, unglücklich verheirateten Frau.

Der Regen.

»Dreh dich, dreh dich, kleine Blonde«, sang meine Mutter und nähte. Ich berauschte mich am rhythmischen Gesang des Regens auf dem Dach, am Hochwasser auf der Straße. In Wirklichkeit handelte es sich dabei um unbedeutende Stürme, nach kurzer Zeit tropfte es nur noch durch einen Riß in der Decke, was meine Mutter *stizzània* nannte und mit einer Emailleschüssel bekämpfte, die sie auf den Boden stellte. Ich maß den Tropfenschlag, so erinnere ich, mit dem Metronom meines Pulses, darin kategorischer als der sonntägliche Beckenspieler in der Kapelle des Pulvirenti. Aber schon spitzte die Sonne, wie nach einer geglückten List, wieder durch die Wolken. Trat man hinaus, schnitt der Geruch feuchter Erde so süß ins Herz, daß es schien, als müsse das ganze zukünftige Leben das Geschehen dieses Tages wiederholen: kleine Wolkenbrüche am Morgen, dann eine Stunde Getröpfel, dann die Sonne auf Terrassen und Balkonen, von den Vögeln freudig begrüßt, wie in dem Gedicht, das ich letztes Jahr auswendig gelernt hatte. Natürlich ist das Leben dann nicht so verlaufen.

Zeichnung: Bruno Caruso

SALVATORE SATTA

Don Sebastiano, Notar in Nuoro

Don Sebastiano würde sich diesen Abend nicht in das vom Kamin belebte Zimmer hinunter begeben und zu Bett gehen, ohne jemandem gute Nacht zu sagen. Er hatte den ganzen Tag gearbeitet, und spät am Nachmittag waren zwei Brautleute bei ihm erschienen, um einen Ehevertrag zu schließen. Sie kamen aus einem Dorf der Costera, er hatte die Sechzig längst überschritten, und sie war ein Mädchen von zwanzig Jahren. Sie wurde von den Eltern begleitet, die viel jünger waren als der Bräutigam und deren abgetragene Kleidung ihre bescheidenen Lebensumstände verriet. Don Sebastiano hatte den Willen der Parteien angehört und zu schreiben begonnen. Wie immer. Aber seine Hand war schwer und seine Feder sträubte sich. Er war gewiß nicht sentimental, und er hatte alles Erdenkliche gesehen. Aber in einem gewissen Augenblick war er aufgestanden, hatte die Eltern in das angrenzende Zimmer, das sein Schlafzimmer war, gebeten und zu ihnen gesagt: »Ich bin bereit, auf das Stempelpapier zu verzichten, wenn ihr euer Töchterchen nicht verkauft.« – »Tun Sie ihre Pflicht«, hatten sie ihm geantwortet. »Wir wissen schon, was wir tun.«

Und er hatte seine Pflicht getan wie immer, wie auch damals, als ein Unglücklicher vor seinen Augen gestorben war, dessen letzten Willen zugunsten einer armen Frau, die ihr Leben lang mit ihm zusammengewohnt, er aufgenommen hatte. Er war gestorben, bevor er die Urkunde zu Ende gelesen hatte, und er, Don Sebastiano, hatte es nicht über sich gebracht, eine kleine Fälschung zu begehen, die doch diese Frau vor dem Elend bewahrt hätte. Er war kein grausamer Mann, das Leben ist grausam, und das Recht drückt die ganze Grausamkeit des Lebens aus.

Über die Zeitung gebeugt, erinnerte sich Don Sebastiano vielleicht zum erstenmal, seit er an diesem Schreibtisch saß, der Ereignisse seines Lebens. Längs der Wände standen, in Glasschränken eingeschlossen, die mehr als hundert Bände der in Maroquinleder gebundenen Urkunden, jeder mit seinen Registriernummern schwarz auf den Rücken gedruckt: sie waren seine Bibliothek, die einzigen Bücher, die er besaß, aber er hatte sie alle selbst geschrieben, Tag für Tag. Er dachte an die ersten, an die unendlichen Mühen, die er ausstand, als er noch der einzige Notar im ganzen Landkreis war und zu Pferde Dutzende von Kilometern zurücklegen mußte, durch Flüsse watend, das Stempelpapier in Blechhülsen, die er noch besaß. Schade, daß diese Bände von seiner Existenz abhingen: sobald er einmal tot war, würde man sie fortschaffen, denn die Urkunden der toten Notare enden im öffentlichen Archiv, so wie sie selbst auf dem Friedhof.

Don Sebastiano war kein Mann, der in der Vergangenheit lebte oder sich nutzlosen Gefühlen hingab. Es hatte aber an diesem Tag zum soundsovielten Mal Streit mit Donna Vincenza gegeben, der ausgelöst worden war durch eine ihrer üblichen Einmischungen, die ihn um so mehr verletzten, als sie vernünftig waren. Don Sebastiano hatte geglaubt, ein rasches Ende machen zu können mit dem üblichen schrecklichen Satz: Du bist nur auf der Welt, weil genug Platz da ist; aber diesmal hatten die Söhne rebelliert und die Mutter in Schutz genommen, worauf er aufgestanden war und die Tür hinter sich zugeschlagen hatte.

Es war das erste Mal, daß er sich dem Urteil der Söhne ausgesetzt fühlte. Oder vielleicht wäre es richtiger zu sagen, daß er ihnen zum ersten Mal begegnete, nachdem er ihnen sein ganzes Leben gewidmet hatte. Aber was wollten sie von ihm? Was wußten sie vom Leben, von diesem unsichtbaren Spinnennetz, in dem man sich verfängt wie eine Fliege und sich nur zu befreien versucht, um vor der Spinne zu fliehen, die von der Mitte aus, wo sie auf der Lauer lag, herbeigelaufen kommt? Was wußte davon ihre Mutter, die seit zwanzig Jahren das Haus nicht mehr verließ? Und inwiefern war es notwendig, sie zu verteidigen, da doch er sie stets beschützt und verteidigt hatte? An diesem Tag hatte sie wieder mit der alten Geschichte von dem Bergwald bei Orotelli angefangen, der zu verkaufen war und von dem sie wollte, daß ihr Mann ihn kaufte; er dagegen verhandelte dort zugunsten von Fremden. Es war eine dieser fixen Ideen, die ihr das Leben schwer machten. Was wußte sie von diesen Ländereien, die sie nie gesehen hatte und nie sehen würde? Es war karger, steiniger Boden, und es war auch gefährlich, mit den Ortsansässigen zu konkurrieren. So dachte er. Genügten nicht diese Weinberge, die er mit seinen Händen angelegt hatte? Genügte nicht dieses Haus, das für Nuoro wie ein Königspalast war?

Die Wahrheit, die sich Don Sebastiano nicht eingestehen mochte, war, daß ihm die Familie, der er sein ganzes Ich gegeben hatte, fremd geblieben war. Wer arbeitet, wie er gearbeitet hatte, hat das Recht, geliebt zu werden, aber er hat keine Zeit zu lieben. Das war die Wurzel von allem. Von der Familie hatte er nur das eine verlangt: daß sie ihn nicht bei seiner Arbeit störte und daß jeder seine Pflicht tat, wie er die seine getan hatte. Daher die Bevorzugung der anderen, die ihm Donna Vincenza vorwarf, daher seine Neigung, den Söhnen bei ihren kindlichen Streitereien unrecht zu geben, der Anziehung anderer zu erliegen, besonders dieser Schlauköpfe von San Pietro, die zu Städtern zu werden begannen und sich daher um ihn drängten, festlich gestimmt und ergeben wie einem Herrn. Es schien, daß Donna Vincenza einen Haß auf alle hegte, die sich ihm näherten und von denen er angetan war. Sie war sogar so weit gegangen, sie aus dem Haus zu jagen, wenn sie erschienen, wodurch sie ihn zwang, sich für sie zu entschuldigen und seine Frau eine Verrückte zu nennen. Was nun diesen Bergwald von Orotelli anbetraf, schien Giovanni Maria an der Reihe zu sein. Er war der Sohn Matteos, des ältesten Bruders der alten Sanna, der mit zwanzig Jahren Nuoro und die Familie unter Verwünschungen verlassen hatte und mit neunzig Jahren die Gewißheit ausdrückte, daß sein Bruder Priamo, der vor ihm gestorben war, in der Hölle saß und dort auf seine Frau wartete. Niemand hatte mehr von ihm gehört. Aber eines Tages, nach dreißig Jahren, war in Nuoro ein untersetzter junger Mann mit einem breiten Gesicht, wie es die Nuoresen nicht hatten, erschienen, der nicht einmal die Sprache Nuoros korrekt sprach. Er hatte sich Don Sebastiano vorgestellt und ihn Onkel genannt: er war der Sohn Matteos, der sich in Nuoro niederlassen und dem Handel widmen wollte. Hatte ihn der Vater geschickt, um sich zu rächen? Möglich ist alles. Tatsache ist, daß er den mächtigen Onkel um Hilfe bat, und dieser gewährte sie ihm in solchem Maße, daß er binnen kurzem durch den Handel mit Mandeln steinreich wurde, und vor Reichtum setzte er Fett an, denn er wog nicht viel weniger als 200 Kilogramm. Er war fröhlich, mitteilsam und lebenslustig und machte sich im Haus Don Sebastianos breit, als wäre es sein eigenes. Die Söhne überhäufte er mit Spielsachen und Leckereien. Donna Vincenza hatte ihm den Spitznamen Milordo gegeben, der in der Stadt Anklang gefunden hatte. Dann plötzlich der Haß, die Wut. Sie hatte begriffen, daß er ihr Rivale geworden war und der Rivale ihrer Söhne, daß Don Sebastiano für ihn wegen des Bergwalds verhandelte, verhext von seinen Schmeicheleien. Da hatte sie alles getan, um ihn zu zwingen zu gehen, das Haus nicht mehr zu betreten, und sie brachte die ganze Familie gegen ihn auf.

So ging es immer, und das Haus, das glücklich sein konnte, weil es ihm an nichts fehlte, war wegen des Starrsinns dieser Frau das unglücklichste von allen. Er fühlte sich unschuldig. In der anbrechenden Nacht hörte er vom Café am Corso herauf erregte und verworrene Stimmen. Das waren die Nuoresen, die im Müßiggang ihren müßigen Tag beendeten. Wenn er genau hinhörte, konnte er das Lachen und die Spötteleien jedes einzelnen erkennen. Wahrscheinlich hatten sie Maestro Manca in ihre Mitte genommen und gaben ihm zu trinken, oder Fileddu, diesen Einsiedler, der die Manie (aber vielleicht war es ein Bedürfnis) hatte, neben den Herren herzulaufen, und deshalb zur Zielscheibe des Spottes von ganz Nuoro geworden war. Um diese Zeit mußten sie schon ein wenig angeheitert sein, vielleicht von seinem eigenen Wein, den der Cafetier bei ihm gekauft hatte. Nie hatte er den Fuß in diese vornehme Schenke setzen, nie hatte er sich mit einem von denen abgeben wollen. Seine kurze Rast war, vor Einbruch der Dämmerung, die nahe Apotheke, aber es war, als entfernte er sich gar nicht vom Haus, denn während er sich mit Don Pasqualino oder Don Serafino unterhielt, behielt er das kleine Portal im Auge und sah, wer ein und aus ging. Er sah nicht eine traurige Gestalt, die, auf das Fensterbrett des Speisezimmers gestützt, eingehüllt in ihre schwarzen Kleider, mit kurzsichtigen Augen die Passanten auf dem Pflaster der Via Asproni beobachtete. Das war der Zeitvertreib, den sich jeden Abend Donna Vincenza gönnte. Oder besser, es war ihre Art, am Leben teilzunehmen.

Der Fortgang des Hausherrn aus dem Speisezimmer hatte die Schar der Söhne und Donna Vincenza selbst gleichsam im Dunkeln zurückgelassen. So heftig, so ungerecht ein Vater sein mag, er hat auf seiner Seite ein geheimes Recht, das die Herzen verwirrt. Die beiden Kleinsten, die sich an die Mutter geklammert hatten, weinten. Von den anderen widmete sich jeder still seinen Schulaufgaben, ohne mit den Brüdern zu sprechen. Donna Vincenza ließ langsam einen Rosenkranz durch die Finger gleiten, den sie an ihrem Hochzeitstag bekommen hatte, aber ihre starr ins Leere blickenden Augen sahen Gott nicht. Im übrigen war es zweifelhaft, ob sie ihn unter so vielen Mühen und Schmerzen je gesehen hatte.

Im oberen Stockwerk suchte Don Sebastiano seine Unschuld in den roten Bänden der Urkunden, die das Gewebe seines Lebens bildeten. Sie sah sich selbst wie in einer großen Beichte in jedem dieser vielen Jahre, die sie bei diesem Mann verbracht hatte, und jedes Jahr, jeder Tag waren die Anklageschrift, die sie ihm zu gegebener Zeit vorlegen wollte. Sie hatte ihn mit zwanzig geheiratet, und er war zehn Jahre älter gewesen: er hatte sie genommen in dem kleinen Haus von *Sa bena*, wo sie mit ihrer Mutter lebte, und sie war so unschuldig, daß sie, als sie schwanger geworden war, glaubte, man werde ihr den Bauch aufschneiden, um das Kind hervorzuholen. Diese so ferne und schließlich, nach all den Söhnen, die noch gekommen waren, lächerliche Erinnerung löste in ihr eine Art von Erregung aus: es schien ihr, daß sie ein ungeheures Geschenk verschwendet habe, daß ihr diese vollkommene Unschuld auch heute noch ein Recht ihm gegenüber gebe. Was war dann geschehen? Sein Blick richtete sich auf die armen Formen einer Frau, die mit vierzig Jahren schon alt war, auf den riesigen Körper, auf die von der Arthritis geschwollenen Knie: nur das Gesicht, die hohe und reine Stirn waren noch geblieben. Aber so war es nicht immer gewesen, denn sie war einmal schön mit dem blonden Haar einer Frau vom Festland, mit den geschmeidigen Gliedern, mit der unbändigen Lebensfreude, die ihrer Natur entsprach. Als sie eine Sanna wurde, hatte sie die Tracht aufgeben müssen, und das war der Anfang ihrer Mißgeschicke. Denn es handelte sich nicht nur darum, ein Kleid zu wechseln: eine ganze Welt übernimmt man mit ihren Gesetzen, ihren Menschen, mit ihren Forderungen und Vorurteilen, auch in einem kleinen Ort wie Nuoro. Als sie von *Sa bena* nach Santa Maria zog, und das war eine Entfernung von achthundert Metern, vielleicht einem Kilometer, war sie von einer Welt in eine andere übergegangen: und dabei hätte er ihr helfen müssen, denn sie war arm und allein, und alles schüchterte sie ein. Sie erinnerte sich an das erste Mal, als sie mit ihrer Mutter, die noch die Tracht trug, in die Kirche gegangen war. Es schien ihr, daß alle sie betrachteten, daß dieses arme dunkle Kleid mit den weißen Bällchen aller Augen auf sich zog. Sie hatte zu Sanna (so nannte sie nach dem Brauch ihrer Zeit den Mann, den sie geheiratet hatte) gesagt, daß sie noch ein zweites Kleid brauchte, und er hatte zwischen zwei Urkunden geantwortet: »Das Geld ist da, kauft es.« Das war wie die erste Ohrfeige gewesen, die sie bekommen hatte. Wie kann eine unerfahrene junge Frau das Geld nehmen, hingehen, etwas tun, ohne daß der Mann ihr auf irgendeine Weise hilft, auch nur die Schwelle des Hauses zu überschreiten? »Die Adern in diesem Bein tun mir weh«, hatte sie nach der ersten Schwangerschaft zu ihm gesagt. »Hol den Arzt, das Geld ist da«, hatte die Antwort gelautet. Und so war es immer. Es war wahr, daß er von morgens bis abends arbeitete, daß er sich keine Freude gönnte, daß er, wenn er in Insporòsile oder Locoi eine Frucht pflückte, sie nicht zu essen wagte, weil er sie der Familie bringen mußte. Aber man konnte eine Frau nicht so am Rande eines Abgrunds allein lassen, denn eben das war für sie die Schwelle des Hauses, in dem sie sich immer mehr einschloß. Und eben das geschah, daß sie, noch jung und voller Leben, nicht mehr ausging, sich in eine verzweifelte Einsamkeit versenkte, die nur die große Sorge für die Kinder und das Haus, dessen Herrin sie immerhin war, sie ertragen ließ. Aber das Schlimme war, daß die Unbeweglichkeit ihre Gesundheit zu bedrohen begann, ihre Beine wurden dick, sie wurde unförmig: und so kam zu der natürlichen Schüchternheit die Scham, sich der Welt zu zeigen, die aus schlanken, gehenden Menschen gemacht ist. Er, er hätte sie retten können. Und er wollte es, er gab ihr das Geld, damit sie hinging und sich kurieren ließ. Wo, wie, bei wem, wenn es ihr unmöglich war, die Schwelle zu überschreiten?

Langsam erlosch das Feuer im Herd. Die einbrechende Nacht verjagte die Gespenster, die ein Anfall von Zorn aus dem Grunde ihres Herzens, wo sie sonst verborgen waren, heraufbeschworen hatte. Die Zeit zu hassen wäre vielleicht gekommen: aber in einer Familie mit so vielen Söhnen, die sich ein Schicksal aufbauen, die überleben müssen, konnten die Selbstgespräche nicht lange dauern. Die beiden Kleinsten, Sebastiano und Peppino, die weinend zu ihr gelaufen waren im Augenblick des Zorns, waren mit den Köpfen in ihrem Schoß eingeschlafen. Man mußte sie zu Bett bringen. Sanft weckte sie die beiden, und jeden an einer Hand, begann sie die grandiosen und nutzlosen Treppen hinaufzusteigen, die der Stolz des Ingenieurs Mannu, Don Gabrieles, waren. Als sie im zweiten Stock am Arbeitszimmer vorbeikamen, sah sie Licht unter der Tür durchschimmern. Sie war ein wenig verwirrt. Sanna, der mit den Hühnern schlafen ging, weil er vor der Morgendämmerung aufstand, war noch wach.

Zeichnung: Eugenio Montale

Auf unser Weideland kam nach wie vor kaum jemand. Die Hirten in der Nachbarschaft litten bittere Not und mußten zusehen, daß sie überlebten: Sie hatten gar nicht die Zeit, uns zu besuchen. Zudem hatten wir aus begreiflichen Gründen fast mit allen Streit. Mit den unmittelbaren Nachbarn waren wir verfeindet. Nachts versuchte man sich gegenseitig die Weide zu stehlen, trieb seine Schafe auf die eingegrenzten Koppeln des andern. Und am Tag, wenn ich die Schafe weidete, hörte ich die Auswirkungen. Die Hirten schimpften, daß es im ganzen Gebiet zu hören war. »Du Wurm, Elendskerl, Dieb, Verbrecher, Hurensohn, elendes Dreckschwein, Halunke, *mia as manigadu su basculu, as incujadu in su meu*, meine Weide hast du mir aufgefressen, ja, aufgefressen! Mach das nicht noch mal! Wenn wir aneinandergeraten, *si faghimus paris*... kannst du dich auf was gefaßt machen! Dann richte ich dich aber für den Feiertag her! Dann hau ich dich in die Pfanne! Dann sollst du mich kennenlernen! Idiot!«

Und bei einer anderen Gelegenheit: »Ich hab's wohl für dich aufgehoben, für deine Schafe, mein eingezäuntes Stück Weide! Dir zeig' ich noch, wozu ich imstande bin! Verbrecher! Elendskerl! Dich mach' ich immer noch fertig! Verstanden? Mich bescheißt du nicht! *Deo jutto sos buttones pius mannos de isos tuos! Cumpresu asa! Non mi futis pius!* Wenn ich dich da drin erwische, kriegst du für dein Lebtag ein Andenken von mir! Auspeitschen werd' ich dich! Ein feiger Hund bist du, hast es ausgenutzt, daß ich nicht da war. Das zahl' ich dir noch heim... Vergiß das nicht... Das kriegst du noch von mir zurück... keine Angst!«

So verbrachten die Hirten ihre Tage wütend wie Wespen, die in ihrem Nest gestört werden, und ihre Nächte schlaflos auf Wache, das Gewehr im Anschlag, oder auch gleich auf der Weidefläche, um sie und die wiederkäuende Herde zu verteidigen. Nachts war es ein zermürbender Wettstreit, der nie ein Ende fand, denn der eine wartete immer, bis der andere vom Schlaf übermannt wurde, damit er seine eigenen Schafe in dessen Einfriedung treiben konnte.

Tagsüber verrichteten sie ihre Feldarbeit, damit sie ihre Familie versorgen konnten. Ins Dorf kamen sie fast nie. Wer eigene Weideflächen und eine eigene Herde hatte, konnte manchmal tagsüber nach Hause, wenngleich nur selten. Die Hirtenknechte oder die Hirten mit Halbpacht konnten es alle vierzehn, zwanzig Tage, wenn sie einen guten Herrn hatten. Fast alle waren Junggesellen. Und sie hatten gar keine Zeit, ein Mädchen kennenzulernen und zu erobern.

Diejenigen, die nach langem und schwierigem Hin und Her schließlich verheiratet waren, mußte sich damit bescheiden, ihre Frauen nur selten zu sehen. Spiel und Tanz im Ehebett fand in aller Eile statt; die Herde blieb indessen unbewacht. Die selbständigen Hirten mit ihrem stachligen schwarzen Bart konnten es sich wenigstens einmal wöchentlich leisten, rasch ihren Koitus im Bett zu tanzen.

Wenn Thiu Antoniccu, auch ein selbständiger Hirte, die Möglichkeit hatte, ins Dorf zu kommen, was selten genug geschah, verließ er seinen Pferch in aller Hast. Er trieb seinen Esel zur Eile an, denn er war erregt, konnte es vor Verlangen kaum noch aushalten. Das Tier wurde zu einem raschen Trott gezwungen, weil es seinen Herrn nach der sexuellen Fastenzeit juckte. Auf der zweiten Weghälfte wurde der Trott noch schneller. Und auf dem letzten Kilometer lief der Esel fast im Galopp. Endlich war Thiu Antoniccu zu Hause. Im Nu sprang er ab. Band den Esel an den Ring und ließ ihn dort müde, schwitzend und keuchend mitsamt seiner Last stehen. Und ging ins Haus und suchte seine Frau. Beim Tanz im Bett existierte nichts anderes mehr. Schafe, Banditen, eingezäunte Weideflächen, alles war vergessen. Sturm tobte durchs Zimmer. Hagel und Schnee in Mengen. Die Natur lebte sich aus, und anschließend kehrte wieder Ruhe ein. Als sein Verlangen gestillt war, fiel ihm auch der Esel wieder ein, der draußen unterm Tragsattel mit den Milchkannen, dem Holz und dem Quersack stand. »Armes Tier!... Die Milch!... Das Holz! ...Wenn man mir jetzt was gestohlen hat...«

Dies war keine Ausnahme. Es war die Krankheit aller Hirten. Thiu Diddía machte es geradeso. Wenn er einmal wieder soweit war, daß er vom Pferch ins Dorf konnte, trieb auch er seinen Esel zu schnellem Trab.

Und auch er wurde, im Dorf angekommen, vom Verlangen überwältigt und schaffte es nicht mehr, das Tier abzuladen. Er rannte in sein Haus. Stürzte sich auf seine Frau. Biß sie überallhin. Sog sie in sich ein. Preßte sie an sich, als wollte er sie erdrücken. Kämpfte, von Leidenschaft gepackt, gegen seine Kleidung. Atemlos riß er sie sich mit einem Ruck vom Leib, als bestünde sie aus einem einzigen Stück, und warf sie irgendwohin. Aber die verdreckten Stiefel hatte er noch an, und die Hose hatte sich ihm um die Knöchel gewickelt. So fiel er über seine Frau her. Manchmal sprang er sogar über das Brett am Fußende: seine Gier ließ ihm keine Zeit mehr, herumzugehen.

Eine Tarantella. Das Bett mit dem Drahtnetz tanzte zu der Musik, hie und da fiel etwas zu Boden. Auch die blecherne Fußleiste scheuerte tanzend an der Wand, bewegte sich mit der Musik. Plötzlich brach alles ab. Das Fußbrett faßte Atem für den nächsten Tanz. Die Musik setzte wieder ein. Anderer Rhythmus. Anderer Tanz. Endlich, die Hosenbeine um die Knöchel verheddert, beruhigte sich Thiu Diddía über seiner Frau wie ein Strom nach einem Gewitter.

Der Lärm des Fußbrettes und seines Tanzes, ja das ganze Gefecht mitsamt Schüssen und Explosionen drangen oft bis zum Fenster hinaus, das Thiu Diddía und seine Frau offengelassen hatten.

Und die Flintenschüsse trafen die Dörfler auf der Straße.

»He... Thiu Diddía erfüllt seine Ehepflichten!«

»Er tanzt den sardischen Tanz!«

»Du sei ganz still! Wir können da gar nichts sagen! Wir machen es doch geradeso! Das kommt alles vom Fasten!«

»Ach! Was vertrödeln wir noch unsere Zeit. Das Tierchen kitzelt mich jetzt auch, verdammt noch mal!«

»Wem sagst du das...«

Sie beugten sich über ihre Esel. Rasten nach Hause, um das Feuer am Quell ihrer Gefährtinnen zu löschen, denen es, ebensowenig gehegt und gepflegt in ihrer Enthaltsamkeit, nicht besser erging.

Mein Vater blieb nie lange im Dorf. Wie alle echten Hirten, lag er mit seiner Frau nur eine begrenzte Zeit in den Federn. Und nachdem er seine Besorgungen erledigt hatte, war er in längstens vier Stunden wieder zurück. Er hatte Angst, die Banditen könnten unsere Herde stehlen, obwohl ja ich und der Hund da waren. Viele Hirten, die Tag für Tag im Dorf mit ihren Frauen schliefen, erlebten bei ihrer Rückkehr eine böse Überraschung. Die Schafe waren weg und die Weiden oft von Herden aus der Nachbarschaft abgegrast.

Einmal versuchten es die Kerle auch bei mir. Da es Hirtenjungen wie mich ja überall gab, machten sie es auch überall mehr oder minder auf die gleiche Weise. Der Kleine, der in Abwesenheit seines Vaters die Schafe hütete, sollte übertölpelt, mußte irgendwie abgelenkt werden.

Eines Tages erschien ein junger Bursche auf dem Platz vor der Hütte. Auf das Bellen von Rusigabedra rannte ich aus der Hütte. Der junge Bursche glich einem der vielen Jäger, die hie und da durch den Macchiawald streiften.

»Hast du hier Hasen gesehen? Schon den ganzen Morgen«, meinte er ärgerlich, ohne mir überhaupt Zeit zu einer Antwort zu lassen, »laufe ich herum und bekomme keinen einzigen zu Gesicht... Da müssen wohl schon andere Jäger hier vorbeigekommen sein... Hast du gestern oder heute früh vielleicht welche gesehen?«

»Nein. Aber Hasen sehe ich hier dauernd aus den Büschen springen. Vorgestern wäre ich fast über einen gestolpert. Manchmal laufen sie mir beinahe vor die Füße... Nur daß mein Hund nicht so schnell läuft und nie welche erwischt. Die sind zu flink. Und dann rennen sie immer hügelaufwärts... ihre Hinterbeine sind nämlich länger, und deshalb können sie auch schneller laufen, wenn's bergauf geht. Da kann keiner mithalten... nur der Sperber kriegt sie, wenn sie nicht vorher in den Büschen oder in ihren Höhlen, *in sos majones o in sas quilettas*, verschwinden.«

»Hast du schon mal gesehen, wie ein Sperber einen Hasen gegriffen hat?« Er ging prompt auf das Thema ein, nur um mich noch länger hinzuhalten.

»Ja. Einmal auf dem Feld haben mein Vater und ich einen gesehen, wie er gerade einen Hasen kröpfte. Als wir zufällig dazukamen, wollte der Sperber mit dem Hasen wegfliegen, den er eben erst gegriffen hatte. Er flog auf, aber das war ein großer und schwerer Hase. Er verlor ihn aus seinem Schnabel und aus seinen Klauen, aber er mußte ja weiterfliegen, um sich in Sicherheit zu bringen, und so hatte er das Nachsehen. Den Hasen haben wir dann mitgenommen. Er war noch ganz warm... Er hat uns sehr gut geschmeckt...«

Dem jungen Burschen war alles nach Wunsch gelaufen. Aber Rusigabedra, der an einem Bäumchen auf dem Vorplatz festgebunden war, bellte ununterbrochen zur Herde hin. Zuerst dachte ich, er wollte nur losgemacht werden. Also band ich ihn los. Aber wer wirklich begriffen hatte, was hier gespielt wurde, war der Hund. Kaum war er frei, stürzte er zur Herde. Knurrend, mit gesenktem Kopf und gesträubtem Rückenhaar schoß er auf die Büsche zu. Und stürzte sich mit wütendem Gebell auf zwei andere junge Kerle, die schon bei unseren Schafen waren, und konnte sie verjagen.

»Was sind das nur für Leute! Da wollten sie dir doch ein paar Tiere stehlen«, meinte der junge Jäger. Und verzog sich, angeblich, um seine Jagd fortzusetzen.

Die Schafe standen nicht weit von der Hütte entfernt: also vor meinen Augen. Und so konnte ich auch sehen, wie diese Gauner, die der Hund verbellt hatte, es gar nicht mehr wagten, sich an »meiner« Herde zu vergreifen, und ebenso hinter den Eichen verschwanden wie der Bursche von vorhin. Gewiß, um sich irgendwo anders aus einem anderen Pferch ein Schaf zu holen, wo es auch so einen Hirtenjungen wie mich gab, der vielleicht nicht das Glück hatte, einen Hund wie Rusigabedra zu besitzen.

Spitzbuben von dieser Größenordnung waren meistens Hirtenknechte, die schlecht zu essen bekamen, Brot und Wasser und nur selten Käse, dünne Suppen und Milch, und die sich in Abwesenheit ihres Herrn bemühten, sich einmal bei diesem und einmal bei jenem Hirten im Umkreis ein Schaf zu besorgen, um ihren Speisezettel mit einer schönen Mahlzeit aus gebratenem Fleisch aufzubessern. Aber sie mußten dabei sehr vorsichtig sein. Denn diese *custos teraccos pastores* konnten sich nicht erlauben, erwischt zu werden. Es hätte dem Ansehen ihres Herrn bei den Leuten sehr geschadet und als unwiderlegbarer Beweis gegolten, daß sie von ihm schlecht zu essen bekamen. Oft verschaffte gerade das untadelige Verhalten der Hirtenknechte ihren Herren soziales Prestige; und das benutzen sie dann als »Tarnung«, wenn sie selbst irgendwelche Räubereien begingen. Wer von den Knechten »entlarvt« wurde, der wurde im übrigen »entlassen« und von seinem Herrn angeprangert.

Der Vorfall hatte mich stark beeindruckt. Und weil ich jemanden in meiner Nähe haben wollte, nachdem auch der junge »Jäger« hinter den Büschen verschwunden war, rief ich den Hund. Er kam gleich angelaufen, leckte mir die Hände und sprang mich an. Dann stellte er sich auf die Hinterbeine und umschlang mich mit seinen Vorderbeinen. Leckte mir freudig Gesicht und Ohren. Ich aber konnte seinem Gewicht und seinen Bewegungen nicht standhalten, so daß ich schließlich ins Gras fiel.

Wir machten gemeinsam eine Runde. Rusigabedra schnüffelte an den Pfaden und den nassen Büschen. Ich lief hinter ihm her. Ab und an schrie ich in das endlose, beängstigende Schweigen des Waldes hinein. Meine Schreie und meine Pfiffe trieben den Hund dazu, die Füchse aus den Höhlen, Schluchten und Büschen zu verjagen. Damals fürchtete ich mich nämlich noch vor der Stille, und daß ich sie selber brach, wenngleich nur mit einem Schrei, der zum Teil auch von meiner Angst rührte, machte mir neuen Mut. So gab mir die Angst vor der Stille, indem ich gegen sie anschrie, zugleich auch den Mut, der mich das Entsetzen vor diesem unendlichen, monotonen Schweigen besser ertragen ließ.

Jetzt weiß ich aus Erfahrung, daß auch die Tiere sich ähnlich verhalten, wenn sie sich irgendwo im Gestrüpp verirren: mein junger Hund zum Beispiel, der sich einmal im dichten Bewuchs einer Senke verlaufen hatte.

Als ich ihn rief, folgte er meiner Stimme, ohne daß er mich zwischen Gras und Gestrüpp sehen konnte. Und er heulte, um sich Mut zu machen, genauso wie ich jetzt in Begleitung von Rusigabedra.

Plötzlich war dies düstere und undurchdringliche Schweigen wie durch Zauberwerk zu Ende. Aus der Ferne kam das kräftige Frühlingsralen unseres Esels. Rusigabedra verließ mich augenblicklich, um in Treue seinem Herrn entgegenzulaufen, der mit dem Proviant ankam. Ich ging zur Hütte und wartete, bis mein Vater zwischen dem Dickicht unter den Bäumen auftauchte und dabei, wie stets, seine Beine gegen die Flanken des Esels schlug.

PIER PAOLO PASOLINI *Von den Glühwürmchen*

»Die Unterscheidung zwischen Faschismus als Adjektiv und Faschismus als Substantiv geht auf nichts weniger als die Zeitschrift ›Il Politecnico‹ zurück, d. h. auf die unmittelbare Nachkriegszeit...« So beginnt ein Beitrag von Franco Fortini über den Faschismus (»L'Europeo« vom 26. 12. 1974). Ein Beitrag, den ich – wie man so schön sagt – voll und ganz unterschreibe. Was ich jedoch nicht unterschreiben kann, ist sein tendenziöser Beginn. Denn die Unterscheidung zwischen verschiedenen »Faschismen«, wie sie der »Politecnico« getroffen hat, gehört hier nicht zur Sache und ist außerdem überholt. Sie war vielleicht bis vor etwa zehn Jahren noch gültig: als das christdemokratische Regime noch die schlichte Fortsetzung des faschistischen Regimes war.

Doch vor etwa zehn Jahren ist »etwas« geschehen. »Etwas«, was vorher nicht war und was sich auch nicht voraussehen ließ, und zwar nicht nur zu Zeiten des »Politecnico«, sondern selbst noch ein Jahr, bevor es geschah.

Anfang der sechziger Jahre begannen aufgrund der Luftverschmutzung und, vor allem auf dem Land, aufgrund der Verschmutzung des Wassers (der blauen Flüsse und der klaren Bäche) die Glühwürmchen zu verschwinden. Eine Sache, die mit blitzartiger Geschwindigkeit vor sich ging. Ein paar Jahre später gab es die Glühwürmchen nicht mehr.

Dieses »Etwas«, das vor etwas zehn Jahren geschah, werde ich also im Folgenden »das Verschwinden der Glühwürmchen« nennen.

Das christdemokratische Regime hat zwei absolut unterschiedliche Phasen durchgemacht, die sich nicht nur nicht im Sinne einer gewissen Kontinuität miteinander vergleichen lassen, sondern geradezu geschichtlich inkommensurabel geworden sind.

Die erste Phase dieses »Regimes« (wie es die Radikalen zu Recht stets genannt haben) beginnt mit dem Ende des zweiten Weltkriegs und geht bis zum Verschwinden der Glühwürmchen, die zweite Phase ist die vom Verschwinden der Glühwürmchen bis heute. Sehen wir sie uns der Reihe nach an.

Vor dem Verschwinden der Glühwürmchen. Die Kontinuität zwischen faschistischem Faschismus und christdemokratischem Faschismus ist total und absolut. Ich will hier nicht auf das eingehen, was hierzu auch früher schon gesagt wurde, z. B. gerade im »Politecnico«: die mangelnde antifaschistische Säuberung, die Kontinuität der Gesetze, der Polizeiterror, die Mißachtung der Verfassung. Worauf ich eingehen will, ist das, was man später rückblickend als wichtig erkannt hat: nämlich das schamlos Formale der Demokratie, welche die demokratischen Antifaschisten der faschistischen Diktatur entgegensetzten.

Diese Demokratie stützte sich auf eine absolute Mehrheit von Wählern aus breiten Schichten des Mittelstandes und der Bauern, die allesamt unter dem Einfluß des Vatikans standen. Dieser Einfluß des Vatikans war nur möglich auf der Basis eines total repressiven Regimes. In diesem Universum waren die zentralen »Werte« die gleichen wie im Faschismus: Kirche, Vaterland, Familie, Gehorsam, Disziplin, Ordnung, Sparsamkeit, Moral. Genau wie unter dem Faschismus drückten diese Werte eine gewisse »Realität« aus, das heißt, sie waren Bestandteil der einzelnen und konkreten Kulturen, aus denen sich das archaisch bäuerliche und frühindustrielle Italien zusammensetzte. Doch in dem Moment, wo sie zu nationalen »Werten« erhoben wurden, mußten sie zwangsläufig jegliche Realität verlieren und in brutalen, dummen und repressiven Staatskonformismus ausarten: in den Konformismus der faschistischen und christdemokratischen Herrschaft. Die gleiche Kleinkariertheit, Plumpheit und Ignoranz herrschte bei den gesellschaftlichen Eliten wie auch – in anderer Form – bei den Massen sowohl unter dem Faschismus als auch in der ersten Phase des christdemokratischen Regimes. Exemplarisch für diese Ignoranz waren ein Pragmatismus und ein Formalismus vatikanischer Prägung.

All dies ist erst heute unmißverständlich klar geworden, denn damals machten sich die Intellektuellen und Oppositionellen noch unbegründete Hoffnungen. Man glaubte, daß das alles doch nicht so ganz wahr sei und daß die formelle Demokratie im Grunde doch eine gewisse Bedeutung habe.

Bevor ich nun zur zweiten Phase komme, scheint es mir angebracht, ein paar Worte über den Moment des Übergangs zu verlieren.

Während des Verschwindens der Glühwürmchen. In dieser Phase konnte die vom »Politecnico« getroffene Unterscheidung zwischen Faschismus und Faschismus noch Gültigkeit beanspruchen. Denn weder die große Nation, die sich innerhalb der Nation herauszubilden begann – d. h. die von der KPI organisierten Arbeiter- und Bauernmassen – noch der fortschrittlichste und kritischste Teil der Intellektuellen hatte bemerkt, daß »die Glühwürmchen am Verschwinden waren«. Sie hatten alle recht gute Informationen von der Soziologie erhalten (die in jenen Jahren die Methoden marxistischer Analyse in Schwierigkeiten gebracht hatte); doch waren das Informationen, die im Grunde formal, nicht durch Erfahrung vermittelt waren. Niemand konnte die historische Realität erahnen, die zur unmittelbaren Zukunft werden sollte; und ebensowenig ließ sich das, was damals Wohlstand hieß, als die »Entwicklung« erkennen, die in Italien zum ersten Mal umfassend jenen »Völkermord« verwirklichen sollte, von dem Marx im *Manifest* spricht.

Nach dem Verschwinden der Glühwürmchen. Die nationalisierten und damit verfälschten »Werte« der alten bäuerlichen und frühkapitalistischen Welt sind auf einmal nicht mehr wichtig. Kirche, Vaterland, Familie, Gehorsam, Ordnung, Sparsamkeit, Moral sind auf einmal nicht mehr wichtig. Nicht einmal das Falsche an ihnen ist noch zu gebrauchen. Sie überwintern im Getto des Klerikalfaschismus. An ihre Stelle treten die »Werte« eines neuen Gesellschaftsmodells, das mit der bäuerlichen und frühindustriellen Gesellschaft nichts mehr gemein hat. Diese Erfahrung haben auch schon andere Länder gemacht. In Italien jedoch hat sie einen ganz speziellen Charakter, denn hier stellt sie sich dar als die erste wirkliche »Vereinigung«, die unser Land über sich ergehen lassen mußte; während sie in anderen Ländern – mit einer gewissen Logik – von der doppelten Vereinigung überlagert wird, die zunächst in der Zeit der Monarchien und dann während der bürgerlichen und industriellen Revolution erfolgte. Das italienische Trauma des Zusammenstoßes einer vielfältigen »archaischen« Welt mit der industriellen Nivellierung hat wohl nur einen einzigen Präzedenzfall: Deutschland vor der Machtergreifung Hitlers. Auch hier wurden die Werte der verschiedenen Sonderkulturen im Verlauf der brutalen Gleichschaltung durch die Industrialisierung zerstört: was zur Herausbildung jener enormen Massen führte, die nicht mehr der alten (bäuerlich-handwerklichen) und noch nicht der neuen (bürgerlichen) Welt angehörten und die das Heer der entfesselten, wahnsinnigen und unberechenbaren Nazitruppen gebildet haben.

In Italien findet nun ein ähnlicher Prozeß statt, und zwar mit noch größerer Vehemenz, denn die Industrialisierung der siebziger Jahre stellt eine »Mutation« dar, die in ihrer Tragweite noch über die deutsche Erfahrung der zwanziger Jahre hinausgeht. Inzwischen ist jedem klar geworden, daß wir es hier nicht bloß mit »neuen Zeiten« zu tun haben, sondern mit einer neuen Epoche der Menschheitsgeschichte: jener Menschheitsgeschichte, deren Abläufe man in Jahrtausenden zählt. Die Italiener hätten auf dieses traumatische Erlebnis gar nicht schlimmer reagieren können: sie sind innerhalb weniger Jahre (vor allem in Mittel- und Süditalien) zu einem degenerierten, lächerlichen, widerwärtigen und kriminellen Volk verkommen. Man braucht nur auf die Straße zu gehen, um das zu begreifen. Doch um wirklich zu verstehen, was sich an den

Leuten verändert hat, muß man sie natürlich lieben. Ich habe – leider – diese Italiener einmal geliebt: nicht im Sinne der gängigen Klischees (sondern in verzweifelter Opposition dagegen) und auch nicht in einem volkstümelnden und humanitären Sinne. Es war eine echte Liebe, die aus meiner ganzen Lebensweise herrührte. Ich habe also »mit all meinen Sinnen« gesehen, wie das von der Konsumgesellschaft geforderte Zwangsverhalten das Bewußtsein des italienischen Volks umgemodelt, deformiert und zu einer Degradierung getrieben hat, von der es kein Zurück mehr gibt. Etwas, was selbst der faschistische Faschismus nicht erreicht hatte, denn damals war das äußere Verhalten völlig vom Bewußtsein getrennt. Vergeblich versuchte der »totalitäre« Herrschaftsapparat immer und immer wieder, seine Verhaltensmaximen bei den Leuten durchzusetzen – ihr Bewußtsein blieb von all dem unberührt. Die faschistischen »Modelle« waren nichts als Masken, die man aufsetzte und wieder abnahm. Als der faschistische Faschismus dann zusammengebrochen war, wurde alles wieder wie zuvor.

Es ist deshalb lachhaft, wenn Fortini die Unterscheidung zwischen Faschismus und Faschismus auf die Nachkriegszeit zurückdatiert: für die Unterscheidung zwischen faschistischem Faschismus und dem Faschismus dieser zweiten Phase christdemokratischer Herrschaft gibt es nicht nur in unserer, sondern wahrscheinlich in der gesamten Geschichte keine Vergleiche.

Die christdemokratischen Machthaber sind von der »Phase der Glühwürmchen« in die »Phase nach dem Verschwinden der Glühwürmchen« eingetreten, ohne es gemerkt zu haben. Wenn dies auch fast schon verbrecherisch anmuten mag, so waren sie sich dessen doch in keiner Weise bewußt: sie haben nicht einmal im Traum geahnt, daß die Herrschaft, die sie innehatten und verwalteten, nicht lediglich eine ganz »normale« Evolution durchmachte, sondern sich vielmehr radikal in ihrem Wesen änderte.

Sie hatten geglaubt, unter ihrem Regime würde alles mehr oder weniger so bleiben, wie es immer schon war: Daß sie sich z. B. bis in alle Ewigkeit auf den Vatikan stützen könnten; dabei merkten sie überhaupt nicht, daß die Herrschaft, die sie selbst weiterhin innehatten und verwalteten, gar nicht mehr wußte, was sie mit dem Vatikan als dem geistigen Zentrum eines bäuerlichen, rückständigen und ärmlichen Lebens anfangen sollte. Sie hatten sich vorgestellt, sie könnten sich bis in alle Ewigkeit auf eine nationalistische Armee stützen (so wie ihre faschistischen Vorgänger); und dabei sahen sie nicht, daß ihre eigene Herrschaft, die sie immer noch selbst innehatten und verwalteten, bereits dahin tendierte, die Grundlagen für neue, übernationale Armeen, sozusagen eine Art technokratischer Polizeitruppen, zu schaffen. Und das gleiche läßt sich von der Familie sagen, die in bruchloser Kontinuität seit dem Faschismus zu Sparsamkeit und Moral verdonnert war: nunmehr wurde ihr durch die Konsumgesellschaft ein radikaler Wandel auferlegt, der bis zur Akzeptierung der Ehescheidung ging und inzwischen potentiell keine Grenzen mehr kennt.

Die christdemokratischen Machthaber ließen dies alles über sich ergehen – im Glauben, sie hätten weiterhin alle Zügel in der Hand. Sie merkten nicht, daß die Macht auf einmal etwas »anderes« war, etwas strukturell Verschiedenes, und zwar nicht nur ihnen selbst gegenüber, sondern auch im Hinblick auf ein bestimmtes gesellschaftlich-kulturelles Modell. Symptome dafür ließen sich, wie immer (vgl. Gramsci), lediglich an der Sprache erkennen: in der Übergangsphase – d. h. »während des Verschwindens der Glühwürmchen« – haben die christdemokratischen Machthaber fast mit einem Schlag ihre Ausdrucksweise geändert und sich einen völlig neuen Jargon angewöhnt (der im übrigen so unverständlich wie Latein ist). Beispielhaft dafür ist Aldo Moro, eben der Mann, der (aus wer weiß welch geheimnisvoller Korrelation) am wenigsten in all die abscheulichen Dinge verwickelt scheint, die von 1969 bis heute von denen organisiert wurden, die um keinen Preis die Macht aus den Händen geben wollen; was ihnen bislang auch, formal gesehen, gelungen ist.

Ich sage »formal gesehen«, denn hinter ihrem roboterhaften Gehabe und hinter ihrem Lächeln verbergen die christdemokratischen Potentaten ihre Leere. Die reale Macht braucht sie nicht mehr, und ihnen ist nichts geblieben außer ein paar nutzlosen Apparaten, denen sie höchstens durch ihre Trauerkleidung, ihre steifen Zweireiher, noch eine gewisse Realität verleihen können.

Trotzdem kann es in der Geschichte kein »Vakuum« geben: man kann höchstens abstrakt darüber reden, in einer Argumentation, die »ad absurdum« zielt. Es ist durchaus möglich, daß im Verlauf der gegenwärtigen Krise und einer Neuordnung, die zwangsläufig das ganze Land erschüttern muß, dieses »Vakuum« sich derzeit schon zu füllen beginnt. Die reale Macht, der unsere »Marionetten« seit etwa zehn Jahren dienen, ohne daß sie deren Realität erkannt hätten – das ist es vielleicht, was dieses »Vakuum« bereits gefüllt haben könnte (und damit auch eine mögliche Regierungsbeteiligung jener großen kommunistischen Nation, die aus dem Zusammenbruch Italiens hervorgegangen ist, zunichte gemacht hätte, denn es geht hier gar nicht ums »Regieren«). Über diese »reale Herrschaft« haben wir abstrakte und im Grunde apokalyptische Vorstellungen: wir können uns schwerlich ausmalen, was für »Formen« sie annehmen würde, wenn sie unmittelbar an die Stelle jener Handlanger träte, die in ihr lediglich eine »Modernisierung« gewisser Techniken gesehen haben. Jedenfalls, was mich betrifft (falls das den Leser interessiert), so will ich eins ganz klar sagen: ich gäbe – selbst wenn ich ein Multinationaler wäre – den ganzen Montedison-Konzern für ein Glühwürmchen her.

Zeichnung: Pier Paolo Pasolini

LUIGI MALERBA *Der Atem der Zukunft*

Ich sehe von weitem Dächer und die Türme und die Glasfronten der Fabriken, die zur Zeit des Booms entstanden sind. Ich habe gehört, daß noch mehr Fabriken entstehen werden und dazu die Wolkenkratzer für die Leute, die dort arbeiten das heißt nach und nach

EINE METROPOLE

die viel größer sein wird als Rom und Mailand zusammen.

Es gibt schon jemanden der am Bau dieser großen Metropole arbeitet ohne es zu wissen. Schaut nur eine topographische Karte an. Die parallelgezogenen Straßen des italienischen Kartennetzes sind die großen Verkehrsadern von morgen. Arbeitet ein verborgener Geist an diesem Projekt oder wächst es von selber mit dem Fortschritt der Natur? Das frage ich mich.

Von oben sieht man schon den Entwurf der Metropole aber niemand merkt es.

An einem schönen Tag öffnest du die Augen und die Metropole steht fertig vor dir und du sagst, sieh mal die vielen Wolkenkratzer, sieh die vielen Autos und wie sie rasen. Kaum hundert Jahre sind vergangen wie sie vorbeigerast sind diese Jahre. Was sind hundert Jahre? Nichts, hundert Jahre vergehen in einer Minute, sie vergehen im Handumdrehen.

Befreit euch vom Ameisenhaufen-Komplex, sagten die Architekten, das heißt sie sagen es heute. Gut der Ameisenhaufen-Komplex, aber was glaubt ihr denn, was ihr gemacht habt mit euern Wolkenkratzern aus Eisenbeton, Stahl Kupfer eloxiertem Aluminium und andern eloxierten Metallen? Ihr habt einen Ameisenhaufen gemacht oder fällt euch dafür ein anderer Name ein?

An der Stelle des Turms aus dem Mittelalter befinden sich jetzt die Großen Markthallen bedecken die ganze Wiese. Mittendurch führt eine Straße aus aufgerauhtem Stahl, man kann auf ihr nicht ausgleiten. Die Verkehrszeichen auf dieser Straße sind aus Kupfer man kann sie nicht löschen. Es fahren aber zu viele Autos durch die Straßen hin und her, sie machen einen Lärm, der nie aufhört und die Häuser, das heißt die Wolkenkratzer mit all ihrem Stahl und Eisenbeton zum Zittern bringt. Natürlich ist die Luft sehr schmutzig.

ICH ATME MÜHSAM.

Warum, frage ich, verwendet man aber keine elektrischen Autos wenn man sie schon erfunden hat? Wozu macht ihr Erfindungen?

Man sagt mir die großen Öl-Trusts wollen nicht. Darum ist die Luft voll Kohlenmonoxyd und man kann nur in den obersten Etagen der Wolkenkratzer atmen. Und in den Straßen der Metropole ist die Luft vergiftet und ich sage ihr werdet wohl oder übel Maßnahmen treffen müssen, was plant ihr? Das Kohlenmonoxyd staut sich in den Straßen, dringt in die Läden in die Häuser durch die Lichtschächte gelangt es bis in die obersten Etagen und vergiftet alle.

HIER KANN MAN NICHT ATMEN.

Es ist ein Skandal daß man in einer so modernen Stadt kein System gefunden hat die Luft sauber zu halten. Was braucht man dazu schon? Wenn ihr die elektrischen Autos nicht wollt müßt ihr halt radfahren oder den Auspuff schließen. Das Kohlenmonoxyd kommt nämlich aus dem Auspuffloch. Von dort kommt auch der Lärm. Wenn ihr die Auspuffrohre nicht schließen wollt müßt ihr ein anderes Verkehrsmittel erfinden.

Ich stelle eine elementare Überlegung an und sage: meine Herren habt ihr nicht die Kanalisation gebaut um die Abwässer der Metropole abzuleiten? So konstruiert doch auch eine Kanalisation zur Ableitung der verschmutzten Luft. Und ein Röhrensystem das saubere Luft in die Stadt führt Bergluft oder Meeresluft je nachdem ob einer die Berge oder das Meer vorzieht. Ihr könnt euch auch direkt mit der Atmosphäre von San Remo verbinden, wenn einer die Luft von San Remo will, mit Cortina und dem Aostatal wenn ein anderer die Luft von Cortina und dem Aostatal will. Laßt ihr nicht Obst aus Afrika kommen? Dann könnt ihr doch auch Luft von dort holen wo sie gut und sauber ist denn hier ist die Luft eine Katastrophe. Sie kostet nichts Luft gibt es mehr als genug, bitteschön. Nur die Konstruktionskosten der Röhren sind zu amortisieren.

Es ist überflüssig zu sagen hier war einmal eine Wiese hier war eine Hecke hier war der Turm aus dem Mittelalter hier der Priestergraben und hier der Brandhof. In Wirklichkeit sagt es auch niemand und niemand erinnert sich mehr an das was war, hundert vielleicht zweihundert Jahre sind vergangen, auch die Karten des Militärischen Topographischen Instituts sind verschwunden. Man kann nicht mehr mitten auf einer Wiese sterben weil es keine Wiesen mehr gibt, keiner kann ins Gras beißen weil es kein Gras mehr gibt.

Lebensdaten, Bibliographie, Quellenverzeichnis

Es erscheinen hier nur die notwendigsten Daten und Titel. Außerdem die wichtigsten deutschen Übersetzungen, um den Leser zu weiterer Lektüre auf eigene Faust anzustiften. Kürzungen und Titelgebungen wurden vermerkt. Die meisten der aufgenommenen Texte erschienen bisher noch nicht auf deutsch; der Verlag dankt allen italienischen Lizenzgebern, den Übersetzern und den deutschen Verlagen, die Nachdrucke gestatteten – ihre Namen erscheinen jeweils am Ende der bibliographischen Angaben.

ALBERTO ARBASINO, geboren 1930 in Voghera. Journalist, Lyriker, Erzähler. Studierte Rechtswissenschaften. Parlamentsabgeordneter der Republikanischen Partei von 1983–87. Lebt in Rom.
»Fratelli d'Italia« (1963, Neufassung 1993); »Certi romanzi« (1964); »Super-Eliogabalo« (1969); »La bella di Lodi« (1972); »Fantasmi italiani« (1977); »Un paese senza« (1980); »Matinée« (1983); »Parigi o cara« (1995).
Erinnerungen an Giangiacomo Feltrinelli (gekürzt) aus »Un paese senza« (Garzanti editore); übersetzt von Ulrich Hausmann.

GIORGIO BASSANI, geboren 1916 in Bologna. Wuchs in Ferrara auf. Während der faschistischen Zeit verfolgt und verhaftet. Lyriker, Erzähler, Kritiker. Seit Jahren Präsident der Denkmalschutz-Vereinigung »Italia nostra«. Lebt in Rom.
»Le storie ferraresi« (1960, dt.: »Ferrareser Geschichten«); »Il giardino dei Finzi-Contini« (1962, dt.: »Die Gärten der Finzi-Contini«); »Dietro la porta« (1964, dt.: »Hinter der Tür«); »L'airone« (1968, dt.: »Der Reiher«); »L'odore del fieno« (1972, dt.: »Der Geruch von Heu«).
Gräber (Titel von der Hg.) ist der Beginn des Romans »Die Gärten der Finzi-Contini« (R. Piper Verlag); übersetzt von Herbert Schlüter.

STEFANO BENNI, geboren 1947 in Bologna. Satirischer Kolumnist bei der Tageszeitung »il manifesto«. Lebt in Bologna.
»Terra!« (1983, dt. unter dem gleichen Titel); »Comici spaventati guerrieri« (1986, dt.: »Komische Krieger«); »Il bar sotto il mare« (1987, dt.: »Die Bar auf dem Meeresgrund«); »Baol« (1990, dt.: »Baol oder Die magischen Abenteuer einer fieberhaften Samstagnacht«); »L'ultima lacrima« (1994).
Die Story von Pronto Soccorso und Beauty Case aus »Die Bar auf dem Meeresgrund« (R. Piper Verlag); übersetzt von Pieke Biermann.

GESUALDO BUFALINO, geboren 1920 in Comiso auf Sizilien. War lange Lehrer für Latein und Italienisch. Lebt in Comiso.
»Diceria dell'untore« (1981, dt.: »Das Pesthaus«); »Museo d'ombre« (1982, dt.: »Museum der Schatten«); »Le menzogne della notte« (1988, dt.: »Die Lügen der Nacht«); »Qui pro quo« (1992, dt.: »Klare Verhältnisse«); »Argo il cieco ovvero sogni della memoria« (1995; dt.: »Mit blinden Argusaugen«).
Sizilianisches Schattenmuseum aus »Museum der Schatten« (Verlag Klaus Wagenbach); übersetzt von Maja Pflug.

ALDO BUSI, geboren 1948 in Montechiari (Brescia). Dolmetscher und Übersetzer. Übertrug Werke von Goethe, Doderer, Flaubert und Lewis Carroll ins Italienische. Lebt als freier Schriftsteller in Montechiari.
»Seminario sulla gioventù« (1984, dt.: »Seminar über die Jugend«); »Vita standard di un venditore provvisorio di collant« (1985); »La delfina bizantina« (1986); »Sodomie in corpo« (1988); »Le persone normali« (1992); »Manuale del perfetto gentilomo« (1992, dt.: »Handbuch für den perfekten Gentleman«).

Die Schickeria und der Dichter (Titel von der Hg.) ist ein Abschnitt aus »Seminar über die Jugend« (Gustav Lübbe Verlag); übersetzt von Tobias Eisermann.

IGNAZIO BUTTITTA, geboren 1899 in Bagheria auf Sizilien. War Wurstmacher, Kaufmann und längere Zeit Vertreter in der Lombardei. Lebt in Aspra auf Sizilien.
»Lu pani si chiama pani« (1954); »La peddi nova« (1963); »Io faccio il poeta« (1972); »Il poeta in piazza« (1974); »Pietre nere« (1985).
Die Kapitale aus »La peddi nova« (Feltrinelli editore); übersetzt von Agathe Haag.

ITALO CALVINO, geboren 1923 in Santiago de las Vegas (Kuba), wuchs in San Remo (Ligurien) auf. Literaturstudium. Lektor und Zeitschriftenredakteur in Turin. Lebte viele Jahre in Paris, später in Rom. Starb 1985 in Siena.
»Il visconte dimezzato« (1952, dt.: »Der geteilte Visconte«); »Il barone rampante« (1957, dt.: »Der Baron auf den Bäumen«); »Il cavaliere inesistente« (1959, dt.: »Der Ritter, den es nicht gab«); »Marcovaldo« (1963, dt. unter dem gleichen Titel); »Le cosmicomiche« (1965, dt.: »Cosmicomics«); »Le città invisibili« (1972, dt.: »Die unsichtbaren Städte«); »Se una notte d'inverno un viaggiatore« (1979, dt.: »Wenn ein Reisender in einer Winternacht«); »Una pietra sopra« (1980, dt.: »Kybernetik und Gespenster«); »Palomar« (1983, dt.: »Herr Palomar«); »Collezione di sabbia« (1984, dt.: »Gesammelter Sand«). »Sotto il sole giaguaro« (1986, dt.: »Unter der Jaguar-Sonne«); »Lezioni americane« (1988, dt.: »Sechs Vorschläge für das nächste Jahrtausend«).
Mond und Gnac aus »Marcovaldo« resp. »Erzählungen« (Carl Hanser Verlag); übersetzt von Nino Erné.

ROSSANA CAMPO, geboren 1963 in Genua, wo sie Literatur studierte. Lebt in Paris.
»In principio erano le mutande« (1992, dt.: »Am Anfang war die Unterhose«); »Il pieno di super« (1993, dt.: »Tiger im Tank«).
Gabris Geschichte (gekürzt) erschien 1992 in Gianni Celatis Anthologie »Narratori delle riserve« (Feltrinelli editore); übersetzt von Moshe Kahn.

ERMANNO CAVAZZONI, geboren 1947 in Reggio Emilia. Lehrt Ästhetik an der Universität Bologna. Lebt in Bologna.
»Il poema dei lunatici« (1987); »Le leggende dei santi di Jacopo da Varagine« (1993, Übersetzung und Bearbeitung); »Le tentazioni di Girolamo« (1991, dt.: »Mitternachtsabitur«). »Vite brevi di idioti« (1994, dt.: »Kurze Lebensläufe der Idioten«).
Die Sonntagsausflüge aus »Kurze Lebensläufe der Idioten« (Verlag Klaus Wagenbach); übersetzt von Marianne Schneider.

CAMILLA CEDERNA, geboren 1921 in Mailand. Journalistin. Lebt in Mailand.
»La voce dei padroni« (1962); »Pinelli« (1971); »Sparare a vista« (1975); »Giovanni Leone« (1978); »Nostra Italia del miracolo« (1980); »Casa nostra« (1983, dt.: »Reise in die Geheimnisse Italiens«); »Vicino e distante« (1984, dt.: »Italien gestern, Italien heute«, Beck & Glückler Verlag).
Der Tempel von Mailand (gekürzt) aus »Vicino e distante« (Arnoldo Mondadori editore); übersetzt von Maja Pflug.

GIANNI CELATI, geboren 1937 in Sondrio. Erzähler, Literaturkritiker und Übersetzer (Swift, Twain, Céline, Barthes). Lebt in Bologna, wo er anglo-amerikanische Literatur lehrt.
»Comiche« (1971); »La banda dei sospiri« (1976); »Narratori delle pianure« (1985, dt.: »Erzähler der Ebenen«); »Quattro novelle sulle apparenze« (1987, dt.: »Der wahre Schein«); »Verso la foce« (1989, dt.: »Landauswärts«).
Junge Leute auf der Flucht aus »Erzähler der Ebenen« (Verlag Klaus Wagenbach); übersetzt von Marianne Schneider.

GUIDO CERONETTI, geboren 1927 in Turin. Schriftsteller, Übersetzer und Journalist. Lebt in Rom.
»Difesa della luna« (1971); »Aquilegia« (1973); »La carta è stanca« (1976); »La musa ulcerosa« (1978); »Il silenzio del corpo« (1979, dt.: »Das Schweigen des Körpers«); »Poesie per vivere e non vivere« (1979); »La vita apparente« (1982); »Un viaggio in Italia 1981–1983« (1983); »Albergo Italia« (1985, deutsche Auswahl, auch aus »Un viaggio in Italia«: »Albergo Italia. Meine italienische Reise«); »I pensieri del tè« (1987, dt.: »Teegedanken«).
Venedig – sterben lassen ist ein Kapitel aus »Albergo Italia. Meine italienische Reise« (Carl Hanser Verlag); übersetzt von Viktoria von Schirach und Barbara Krohn.

LUCIO DALLA, geboren 1943 in Bologna. Musiker und Liedermacher. Lebt in Bologna.
Platten mit eigenen Texten: »Come è profondo il mare« (1977); »Lucio Dalla« (1979); »Banana Republic« (1979); »Dalla« (1980); »Dalla Q-Disc« (1981); »Dalla« (1983).
Ein Abend für Wunder (mit freundlicher Genehmigung von Lucio Dalla/Ed. RCA); übersetzt von Peter Burri, überarbeitete Fassung nach dem Buch »Lucio Dalla« (hg. von Peter Burri, Lenos Verlag).

LUCIANO DE CRESCENZO, geboren 1930 in Neapel. War viele Jahre Ingenieur bei IBM in Mailand. Lebt in Neapel.
»Così parlò Bellavista« (1977, dt.: »Also sprach Bellavista«, Diogenes Verlag); »Storia della filosofia greca« (2 Bde., 1983 und 1986, dt.: »Geschichte der griechischen Philosophie«); »Panta rei« (1994, dt.: »Alles fließt, sagt Heraklit«).
Zorro aus »Così parlò Bellavista« (Arnoldo Mondadori editore); übersetzt von Maja Pflug.

EDUARDO DE FILIPPO, geboren 1900 in Neapel. Lyriker und Dramatiker. Schauspieler. Starb 1984 in Rom.
»Napoli milionaria« (1945, dt.: »Neapel im Millionenrausch«, in: »Komödien«); »Questi fantasmi!« (1946, dt.: »Huh, diese Gespenster!«); »Filumena Marturano« (1946, dt. unter dem gleichen Titel); »La grande magia« (1948, dt.: »Der große Zauber«); »Il paese di Pulcinella« (1951); »L'arte della commedia« (1965, dt.: »Die Kunst der Komödie«); »Le poesie di Eduardo« (1982); »I capolavori di Eduardo« (1983).
Der Neapolitaner Pasquale... (Titel von der Hg.) aus dem Stück »Questi fantasmi!« (Einaudi editore); übersetzt von Ulrich Hausmann.

TOMMASO DI CIAULA, geboren 1941 in Adelfia (Apulien). War lange Fabrikarbeiter; lebt in Modugno bei Bari.
»Tuta blu« (1978, dt.: »Der Fabrikaffe und die Bäume«); »Prima l'amaro, poi il dolce« (1981, dt.: »Das Bittere und das Süße«).
Tomaten, Brot, Käse (Titel von der Hg.) aus »Das Bittere und das Süße« (Verlag Klaus Wagenbach); übersetzt von Werner Raith. – *Die Bäume und die Arbeiter* (Titel von der Hg.) aus »Der Fabrikaffe und die Bäume« (Verlag Klaus Wagenbach); übersetzt von Wolfgang Sebastian Baur.

UMBERTO ECO, geboren 1932 in Alessandria. Schriftsteller und Kritiker. Professor für Semiotik. Lebt in Mailand.
»Opera aperta« (1962, dt.: »Das offene Kunstwerk«); »Apocalittici e integrati« (1964, dt.: »Apokalyptiker und Integrierte«); »La struttura assente« (1968, dt.: »Einführung in die Semiotik«); »Segno« (1973, dt.: »Zeichen«); »Il costume di casa« (1973); »Dalla periferia del'impero« (1977); »Sette anni di desiderio« (1983, deutsche Auswahl aus den zuletzt genannten drei Bänden: »Über Gott und die Welt«); »Il nome della rosa« (1980, dt.: »Der Name der Rose«); »Postille a ›Il nome della rosa‹« (1983, dt.: »Nachschrift zum ›Namen der Rose‹«); »Il pendolo di Foucault« (1988, dt.: »Das Foucaultsche Pendel«); »L'isola del giorno prima« (1994, dt.: »Die Insel des vorigen Tages«).

Der verlorene Führerschein erschien zuerst im »L'Espresso«, Nummer 9/1982; übersetzt von Burckhardt Kroeber.

FEDERICO FELLINI, geboren 1920 in Rimini. Zuerst Zeichner und Übersetzer von Comics; Hörspielautor. Später Filmregisseur. Lebte in Rom, wo er 1993 starb.
»La strada« (1954, dt. unter dem gleichen Titel); »Le notti di Cabiria« (1957, dt.: »Die Nächte der Cabiria«); »La dolce vita« (1959, dt. unter dem gleichen Titel); »8 1/2« (1962, dt. unter dem gleichen Titel); »Amarcord« (1973, dt. unter dem gleichen Titel); »Casanova« (1976, dt. unter dem gleichen Titel); »La città delle donne« (1980, dt.: »Die Stadt der Frauen«); »E la nave va« (1982, dt. unter dem gleichen Titel). – Deutsche Auswahl: »Aufsätze und Notizen«; »Ich bin ein großer Lügner. Ein Gespräch mit Damien Pettigrew« (1995).
Mein Rimini ist ein Auszug aus dem gleichnamigen, 1967 entstandenen Text, enthalten in »Aufsätze und Notizen« (Diogenes Verlag); übersetzt von Alice Vollenweider.

ENNIO FLAIANO, geboren 1910 in Pescara. Erzähler und Journalist. Drehbuchautor der wichtigsten Filme Fellinis. Starb 1972 in Rom.
»Tempo di uccidere« (1947, dt.: »Alles hat seine Zeit«); »Diario notturno« (1956, dt.: »Nächtliches Tagebuch«); »Una e una notte« (1959, dt.: »Eine und eine Nacht«); »Il gioco e il massacro« (1970); »Melampus« (1974, dt. unter dem gleichen Titel).
Welcome in Rome erschien zuerst im »L'Espresso«, Nummer 31/1972; übersetzt von Maja Pflug.

DARIO FO, geboren 1926 in Sangiano (Varese). Stückeschreiber, Regisseur, Schauspieler. Reist mit seinem Theater, lebt meist in Mailand.
»Le commedie di Dario Fo« (1966ff., bisher neun Bände). – Deutsch: »Bezahlt wird nicht!«; »Einer für alle, alle für einen!«; »Hohn der Angst«; »Mistero buffo«; »Geschichte einer Tigerin«; »Lieder und Balladen«.
Der Dieb, der nicht zu Schaden kam aus dem gleichnamigen Stück (ital.: »Non tutti i ladri vengono per nuocere«, Bd. 6 der »Commedie«, Einaudi editore); übersetzt von Peter O. Chotjewitz. Deutsche Theaterrechte beim Verlag der Autoren.

CARLO EMILIO GADDA, geboren 1893 in Mailand. Studierte Ingenieurwissenschaften. Arbeitete als Ingenieur in vielen Ländern. Lebte ab 1940 in Florenz, ab 1950 in Rom, wo er 1973 starb.
»Le meraviglie d'Italia« (1939 und 1964, daraus dt.: »Die Wunder Italiens«); »Quer pasticciaccio brutto di via Merulana« (1957, dt.: »Die gräßliche Bescherung in der Via Merulana«); »Accoppiamenti giudiziosi« (1963, daraus dt.: »Cupido im Hause Brocchi«, »List und Tücke«); »La cognizione del dolore« (1962, dt.: »Die Erkenntnis des Schmerzes«); »I Luigi di Francia« (1964, dt.: »Frankreichs Ludwige«); »La meccanica« (1970, dt.: »Die Liebe zur Mechanik«).
Urväterrisotto aus »Die Wunder Italiens« (Verlag Klaus Wagenbach); übersetzt von Toni Kienlechner.

NATALIA GINZBURG, geboren 1916 in Palermo, aufgewachsen in Turin. Während der faschistischen Zeit verfolgt. Prosa und Theater. War Lektorin in Turin, später Parlamentsabgeordnete der KPI in Rom. Starb 1991 in Rom.
»E' stato così« (1947, dt.: »So ist es gewesen«); »Valentino« (1957, dt. unter dem gleichen Titel); »Le voci della sera« (1963, dt.: »Die Stimmen des Abends«); »Lessico Famigliare« (1963, dt.: »Familienlexikon«); »Ti ho sposato per allegria« (1966); »Caro Michele« (1973, dt. unter dem gleichen Titel); »Vita immaginaria« (1974); »Famiglia« (1977, dt.: »Ein Mann und eine Frau«); »La famiglia Manzoni« (1983, dt.: »Die Familie Manzoni«); »La città e la casa« (1984, dt.: »Die Stadt und das Haus«).
Die Perücke wurde 1971 für den Rundfunk geschrieben und erscheint mit freundlicher Genehmigung der Autorin; übersetzt von Alice Vollenweider.

FRANCESCO GUCCINI, geboren 1940 in Modena. Musiker, Liedermacher, Erzähler. Lebt in Bologna.
Schallplatten: »L'isola non trovata« (1970); »Stanze di vita quotidiana« (1974); »Tra la via Emilia e il west« (1984); »quello che non è...« (1990).
Prosa: »Cròniche epáfaniche« (1989); »Vacca d'un cane« (1992).
Emilia nach der LP »quello che non è...« (EMI); übersetzt von Moshe Kahn.

TOMMASO LANDOLFI, geboren 1908 in Pico (Frosinone). Schriftsteller, Übersetzer, Spieler. Lebte lange bei San Remo. Starb 1979 in Rom.
»Dialogo dei massimi sistemi« (1937); »La spada« (1942); »La biere du pecheur« (1953, dt. unter dem gleichen Titel); »Ombre« (1954); »Rien va« (1963); »Racconti impossibili« (1966); »Des mois« (1967); »Un paniere di chiocciole« (1968); »La pietra lunare« (1972, dt.: »Der Mondstein«); »Del meno« (1978). – Deutsche Auswahl: »Erzählungen«.
Der erste Hase aus dem Band »Un paniere di chiocciole« (Rizzoli editore); übersetzt von Maja Pflug.

GAVINO LEDDA, geboren 1938 in Siligo auf Sardinien. Wuchs als Hirte auf. Schriftsteller und Sprachwissenschaftler. Lebt in Siligo.
»Padre Padrone« (1975, dt. unter dem gleichen Titel); »Lingua di falce« (1977, dt.: »Die Sprache der Sichel«).
Sardische Hirten (Titel von der Hg.) ist ein Auszug aus »Padre padrone« (Benziger Verlag); übersetzt von Heinz Riedt.

PRIMO LEVI, geboren 1919 in Turin. Chemiker und Schriftsteller. Starb 1987 in Turin. »Se questo è un uomo« (1947, dt.: »Wenn das ein Mensch ist«); »La tregua« (1963, dt.: »Die Atempause«); »Storie naturali« (1966, unter dem Pseudonym Damiano Malabaila, dt.: »Die Verdoppelung einer schönen Dame und andere Überraschungen«); »Vizio di forma« (1971); »Il sistema periodico« (1975, dt.: »Das periodische System«); »La chiave a stella« (1978, dt.: »Der Ringschlüssel«); »Lilít e altri racconti« (1981); »Se non ora, quando?« (1982, dt.: »Wann, wenn nicht jetzt?«); »I sommersi e i salvati« (1986, dt.: »Die Untergegangenen und die Geretteten«).
Entschlüsselung aus »Lilít e altri racconti« (Einaudi editore); übersetzt von Ulrich Hausmann.

MARIO LUZI, geboren 1914 in Florenz. Lyriker, Kritiker, hie und da auch kleine Prosa. War Professor für französische Literatur in Florenz, wo er auch lebt.
»Biografia e Ebe« (1942); »Il giusto della vita« (1960); »Nel magma« (1964); »Dal fondo delle campagne« (1965); »Su fondamenti invisibili« (1971); »Trame« (1982).
Der Monte Amiata aus dem Band »Trame« (Rizzoli editore); übersetzt von Maja Pflug.

LUIGI MALERBA, geboren 1927 in Berceto bei Parma. Schreibt Prosa, Hörspiele, Drehbücher. Lebt in Rom und Orvieto.
»La scoperta dell'alfabeto« (1963, dt.: »Die Entdeckung des Alphabets«); »Il serpente« (1966, dt.: »Die Schlange«); »Salto mortale« (1968, dt. unter dem gleichen Titel); »Il protagonista« (1973, dt.: »Der Protagonist«); »Mozziconi« (1975, dt.: »Geschichten vom Ufer des Tibers«); »Le galline pensierose« (1980, dt.: »Die nachdenklichen Hühner«); »Storiette« (1977) und »Storiette tascabili« (1984, beide Bände dt.: »Taschenabenteuer«); »Testa d'argento« (1988, dt.: »Silberkopf«); »Il fuoco greco« (1990, dt.: »Das griechische Feuer«); »Le pietre volanti« (1992, dt.: »Die fliegenden Steine«); »Le maschere« (1995, dt.: »Die nackten Masken«).
Alle am Meer (Titel von der Hg.) ist ein Auszug aus »Die Schlange« (Verlag Klaus Wagenbach); übersetzt von Alice Vollenweider. – *Das nachdenkliche Mafia-Huhn* (Titel von der Hg.) aus »Die nachdenklichen Hühner« (Verlag Klaus Wagenbach); übersetzt von Elke Wehr. – *Der Atem der Zukunft* (Titel von der Hg.) ist ein Auszug aus »Salto mortale« (Suhrkamp Verlag); übersetzt von Alice Vollenweider.

GIORGIO MANGANELLI, geboren 1921 in Mailand. Studierte englische Literatur. Schriftsteller und Kritiker. Zahlreiche Reisen. Lebte seit den sechziger Jahren in Rom, wo er 1990 starb.
»Hilarotragoedia« (1964, dt.: »Niederauffahrt«); »Nuovo commento« (1969, dt.: »Omegabat«); »Agli dèi ulteriori« (1972, dt.: »An künftige Götter«); »Lunario dell'orfano sannita« (1973); »Sconclusione« (1976, dt.: »Unschluß«); »Pinocchio: un libro parallelo« (1977, dt.: »Pinocchio«); »Centuria« (1979, dt.: »Irrläufe«); »Amore« (1981, deutsch unter dem gleichen Titel); »Dall'inferno« (1983, dt.: »Aus der Hölle«); »Rumori o voci« (1987, dt.: »Geräusche oder Stimmen«); »La palude definitiva« (1991, dt.: »Der endgültige Sumpf«). – Deutsche Auswahl: »Manganelli furioso«; »Esperimento con l'India« (1992, dt.: »Das indische Experiment«).
Rom und Mailand aus »Lunario dell'orfano sannita« (Giulio Einaudi editore); *Florenz* aus dem Sammelband »Manganelli furioso« (Verlag Klaus Wagenbach); beide Texte wurden übersetzt von Marianne Schneider.

DACIA MARAINI, geboren 1936 in Florenz. Prosa, Theaterstücke, Journalismus. Lebte einige Jahre in Japan und Palermo, heute in Rom.
»L'età del malessere« (1963, dt.: »Zeit des Unbehagens«); »Mio marito« (1968, dt.: »Winterschlaf«); »Memorie di una ladra« (1971, dt.: »Memoiren einer Diebin«); »Storia di Piera« (1980, dt.: »Geschichte der Piera«); »La lunga vita di Marianna Ucría« (1990, dt.: »Die stumme Herzogin«); »Voci« (1994, dt.: »Stimmen«).
Aus den Memoiren einer Diebin ist ein Auszug aus dem gleichnamigen Buch (Propyläen Verlag); übersetzt von Inez De Florio-Hansen.

EUGENIO MONTALE, geboren 1896 in Genua. Arbeitete als Redakteur des »Corriere della sera«. Lyriker. 1975 Nobelpreis. Starb 1981 in Mailand.
»Ossi di sepia« (1925), »Le occasioni« (1939); »La bufera e altro« (1956, deutsche Gesamtausgabe dieser drei Bände: »Gedichte. 1920–1954«); »Farfalla di Dinard« (1956, deutsche Auswahl: »Die Straußenfeder«); »Satura« (1971) und »Diario del '71 e del '72« (1973, deutsche Auswahl aus diesen beiden Bänden: »Satura/Diario«). – »L'opera in versi« (1980).
Brief aus »Satura/Diario« (R. Piper Verlag); übersetzt von Michael Marschall von Bieberstein.

ALBERTO MORAVIA, geboren 1907 in Rom. War lange Zeitschriftenredakteur. Schriftsteller und Kritiker. Viele Auslandsreisen. Starb 1990 in Rom.
»Gli indifferenti« (1929, dt.: »Die Gleichgültigen«); »Il conformista« (1951, dt.: »Der Konformist«); »Il disprezzo« (1954, dt.: »Die Verachtung«); »La disubbidienza« (1955, dt.: »Der Ungehorsam«); »La noia« (1960, dt. unter dem gleichen Titel); »L'automa« (1962, dt.: »Das schöne Leben«); »Il paradiso« (1970, dt.: »Das Paradies«); »Io e lui« (1971, dt.: »Ich und Er«); »Un altra vita« (1974, dt.: »Ein anderes Leben«); »La vita interiore« (1978, dt.: »Desideria«); »1934« (1982, dt. unter dem gleichen Titel); »L'uomo che guarda« (1985, dt.: »Der Zuschauer«).
Konsumenten aus dem Band »Das Paradies« (Rowohlt Verlag); übersetzt v. E.-A. Nicklas.

GUIDO MORSELLI, geboren 1912 in Bologna. Romancier. Aufsätze zur Literatur, Philosophie und Religion. Starb 1973 in Varese.
»Roma senza Papa« (1973, dt.: »Rom ohne Papst«); »Contro-passato prossimo« (1975, dt.: »Licht am Ende des Tunnels«); »Divertimento 1889« (1975, dt.: »Ein Ausflug seiner Majestät«); »Il communista« (1976); »Un dramma borghese« (1978, dt.: »Liebe einer Tochter«).
Rom, 1997, wenig Schwefelgeruch (Titel von der Hg.) ist ein Abschnitt aus »Rom ohne Papst« (Suhrkamp Verlag); übersetzt von Arianna Giachi.

GIANNA NANNINI, geboren 1956 in Siena. Studierte Klavier und Komposition. Rocksängerin. Zahlreiche Tourneen. Wohnt in Mailand.
Schallplatten: »Gianna Nannini« (1976); »Una radura« (1978); »California« (1979); »GN« (1979); »Latin Lover« (1982); »Puzzle« (1983).
Latin Lover nach der LP »Latin Lover« (Metronome). Text von Gianna Nannini, Rechte bei Z-Musik Zürich/Intersong Italiana und Lenos Verlag Basel (»Cantautore Republic – Die italienischen Rockpoeten«, hg. und übersetzt von Ruedi Ankli und Peter Burri).

ALDO PALAZZESCHI, geboren 1885 in Florenz. Schrieb zunächst Gedichte, später auch Prosa. Lebte in Venedig und Rom, wo er 1974 starb.
»L'incendario« (1910); »Stampe dell'Ottocento« (1932, dt.: »Am Fenster«); »Le sorelle Materassi« (1934, dt.: »Die Schwestern Materassi«); »I fratelli Cuccoli« (1948, dt.: »Die Brüder Cuccoli«); »Il buffo integrale« (1966); »Il doge« (1967, dt.: »Der Doge«); »Storia di un amicizia« (1971, dt.: »Ungleiche Freunde«). – Deutsche Auswahl: »Die Mechanik der Liebe«.
Der Großvater aus »Il buffo integrale« (Arnoldo Mondadori editore); übersetzt von Maja Pflug.

PIER PAOLO PASOLINI, geboren 1922 in Bologna. Lebte zuerst im Friaul, später in Rom. Prosa, Gedichte, Polemiken. Filmregisseur. Wurde 1975 in Ostia ermordet.
»La meglio gioventù« (1954); »Ragazzi di vita« (1955, dt. unter dem gleichen Titel); »Le ceneri di Gramsci« (1957, dt.: »Gramscis Asche«); »Una vita violenta« (1959, dt.: »Vita violenta«); »Empirismo eretico« (1962, dt.: »Ketzererfahrungen«); »Il sogno di una cosa« (1962, dt.: »Der Traum einer Sache«); »Teorema« (1968, dt. unter dem gleichen Titel); »La divina mimesis« (1975, dt.: »Barbarische Erinnerungen«); »Scritti corsari« (1975, dt.: »Freibeuterschriften«); »Le poesie« (1975, deutsche Auswahl: »Unter freiem Himmel«); »Lettere luterane« (1976, dt.: »Lutherbriefe«); »Il chaos« (1979, dt.: »Chaos«); »Amado mio« (1982, dt. unter dem gleichen Titel); »Petrolio« (1992, dt. unter dem gleichen Titel).
Mondänes Gedicht aus »Unter freiem Himmel« (Verlag Klaus Wagenbach); übersetzt von Toni und Sabina Kienlechner. – *Brief*... (Titel von der Hg.) ist ein Auszug aus dem Traktat »Gennariello«, das zuerst in den Nummern 3 und 4 der Zeitschrift »Freibeuter« (Verlag Klaus Wagenbach) erschien; übersetzt von Agathe Haag. – *Von den Glühwürmchen* (gekürzt) aus »Freibeuterschriften« (Verlag Klaus Wagenbach); übersetzt von Thomas Eisenhardt.

ANTONIO PORTA, geboren 1935 in Mailand. Lyriker, Kritiker, Verlagslektor und Zeitschriftenredakteur. Lebte in Mailand, starb 1989 in Rom.
»Quanto ho da dirvi« (1977); »Il re del magazzino« (1978); »Passi passaggi« (1980); »Se fosse tutto un tradimento« (1981); »L'aria della fine« (1982).
Schrift an der Wand (Titel von der Hg.) ist der neunte Brief in »Il re del magazzino« (Arnoldo Mondadori editore); übersetzt von Maja Pflug.

FABRIZIA RAMONDINO, geboren 1936 in Neapel. Studierte Germanistik in München und romanische Philologie in Neapel, wo sie auch lange Französisch unterrichtete. Lebt in Neapel.
»Althénopis« (1981, dt. unter dem gleichen Titel); »Storie di Patio« (1983, dt.: »Die Vögel des Narcís«); »Taccuino tedesco« (1987); »Star di casa« (1991, dt.: »Nicht sehr verläßlich zu Haus...«).
Nach dem Erdbeben (Titel von der Hg.) ist ein Abschnitt aus »Nicht sehr verläßlich zu Haus...« (1992, Arche Verlag AG, Raabe + Vitali, Zürich); übersetzt von Maja Pflug.

EDOARDO SANGUINETI, geboren 1930 in Genua. Lyriker, Erzähler, Kritiker. Professor für Literaturwissenschaft, war Stadtrat in Genua und Parlamentsabgeordneter der KPI. Lebt in Genua.

»Capriccio italiano« (1963, dt. unter dem gleichen Titel); »Il giuoco dell'oca« (1967, dt.: »Gänsespiel«); »Giornalino« (1977); »Giornalino secondo« (1979); »Segnalibro« (1982). – Deutsche Gedichtauswahl: »Reisebilder«.
Die großen und die kleinen Dinge (Titel von der Hg.) ist ein Auszug aus dem »Giornalino secondo« (Einaudi editore) vom Juni 1977; übersetzt von Maja Pflug.

SALVATORE SATTA, geboren 1902 in Nuoro auf Sardinien. War als Professor für Zivilrecht einer der bekanntesten Juristen Italiens. Starb 1975 in Rom.
»Il giorno del giudizio« (1979, dt.: »Der Tag des Gerichts«); »La veranda« (1981).
Don Sebastiano, Notar in Nuoro (Titel von der Hg.) ist ein Auszug aus dem Roman »Der Tag des Gerichts« (Insel Verlag); übersetzt von Joachim A. Frank.

LEONARDO SCIASCIA, geboren 1921 in Recalmuto auf Sizilien. War Lehrer, später KPI-Stadtrat von Palermo und Parlamentsabgeordneter der Radikalen Partei. Starb 1989 in Palermo.
»Gli zii di Sicilia« (1960, dt.: »Sizilianische Verwandtschaft«); »Il giorno della civetta« (1961, dt.: »Der Tag der Eule«); »Il consiglio d'Egitto« (1963, dt.: »Der Abbé als Fälscher«); »A ciascuno il suo« (1966, dt.: »Tote auf Bestellung«); »Il contesto« (1971, dt.: »Tote Richter reden nicht«); »Il mare colore del vino« (1973, dt.: »Das weinfarbene Meer«, Verlag Volk und Welt); »Todo modo« (1974, dt. unter dem gleichen Titel); »La scomparsa di Majorana« (1975, dt.: »Der Fall Majorana«); »Candido ovvero Un sogno fatto in Sicilia« (1977, dt.: »Candido oder Ein Traum in Sizilien«); »L'affaire Moro« (1978, dt.: »Die Affäre Moro«); »Nero su nero« (1979, dt.: »Schwarz auf Schwarz«); »Il teatro della memoria« (1981), »La sentenza memorabile« (1982, beide dt. unter dem Titel: »Aufzug der Erinnerung«); »Occhio di capra« (1984); »Cronachette« (1985); »Porte aperte« (1987, dt.: »Man schläft bei offenen Türen«); »Un caso semplice« (1988, dt.: »Ein einfacher Fall«); »Il cavaliere e la morte« (1989, dt.: »Der Ritter und der Tod«).
Das weinfarbene Meer (gekürzt) aus »Il mare colore del vino« (Giulio Einaudi editore); übersetzt von Maja Pflug.

BEPPE SEBASTE, geboren 1959 in Parma. Schreibt Lyrik und Prosa und übersetzte Werke von Joe Bousquet, Emmanuel Bove und Jean-Jacques Rousseau ins Italienische. Lebt in Paris, Parma und in der Toskana.
»Café Suisse e altri luoghi di sosta« (1992); »Niente di tutto questo mi appartiene« (1994).
Mailand aus »Café Suisse e altri luoghi di sosta« (Feltrinelli editore); übersetzt von Moshe Kahn.

ANTONIO TABUCCHI, geboren 1943 in Pisa. Professor für portugiesische Literatur in Genua. Herausgeber des Werks von Fernando Pessoa auf italienisch. Romancier und Erzähler. Lebt in der Toskana.
»Il gioco del rovescio« (1981, dt.: »Der kleine Gatsby«); »Notturno indiano« (1984, dt.: »Indisches Nachtstück«); »Piccoli equivoci senza importanza« (1985, dt.: »Kleine Mißverständnisse ohne Bedeutung«); »Il filo dell'orizzonte« (1986, dt.: »Der Rand des Horizonts«); »Requiem« (1992, dt.: »Lissabon Requiem«); »Sostiene Pereira« (1994; dt.: »Erklärt Pereira«).
Der Friedhof von Genua (Titel von der Hg.) ist ein Kapitel aus dem Roman »Der Rand des Horizonts« (Carl Hanser Verlag); übersetzt von Karin Fleischanderl.

PIER VITTORIO TONDELLI, geboren 1955 in Correggio bei Reggio Emilia. Studierte Kunstgeschichte in Bologna. Lebte in Mailand. Starb 1991 in Correggio.
»Altri libertini« (1980); »Pao Pao« (1981, dt. unter dem gleichen Titel); »Rimini« (1985, dt. unter dem gleichen Titel); »Camere separate« (1989, dt.: »Getrennte Räume«). *Andersherum* (gekürzt) ist das Kapitel »Senso contrario« aus dem Roman »Altri libertini« (Feltrinelli editore); übersetzt von Ulrich Hausmann.

SEBASTIANO VASSALLI, geboren 1941 in Genua. Unterrichtete in Novara an einem Gymnasium. Lebt heute in der Nähe von Novara.
»La notte della cometa« (1984); »L'oro del mondo« (1987, dt.: »Das Gold der Welt«); »La chimera« (1990, dt.: »Die Hexe aus Novara«); »Marco e Mattio« (1992); »Il cigno« (1993).
Das Nichts ist das gekürzte Vorwort des Romans »Die Hexe aus Novara« (R. Piper Verlag); übersetzt von Ragni Maria Gschwend.

PAOLO VOLPONI, geboren 1924 in Urbino. Lyriker und Erzähler. Studierte Rechtswissenschaften. War Berater bei Olivetti und Fiat. Starb 1994 in Rom.
»Memoriale« (1962, dt.: »Ich, der Unterzeichnete«); »La macchina mondiale« (1965, dt.: »Die Weltmaschine«); »Poesie e poemetti« (1967); »Corporale« (1974); »Il sipario ducale« (1975); »Il pianeta irritabile« (1978); »Il lanciatore del giavellotto« (1981, dt.: »Der Speerwerfer«); »Le mosche del capitale« (1989); »La strada per Roma« (1991).
In der Fabrik (Titel von der Hg.) ist ein Abschnitt aus dem Roman »Ich, der Unterzeichnete« (S. Fischer Verlag); übersetzt von Piero Rismondo.

Aracoeli und Kapitol in Rom
Zeichnung von Karl Friedrich Schinkel

Lesen Sie weiter:

ALICE VOLLENWEIDER
Italiens Provinzen und ihre Küche
Eine Reise und 88 Rezepte

»Mit Hilfe einer unprätentiösen Mischung aus persönlichen, kulinarischen und kulturgeschichtlichen Reminiszenzen gelingt es ihr, ein buntes, abwechslungsreiches und vielleicht ein wenig idyllisches Bild Italiens zu zeichnen.«
Karin Fleischanderl, ORF
SVLTO. Rotes Leinen. 168 Seiten mit Fotos

ERMANNO CAVAZZONI
Gesang der Mondköpfe
Roman

Ein selbsternannter Hygieneinspektor untersucht Hinterhöfe mit Brunnen. Dort wohnen die Mondköpfe, schrullige Leute, die unerhörte Geschichten erzählen (und veranstalten). Hier endlich erscheint Cavazzonis erster Roman auf deutsch, die Vorlage für Federico Fellinis wunderschönen, poetischen Film *Die Stimme des Mondes*.
Quart*buch*. 300 Seiten

LEONARDO SCIASCIA *Mein Sizilien*

Wie kann man Sizilianer sein? Auf die alte Frage gibt es eine alte Antwort: Nur unter Schwierigkeiten.
Leonardo Sciascia, selbst Sizilianer, untersucht diese Schwierigkeiten, kritisiert seine Insel und verehrt sie zugleich, wie es sich für einen wahren Liebhaber gehört.
SVLTO. Rotes Leinen. 144 Seiten mit vielen Bildern

Rom. Eine literarische Einladung
Mit einem Vorwort von Luigi Malerba

Was machen die Römer nachts? Oder im Sommer? Warum mag sie niemand? Warum fahren wir trotzdem hin? Roma!
Die Stadt, in die alle Wege führen, im Blickpunkt ihrer Schriftsteller.
SVLTO. Rotes Leinen. 144 Seiten mit vielen Bildern

LUIGI MALERBA *Die nackten Masken*

Eine teuflische Verführung im Rom der Renaissance: Die Fetten fallen vor Schreck vom Fleisch. Künstler, Kardinäle und Huren zittern um Pfründen und Kundschaft. Einem jungen Diakon jucken Fell und Nase. Luigi Malerba erzählt uns, wie es in den verschiedenen Etagen einer machtbesessenen Gesellschaft zugeht.

»Ich hatte noch nie etwas von Malerba gelesen. Das war ein großer Fehler.« Marcel Reich-Ranicki im Literarischen Quartett

Aus dem Italienischen von Iris Schnebel-Kaschnitz
Quart*buch*. Blaues Leinen. 304 Seiten

PIER PAOLO PASOLINI *Wer ich bin*
Mit einer Erinnerung von Alberto Moravia

Zwei unbekannte Texte von Pier Paolo Pasolini: Ein informatives autobiographisches Poem – eine Lebensauskunft. Und ein exzentrisches lyrisches Bekenntnis zu seiner »verzweifelten Vitalität«. Ergänzt durch ein ebenfalls unveröffentlichtes, langes Gespräch mit Alberto Moravia, der seinen Freund Pasolini portraitierte.

SVLTO. Rotes Leinen. 80 Seiten

NATALIA GINZBURG *Stimmen des Abends*

»Es ist der schönste Roman, den Natalia Ginzburg geschrieben hat. Dieses Gespür für Familiengeschichten und ihre Verflechtung, das ist etwas, das nur noch sie besitzt. Einfach vorbildlich, der erzählerische Duktus, streng und vollkommen.« Italo Calvino

Aus dem Italienischen von Maja Pflug. Quart*buch*. Leinen. 128 Seiten

NATALIA GINZBURG *Eine Biographie von Maja Pflug*

Die erste umfassende Biographie Natalia Ginzburgs: Ihre Familie, ihre Jugend zwischen Faschismus und Widerstand, ihre Ehen und Kinder; die Freunde, das politische Engagement, die Arbeit im Verlag und ihre Bedeutung als eine der wichtigsten Schriftstellerinnen Italiens.

Gebunden. 192 Seiten mit 56 Fotos

Verlag Klaus Wagenbach, Ahornstraße 4, 10787 Berlin

Quart*buch*
Veränderte und erweiterte Neuausgabe
6.–10. Tausend November 1996

Einbandgestaltung von Rainer Groothuis
unter Verwendung einer Photographie der Galleria in Mailand von Peter Carmichael.
Gesamtherstellung von Clausen & Bosse, Leck.
Gesetzt aus der Janson.
Gedruckt auf chlor- und säurefreiem Papier.

ISBN 3 8031 3119 7